SLOVENČINA *pre* CUDZINCOV

TOMÁŠ DRATVA • VIKTORIA BUZNOVÁ

SPN

SLOVENSKÉ
PEDAGOGICKÉ
NAKLADATEĽSTVO

Druhé vydanie, 2002

SPN

MEDIA TRADE, spol. s r.o. –
Slovenské pedagogické nakladateľstvo,
Sasinkova 5, 815 60 Bratislava 1,

ISBN 80-08-03362-2

ÚVOD

Učebnica Slovenčina pre cudzincov je určená zahraničným študentom, ako aj iným záujemcom o slovenský jazyk.

Je koncipovaná tak, aby gramatické, lexikálne, syntaktické i fonetické javy boli zrozumiteľné i nefilológovi s minimálnou znalosťou slovenských a medzinárodných (latinských) gramatických názvov, pretože najmä takému adresátovi je učebnica určená. Učivo sa podáva v malých krokoch, bohato ilustrujúcich daný jav. Jednotlivé javy sa vysvetľujú, nacvičujú a automatizujú v malých celkoch s nadväznými orálnymi cvičeniami, ktoré vychádzajú z hovorového jazyka a tvoria malé dialógy. Prehľadné tabuľky napokon zhŕňajú nové učivo a samostatné úseky stručne upozorňujú na výnimky alebo odlišné použitie preberaného javu. Poradie a spôsob preberania nevychádza zo slovenskej normatívnej gramatiky, ale prihliada najmä na frekventovanosť a zložitosť nového javu.

Učebnica obsahuje 15 ucelených lekcií. Každá sa venuje preberaniu jedného tematického okruhu. Tomu zodpovedá slovná zásoba i forma jednotlivých textov – dialóg, monológ, opis atď. V textoch sme sa nepridržiavali len tých javov, ktoré sa už preberali, ale mnohé javy sú anticipované s upozornením na to, že sa preberú neskôr. Nové javy sa, pochopiteľne, nevyskytujú v kľúčových pozíciách. Na pochopenie textov i gramatiky slúžia ilustrácie a tabuľky.

V učebnici sa nachádza základné gramatické učivo (skloňovanie, časovanie, stupňovanie, náznakovo sa zaoberá aj tvorením slov, slovosledom atď.), ktoré má umožniť dobrú úroveň orientácie v slovenskom prostredí a má súčasne tvoriť základ na ďalšiu prácu s jazykom.

Nielen pre školské, ale aj na individuálne použitie slúžia doplnkové materiály – cvičebnica a magnetofónové nahrávky.

V cvičebnici nájde záujemca rôzne typy cvičení – orálne, písomné, doplňovacie, selektívne, opisné, tvorivé atď.

Magnetofónové nahrávky sú vhodné na individuálnu prácu s materiálom pri nácviku výslovnosti, ale aj na automatizovanie prebraných gramatických javov. Obsahujú úvodné texty lekcií, niektoré ďalšie texty a orálne cvičenia z učebnice aj cvičebnice, označené piktogramom a číslom cvičenia.

Koncepcia učebnice umožňuje jej široké použitie aj pre potreby samoukov, hoci nie je tejto forme práce špeciálne určená.

Autori

HESLÁ, KTORÉ UVÁDZAJÚ UČIVO

Heslo   **Obsah**

VŠIMNITE SI!

– nové gramatické učivo, nový jav,

POZOR!

– výnimky, osobitosti, odlišnosti,

ZAPAMÄTAJTE SI!

– anticipované javy a tvary z textu, ktoré sa systematicky preberú neskôr,

TO UŽ VIEME!

– tvary pasívne osvojené pripomína toto heslo pred ich systematickým preberaním (pred heslom Všimnite si!),

POČÚVAJTE, ČO HOVORÍME!

– samostatné vety alebo slovné spojenia pred heslom Všimnite si!

POČÚVAJTE TIETO ROZHOVORY!

– krátke dialógy obsahujúce určitý jav, ktorý sa má preberať,

NEZABÚDAJTE, ŽE...!

– opakuje, pripomína alebo zovšeobecňuje už prebraný jav, najmä ak sa v nasledujúcom učive dopĺňa alebo rozširuje,

NEOTVÁRAJTE SLOVNÍK!

– vysvetlenie nových slov či slovných spojení z textu na základe synoným, opisu, internacionalizmov a pod.

ORÁLNE CVIČENIE

uvádza v rámčeku vzor a potom ďalšie minidialógy na nácvik a automatizovanie preberaných gramatických javov. Orálne cvičenia sú zásadne trojfázové, určené na uvedenie pri frontálnom vyučovaní, nadväzne však na prácu v jazykovom laboratóriu. Stimulom môže byť otázka alebo iná veta, ktorej zodpovedá reakcia.

Schéma orálneho cvičenia

1. fáza	2. fáza	3. fáza	
stimul	pauza	korekcia	– nahrávka
–	reakcia	–	– študent

VYSVETLENIE SKRATIEK A ZNAČIEK, KTORÉ SA V UČEBNICI POUŽÍVAJÚ

SKRATKY

(Nd) – nedokonavé sloveso (imperfektívne verbum)

(D) – dokonavé sloveso (perfektívne verbum)

Mž – podstatné meno mužského rodu, životné (maskulínum)

Mn – podstatné meno mužského rodu, neživotné

F – podstatné meno ženského rodu (feminínum)

N – podstatné meno stredného rodu (neutrum)

sg. – jednotné číslo (singulár)
pl. – množné číslo (plurál)
subst. – podstatné meno (substantívum)
adj. – prídavné meno (adjektívum)
adv. – príslovka (adverbium)
nom., N. – 1. pád (nominatív)
gen., G. – 2. pád (genitív)
dat., D. – 3. pád (datív)
akuz., A. – 4. pád (akuzatív)
lok., L. – 6. pád (lokál)
inštr., I. – 7. pád (inštrumentál)

V orálnych cvičeniach:
S. – stimul, podnet
R. – reakcia

ZNAČKY

~ – ľubovoľné zakončenie základu, ku ktorému sa pripájajú koncovky (sufixy),

– – krátka samohláska (vokál),

⌐ – dlhá samohláska (vokál), príp. dvojhláska (diftong),

=∅ – nulový sufix,

→,▶ – mení sa na...,

= – tvrdá spoluhláska (konsonant),

≏ – mäkká spoluhláska,

= = – dva konsonanty (príp. skupina konsonantov),

=ie= – vsuvka (infix),

/ – alebo, tiež

▣ – magnetofónová nahrávka
1 – číslo cvičenia v nahrávke

Vo farebnom rámčeku: – vzor (model) orálneho cvičenia; ak má vzor viacero variantov, sú oddelené v rámčeku medzerou,
– v rámčeku sa uvádza aj výsledný tvar, príp. koncovka.

ABECEDA

A	a	A	a	*asi, matka, dar*	asi, matka, dar
B	b	B	b	*babka, Betka*	babka, Betka
C	c	C	c	*cesta, cement*	cesta, cement
D	d	D	d	*dom, dobre*	dom, dobre
E	e	E	e	*Eva, veda, je*	Eva, veda, je
F	f	F	f	*film, kufor*	film, kufor
G	g	G	g	*gitara, guma*	gitara, guma
H	h	H	h	*hlava, noha*	hlava, noha
Ch	ch	Ch	ch	*choroba, mucha*	choroba, mucha
I	i	I	i	*Ivan, misa*	Ivan, misa
J	j	J	j	*ja, Janko, Dunaj*	ja, Janko, Dunaj
K	k	K	k	*kura, okno*	kura, okno
L	l	L	l	*lopta, Slovensko*	lopta, Slovensko
M	m	M	m	*mesto, Miro*	mesto, Miro
N	n	N	n	*noc, univerzita*	noc, univerzita
O	o	O	o	*oko, koleso*	oko, koleso
P	p	P	p	*Praha, pero*	Praha, pero
R	r	R	r	*ruka, rameno*	ruka, rameno
S	s	S	s	*sever, slon*	sever, slon
T	t	T	t	*tam, turista*	tam, turista
U	u	U	u	*cukor, budova*	cukor, budova
V	v	V	v	*veta, voda*	veta, voda
X	x	X	x	*oxid, sufix*	oxid, sufix
Y	y	Y	y	*ty, dym*	ty, dym
Z	z	Z	z	*Zuzka, zlato, zub*	Zuzka, zlato, zub

SAMOHLÁSKY /VOKÁLY/

_	krátke	´	dlhé
a	– rad	á	– rád
e	– dobre	é	– dobré
i	– pivo	í	– víno
o	– filozofia	ó	– biológia
u	– sud	ú	– súd
y	– tykal	ý	– pýtal
ä	– mäso	–	

DVOJHLÁSKY /DIFTONGY/

ia	– piatok, viac	ie	– viem, spieva
iu	– cudziu	ô (uo)	– stôl, skôr

SPOLUHLÁSKY /KONSONANTY/

=	tvrdé	˘	mäkké	´	dlhé
–		č	– čo, prečo	–	
d	– dom, dám	ď	– ďakujem, loď	–	
l	– lampa, Labe	ľ	– vľavo, ľad	ĺ	– kĺb, hĺbka
n	– nos, noha	ň	– dlaň, vôňa	–	
r	– ruka, meter	–		ŕ	– kŕmi, hŕba
s	– som, sad	š	– široký, máš	–	
t	– traktor, tu	ť	– ťava, robiť	–	
z	– zima, zase	ž	– žena, muž	–	
–		c	– citrón, cit	–	
–		dz	– medzi, hádzal	–	
–		j	– ja, daj	–	

 VŠIMNITE SI! de, te, ne, le /di, ti, ni, li/ dí, tí, ní, lí ˘

– čítame mäkko!
Napríklad: deti, rodina, dedina, divadlo, chodím, teta, nízko, nič, nie, líška, list, nevidím, ticho, tisíc.
Nikdy nepíšeme mäkčeň!

– nečítame mäkko! dé, té, né, lé

Napríklad: pekné, každé, hnedé, milé, studené, teplé, malé, červené, mladé, moderné, elegantné, husté, zlaté.

ČO KEDY HOVORÍME /POZDRAVY/

1

– Dobré ráno, Janko!
– Dobré ráno, mama!

– Dobré ráno, pani Kováčová!
– Dobré ráno, pán Kolár!

– Dobré ráno prajem!
– Dobré ráno!

– Dobrý deň, pani Horová!
– Dobrý deň!

– Dobrý deň, Eva!
  Dobrý deň, Jana!
– Dobrý deň!

– Dobrý deň prajem, pán
  inžinier!
– Dobrý deň, slečna Viera!

– Dobrý večer!
– Dobrý večer, pán doktor!

– Dobrý večer, mama!
– Dobrý večer, Peter!

– Dobrý večer prajem!
– Dobrý večer!

– Dobrú noc, Janko!
– Dobrú noc, mama!

– Dobrú noc, Miro!
– Dobrú noc!

– Dobrú noc prajem!
– Dobrú noc!

– Dovidenia!
– Dovidenia!

– Ahoj! (= Servus!)
– Ahoj! (= Servus!)

🔊 ČO KEDY HOVORÍME /FRÁZY/

2

NECH SA PÁČI! (= PROSÍM!) – ĎAKUJEM!

– Nech sa páči!
– Ďakujem!

– Nech sa páči!
– Ďakujem!

– Nech sa páči!
– Ďakujem!

DOBRÚ CHUŤ! – NA ZDRAVIE! – PROSÍM! – AKO SA MÁTE?

– Dobrú chuť!
– Ďakujem!

– Dobrú chuť!
– Podobne!

– Na zdravie!
– Na zdravie!

– Prosím!
  (= Nech sa páči!)
– Ďakujem!

– !!!
– Prosím?
  (= Nerozumiem!)

– Prosím si pivo!
– Nech sa páči!

– Ako sa máte?
– Ďakujem, dobre!
  (– Ďakujem, výborne!)

– Ako sa máš?
– Ďakujem, dobre!

– Ako sa máte?
– Bohužiaľ zle!
  (– Nie dobre!)

KTO JE TO?

11

– Ahoj, Peter!
– Ahoj, Ali!

– Kto je to?
– To je Peter.
  Peter je študent.

– Ahoj, Ivan!
– Ahoj, Ali!

– Kto je to?
– To je Ivan.
  Ivan je tiež študent.

– Dobrý deň, pán inžinier!
– Dobrý deň, Ali!

– Kto je to?
– To je inžinier Miko.
  Inžinier Miko je profesor.

– Dobrý deň, pani inžinierka!
– Dobrý deň, Ali!

– Kto je to?
– To je inžinierka Horová.
  Inžinierka Horová je profesorka.

– Ahoj, Eva!
– Ahoj, Ali!

– Kto je to?
– To je Eva. Eva je študentka.

Cvičenie

 KTO JE TO?
12

TO JE...

– To je Peter.
  Peter je študent.

– To je Eva.
  Eva je študentka.

– To je Ján.
  Ján je študent.

– To je Jana.
  Jana je študentka.

– To je pán Kováč.
  Pán Kováč je úradník.

– To je pani Kováčová.
  Pani Kováčová je úradníčka.

– To je pán Novák.
  Pán Novák je učiteľ.

– To je pani Nováková.
  Pani Nováková je učiteľka.

– To je pán Hora.
  Pán Hora je doktor.

– To je pani Horová.
  Pani Horová je doktorka.

– To je pán Rybár.
  Pán Rybár je robotník.

– To je pani Rybárová.
  Pani Rybárová je robotníčka.

– To je pán Dudáš.
  Pán Dudáš je roľník.

– To je pani Dudášová.
  Pani Dudášová je roľníčka.

– To je pán Galo.
  Pán Galo je taxikár.

– To je pani Galová.
  Pani Galová je taxikárka.

PETER JE ŠTUDENT. A IVAN? **AJ** IVAN JE ŠTUDENT.
(= IVAN JE **TIEŽ** ŠTUDENT.)

– Peter je študent. A Ivan?
– Aj Ivan je študent. (= Ivan je tiež študent.)

– Eva je študentka. A Jana?
– Aj Jana je študentka. (= Jana je tiež študentka.)

– Pán Kováč je úradník. A pán Holub?
– Aj pán Holub je úradník. (= Pán Holub je tiež úradník.)

– Pani Nováková je učiteľka. A pani Jarošová?
– Aj pani Jarošová je učiteľka. (= Pani Jarošová je tiež učiteľka.)

– Pán Rybár je robotník. A pán Kiš?
– Aj pán Kiš je robotník. (= Pán Kiš je tiež robotník.)

– Pani Dudášová je roľníčka. A pani Matulová?
– Aj pani Matulová je roľníčka. (= Pani Matulová je tiež roľníčka.)

– Michal je vojak. A Jozef?
– Aj Jozef je vojak. (= Jozef je tiež vojak.)

– Pani Horvátová je kuchárka. A pani Vargová?
– Aj pani Vargová je kuchárka. (= Pani Vargová je tiež kuchárka.)

🔊 AKO SA VOLÁ /TEN, TÁ/? – AKO SA VOLÁTE?

14

– Ako sa volá ten študent?
– Ako sa volá tá študentka?

– To je Peter.
  Volá sa Peter Novák.

– To je Eva.
  Volá sa Eva Nováková.

– Ako sa volá ten muž?
– Ako sa volá tá žena?

– To je inžinier Hora.
  Volá sa Ján Hora.

– To je doktorka Horová.
  Volá sa Mária Horová.

– Ako sa volá ten muž?
– Ako sa volá tá žena?

– Volá sa Miko.
  Pán Miko je poštár.

– Volá sa Miková.
  Pani Miková je poštárka.

– Ako sa volá ten muž?
– Ako sa volá tá slečna?

– Neviem, kto to je.
  Neviem, ako sa volá.

– Neviem, kto to je.
  Neviem, ako sa volá. Moment!

– Prepáčte, ako sa voláte?

– Volám sa Zuzana Nová.

– Volá sa Zuzana Nová.

AKÝ JE? AKÁ JE? – ODKIAĽ JE?

15

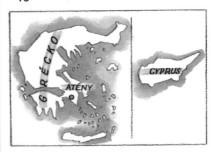

A.: – To je Nikos, pravda? Aký študent je Nikos?
B.: – Nikos je grécky študent.

A.: – Grécky? Nie cyperský? Odkiaľ je?
B.: – Nikos je z Grécka, z Atén.

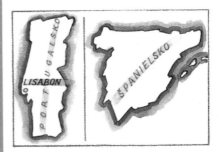

A.: – To je José, pravda? Aký študent je José?
B.: – José je portugalský študent.

A.: – Portugalský? Nie španielsky? Odkiaľ je?
B.: – José je z Portugalska, z Lisabonu.

A.: – To je Hans, pravda?
B.: – Neviem. Moment! – Odkiaľ ste?
C.: – Som z Berlína. Som z Nemecka. Som nemecký študent.

A.: – To je Mary, pravda? Aká študentka je Mary?
B.: – Mary je anglická študentka.
A.: – Anglická? Nie americká? Odkiaľ je?
B.: – Mary je z Anglicka, z Londýna.

A.: – To je Marina, pravda? Aká študentka je Marina?
B.: – Marina je poľská študentka.
A.: – Poľská? Nie ukrajinská? Odkiaľ je?
B.: – Marina je z Poľska, z Varšavy.

A.: – To je Sigrid, pravda? Aká študentka je Sigrid?
B.: – Neviem. Moment! – Ste zo Švédska alebo z Nórska?
C.: – Nie som z Nórska. Som zo Štokholmu. Som zo Švédska.
Som švédska študentka.
B.: – Aha, zo Švédska. Sigrid je švédska študentka.

ČO JE TO? AKÝ JE...? / AKÁ JE...? / AKÉ JE...?

Eva má dnes dvadsať rokov. Eva má narodeniny.

– Gratulujem, Eva!   Ó, to je pekný kabát!
– Ďakujem, mama!
  Čo je to?

– Gratulujem, Eva!   Ó, to je krásny fotoaparát!
– Ďakujem, otecko!
  Čo je to?

– Gratulujem, Eva!   Ó, to je dobrá čokoláda!
– Ďakujem, Zuzka!
  Čo je to?

– Gratulujem, Eva!   Ó, to je veľká kniha!
– Ďakujem, Peter!
  Čo je to?

– Gratulujem, Eva!   Ó, to je pekné zrkadlo!
– Ďakujem, Hanka!
  Čo je to?

– Gratulujem, Eva!   Ó, to je dobré pero!
– Ďakujem, Janko!
  Čo je to?

MAMA, POZRI!

 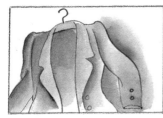  

– Mama, pozri,   aký krásny kabát!   aká veľká kniha!   aké pekné zrkadlo!

Cvičenie

AKÝ JE...?   AKÁ JE...?   AKÉ JE...?
...je pekný/krásny   ...je pekná/krásna   ...je pekné/krásne

– To je Dunaj? Aký je Dunaj?   – Aká je Nitra?   – Aké je Komárno?
– Dunaj je široký.   – Nitra je krásna.   – Komárno je veľké.

– Aký je most?   – Aká je lampa?   – Aké je rádio?
– Most je moderný.   – Tá lampa je vysoká   – To rádio je staré
                      a tá lampa je nízka.   a to rádio je nové.

– Aký je pohár?   – Aká je to lopta?   – Aké je jazero?
– Ten pohár je drahý   – Tá lopta je futbalová   – To jazero je veľké
   a ten pohár je lacný.   a tá lopta je volejbalová.   a to jazero je malé.

– Aký je ten zošit?   – Aká je ulica?   – Aké je vysvedčenie?
– Ten zošit je veľký   – Tá ulica je široká   – To vysvedčenie je zlé
  a ten zošit je malý.   a tá ulica je úzka.   a to vysvedčenie je dobré.

🔊 JE TO...?
16

ÁNO, TO JE...

NIE, TO NIE JE...

A.: – Je to Peter?
B.: – Kto? Ten vysoký muž?

B.: – Áno, to je Peter.

Ten mladý muž nie je Peter.
To je Miro.

A.: – Je to profesor?
B.: – Kto? Ten starý muž?

B.: – Áno, to je profesor.

Ten mladý muž nie je profesor.
To je vodič.

A.: – Je to poštár?
B.: – Kto? Ten mladý muž?

B.: – Áno, to je poštár.

Ten starý muž nie je poštár.
To je úradník.

A.: – Je to Janko?
B.: – Kto? Ten malý chlapec?

B.: – Áno, to je Janko.

Ten veľký chlapec nie je Janko.
To je Ivan.

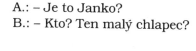

A.: – Je to Eva?
B.: – Kto? Tá štíhla žena?

B.: Áno, to je Eva.

Tá tučná žena nie je Eva.
To je Jana.

17

AKÝ / AKÁ / AKÉ...! (pekný/pekná/pekné) JE TO...?

17

ÁNO, TO JE... | NIE, TO NIE JE...

– Aká dobrá fotografia! Je to Eva?
– Áno, to je Eva.

– Aký pekný obraz! Je to Bratislava?
– Áno, to je Bratislava.

– Aká veľká budova! Je to hotel?
– Áno, to je hotel.

– Aká veľká sála! Je to kino?
– Áno, to je kino.

– Aké veľké mesto! Je to Žilina?
– Áno, to je Žilina.

– Aká zlá fotografia! Je to Eva?
– Nie, to nie je Eva. To je Zuzana.

– Aký škaredý obraz! Je to strom?
– Nie, to nie je strom. To je kvet.

– Aká moderná budova! Je to univerzita?
– Nie, to nie je univerzita. To je knižnica.

– Aký pekný dom! Je to múzeum?
– Nie, to nie je múzeum. To je divadlo.

– Aká veľká rieka! Je to Váh?
– Nie, to nie je Váh. To je Dunaj.

Pýtajte sa a odpovedajte!

– Aký je dom?
– Dom je veľký.

strom – vysoký
stôl – veľký
papier – čistý
obraz – starý

– Aká je ulica?
– Ulica je široká.

kvetina – pekná
mapa – malá
kniha – pekná
fotografia – pekná

– Aké je auto?
– Auto je moderné.

pero – nové
kino – staré
okno – veľké
mesto – malé

JE... DOBRÝ? / DOBRÁ? / DOBRÉ?

ÁNO, JE (veľmi)...

– Pozri, to je nový basketbalista!
– Je dobrý?
– Áno, je veľmi vysoký a veľmi dobrý.

– Pozri, to je nový slovenský film!
– Je pekný?
– Áno, je veľmi pekný.

– Pozri, to je nová kniha!
– Je dobrá?
– Áno, je veľmi dobrá.

– Pozri, to je moderné rádio!
– Je drahé?
– Áno, je veľmi drahé.

NIE, NIE JE (veľmi)...

– Pozri, to je nový riaditeľ!
– Je starý?
– Nie, nie je veľmi starý. Je mladý.

– To je veľký kufor!
– Je ťažký?
– Nie, nie je veľmi ťažký.

– Pozri, to je škola! Je veľmi veľká.
– Je pekná?
– Nie, nie je veľmi pekná.

– Pozri, to je nové pero!
– Je dobré?
– Nie, nie je veľmi dobré.

🔲 ČO ROBÍŠ? / ČO ROBÍTE? / ČO ROBÍ?

18

Peter: – Ahoj, Miro!
Tu Peter. Čo robíš?

Miro: – Ahoj, Peter!
Sedím a čítam.

Dušan: – Čo robí Miro?
Peter: – Sedí a číta.

Eva: – Servus, Jana!
Tu Eva. Čo robíš?

Jana: – Servus, Eva!
Sedím a študujem.
Ráno mám skúšku.

Zora: – Čo robí Jana?
Eva: – Študuje.
Ráno má skúšku.

Katka: – Ahoj, mama! Tu Katka. Čo robíš?
Mama: – Servus, Katka! Varím večeru.
Katka: – A čo robí otecko? A Janko?
Mama: – Otec sedí a číta noviny. Janko píše úlohu. A čo robíš ty?
Katka: – Idem do kina. Ahoj, mami! Pozdravujem otecka a Janka!
Mama: – Ahoj, Katka! Ďakujem!
Otec: – Čo robí Katka?
Mama: – Ide do kina. A pozdravuje!

Pani Kováčová: – Haló, tu Kováčová. Dobrý deň, pani Horová!
Pani Horová: – Dobrý deň, pani Kováčová!
Pani Kováčová: – Ako sa máte?
Pani Horová: – Ďakujem, dobre. A vy?
Pani Kováčová: – Ďakujem, tiež dobre. Čo robíte?
Pani Horová: – Počúvam rádio. Je krásny koncert.
Pani Kováčová: – Aj ja počúvam rádio. Čo robí pán Hora?
Pani Horová: – Nie je doma. Dnes večer pracuje. Dovidenia!
Pani Kováčová: – Dovidenia!

Cvičenie

ČÍTAM

ČÍTAŠ

ČÍTA

Miro: – Čo robíš, Peter?
Peter: – Ja? Čítam. A ty? Aj ty čítaš?
Miro: – Áno, čítam. A čo robí Ivan?
Peter: – Aj Ivan číta. (= Ivan tiež číta.)

HRÁME

HRÁTE

HRAJÚ

Matka: – Chlapci, čo robíte?
Janko: – My? Hráme futbal.
Matka: – Jožko, Lacko, hráte tiež futbal?
Jožko: – Áno, mama, hráme futbal.
Otec: – Čo robia chlapci?
Matka: – Hrajú futbal.

OPAKUJTE ROZHOVORY! POUŽITE SLOVÁ:

študujem / študuješ / študuje
počúvam / počúvaš / počúva
píšem / píšeš / píše

študujeme / študujete / študujú (chémiu)
počúvame / počúvate / počúvajú (hudbu)
píšeme / píšete / píšu (list/úlohu)

KTO?   ...číta?   ...sedí?   ...píše?

	...číta?	...sedí?	...píše?
JA	číta**m**	sedí**m**	píše**m**
TY	čítа**š**	sedí**š**	píše**š**
ON/ONA/ONO	číta	sedí	píše
MY	číta**me**	sedí**me**	píše**me**
VY	číta**te**	sedí**te**	píše**te**
ONI	číta**jú**	sedi**a**	píšu

ČO ROBÍŠ? ČÍTAM
ČO ROBÍTE? JA? ČÍTAM / MY? ČÍTAME

– Čo robíš, Ivan?
– Počúvam rádio.

– Čo robíte, pani Horáková?
– Počúvam rádio.

– Čo robíte, chlapci?
– Počúvame rádio.

– Čo študuješ, Miro?
– Študujem fyziku.

– Kde študujete, slečna?
– Študujem v Prahe.

– Kde študujete?
– Študujeme v Bratislave.

– Kde bývaš, Jana?
– Bývam v internáte.

– Kde bývate?
– Bývam tu, v dome.

– Kde bývate, chlapci?
– Bývame tu, v internáte.

– Čo robíš, Marika?
– Kreslím.

– Čo robíte, pani Nováková?
– Varím obed.

– Čo robíte, Eva a Mária?
– Varíme kávu.

NIE, NE(SEDÍM)
NE(ČÍTAM)
NE(BÝVAM)

– Janko, spíš?
– Nie, mamička, nespím. Čítam.

– Prepáčte, hovoríte po anglicky?
– Nie, žiaľ, nehovorím.

– Študujete fyziku?
– Nie, neštudujem fyziku.
  Študujem chémiu.

KDE JE...?

HORE

Lietadlo je hore.   Lampa je hore.   Obraz je hore.

DOLE

Koberec je dole.   Kôš je dole.   Auto je dole.

VPRAVO

Škola je vpravo.   Dom je vpravo.   Park je vpravo.

VĽAVO

Internát je vľavo.   Hotel je vľavo.   Kino je vľavo.

VPREDU

Tabuľa je vpredu.   Skriňa je vpredu.   Okno je vpredu.

VZADU

Múzeum je vzadu.   Telefón je vzadu.   Mapa je vzadu.

KDE LEŽÍ... / SEDÍ... / BÝVA... / ŠTUDUJE...?

– Kde je Miro?
– Miro je v kine.

– Kde bývate?
– Bývam v internáte.

– Kde sedia chlapci?
– Chlapci sedia v triede.

– Kde študuje Eva?
– Eva študuje v Bratislave.

– Kde študuje Jozef?
– Jozef študuje v Nitre.

– Kde leží Janko?
– Janko leží v izbe.

ČÍSLA

1 – JEDEN

2 – DVA

3 – TRI

4 – ŠTYRI

5 – PÄŤ

6 – ŠESŤ

7 – SEDEM

8 – OSEM

9 – DEVÄŤ

10 – DESAŤ

– Aká električka ide do mesta?
– Električka číslo 7 a číslo 9.

– Kde stojí autobus do Košíc?
– Autobus do Košíc stojí
  na zastávke číslo 5.

– Kde je dom číslo 10?
– Moment! Tu je číslo 6, potom 8.
  Tam je 10.

– Aké máš telefónne číslo?
– Mám číslo 3264-7528.

– To je moja izba. Číslo 4.

– To je náš dom. Číslo 6.

KEDY...?

ČO...?

RÁNO

– Kedy ideš do školy?
– Ráno.

– Čo varí matka ráno?
– Ráno varí matka kakao.

DOOBEDA

– Kedy študujete?
– Doobeda.

– Čo robíte doobeda?
– Doobeda študujem.

POOBEDE

– Kedy píšete úlohu?
– Poobede.

– Čo robíte poobede?
– Poobede chodím do parku.

VEČER

– Kedy idete do kina?
– Večer.

– Čo robíte večer?
– Večer počúvam rádio.

V NOCI

– Kedy cestujete do Prahy?
– V noci.

– Čo robíte v noci?
– V noci študujem.

ROZHOVOR

- – Ahoj, Eva! Ideš do kina?
- – Ahoj, Peter! Nie, nejdem do kina. Idem do školy.
- – Teraz? Poobede?
- – Áno, dnes idem poobede.
  Aký autobus ide k univerzite?

- – Tu stojí číslo 6 a číslo 8,
  ale nejdú k univerzite.
- – Nie? Tak idem peši.

- – Aj ja idem. Ako sa máš?
- – Ďakujem, dobre. A ty?
- – Ďakujem, výborne.

- – Čo študuješ, Eva?
- – Študujem medicínu.

- – Kde bývaš? Tu v meste?
- – Bývam v internáte.

- – Pozri! Tu je banka,
  vzadu je pošta.
  Univerzita je vpravo.

- – Ďakujem, Peter.
  A čo robíš ty?
- – Študujem. Neštudujem
  medicínu, ale chémiu.

- – Bývaš tiež v internáte?
- – Áno, aj ja bývam v internáte.

- – Aký je ten internát? Je pekný?
- – Áno, je pekný. A izba je tiež
  pekná.

- – Ahoj, Ahmed!
- – Ahoj, Peter!
- – Kto je to?
  Je to arabský študent?

– Áno, Ahmed je libanonský
  študent. Hovorí veľmi pekne
  po slovensky.

– Čo tu máš, Peter?
– Ach, to je list.
  Musím ísť na poštu.

– Tu je univerzita. Ahoj, Eva!
  Idem na poštu.
– Ahoj, Peter! Dovidenia!

🖭 RODINA (KOVÁČOVCI)

Text 1

KTO JE TO?

– To je pán Kováč.
– Čo robí pán Kováč?
– Pán Kováč pracuje.
– Kde pracuje pán Kováč?
– Pán Kováč pracuje v úrade.
– Čo je pán Kováč?
– Pán Kováč je úradník.

– To je pani Kováčová.
– Čo robí pani Kováčová?
– Pani Kováčová učí.
– Kde učí pani Kováčová?
– Pani Kováčová učí v škole.
– Čo je pani Kováčová?
– Pani Kováčová je učiteľka.

– To je Peter Kováč.
– Čo robí Peter?
– Peter pracuje.
– Kde pracuje Peter?
– Peter pracuje v laboratóriu.
– Čo je Peter?
– Peter je chemický inžinier.

– To je Eva Kováčová.
– Čo robí Eva?
– Eva študuje.
– Kde študuje Eva?
– Eva študuje na univerzite.
– Čo je Eva?
– Eva je študentka.

– To je Janko Kováč.
– Čo robí Janko?
– Janko chodí do školy.
– Čo je Janko?
– Janko je žiak.

– To je Zuzka Kováčová.
– Chodí Zuzka do školy?
– Nie, Zuzka nechodí do školy.
  Zuzka je malé dievčatko.
  Je v parku a hrá sa.

– To je starý otec.
– Čo robí starý otec?
  Pracuje?
– Nie, starý otec nepracuje.
  Sedí a číta noviny.

– To je stará matka.
– Čo robí stará matka?
  Pracuje?
– Nie, stará matka nepracuje.
  Sedí, pletie a pozerá sa,
  čo robí Zuzka.

– To sú starí rodičia.

RODINA (HORÁKOVCI)

Text 2

KTO JE TO?

– To je pán Horák.
  Pán Horák nepracuje v úrade.
  Pán Horák pracuje v továrni.
  Pán Horák nie je úradník,
  je robotník.

– To je pani Horáková.
  Pani Horáková nepracuje v škole.
  Neučí. Pani Horáková pracuje
  doma v záhrade. Pani Horáková
  nie je učiteľka, je domáca.

– To je Ivan Horák.
  Ivan chodí tiež do školy.
  Ivan je tiež žiak.
  Ivan a Janko sú kamaráti.

– To je Katka Horáková.
  Katka pracuje v nemocnici.
  Katka je lekárka (= doktorka).
  Katka a Eva sú kamarátky.

POZRITE SA! TU JE CELÁ RODINA!

STARÍ RODIČIA

starý otec
(dedko)

stará matka
(babka)

starý otec
(dedko)

stará matka
(babka)

RODIČIA

pán Kováč
(otec)

manžel
(muž)

manželka
(žena)

pani Kováčová
(matka)

DETI

syn
brat (Peter)

dcéra
sestra (Eva)

syn
brat (Janko)

dcéra
sestra (Zuzka)

KDE...? KEDY...?

VŠIMNITE SI! SOM / SI / JE

– Janko, kde **si**?
– **Som** dole, mamička.
– A kde **je** Zuzka?
– Aj Zuzka **je** tu dole.

– Eva, kedy **si** v škole?
– Ráno **som** v škole. Poobede **som** doma.
– **Je** Peter poobede tiež doma?
– Áno, **je** doma.

– Dobrý deň. **Ste** v úrade,
  pán Kováč?
– Áno, **som** v úrade.
  Kto telefonuje?
– Tu **je** inžinier Hora.

– Kedy **ste** v škole,
  pani Kováčová?
– Ráno. **Som** v škole každé ráno.
– Aj pán Kováč **je** ráno v úrade?
– Áno, manžel **je** ráno v úrade.

VŠIMNITE SI! SME / STE / SÚ

– Janko, Ivan, kde **ste**?
– **Sme** v izbe, mamička.
  Počúvame rádio.

– Eva a Zuzka **sú** tiež v izbe?
– Nie, nie **sú** tu.
  Neviem, kde **sú**.

– Haló! Tu **je** Eva.
  Janko a ja **sme** teraz v meste.
  Potom **sme** v kine.

– A kedy **ste** doma?
– Večer **sme** doma.
– Dobre. Otecko a Peter **sú** už doma.

SOM	Ráno **som** v škole.	NIE SOM	Poobede **nie som** v škole.
SI	Janko, **si** doma?	NIE SI	Prečo **nie si** v škole?
JE	Peter **je** doma.	NIE JE	Eva **nie je** doma.
SME	Večer **sme** doma.	NIE SME	Doobeda **nie sme** doma.
STE	**Ste** tu?	NIE STE	**Nie ste** v Nitre? Prečo?
SÚ	**Sú** rodičia doma?	NIE SÚ	Nie, **nie sú** doma.

KTORÝ? (ten alebo ten?)

– Prosím si kabát.
– Ktorý?
  Ten modrý alebo ten hnedý?
– Ten modrý, prosím.

KTORÁ? (tá alebo tá?)

– To je pekná lampa.
– Ktorá?
  Tá žltá alebo tá červená?
– Tá žltá.

KTORÉ? (to alebo to?)

– Aha, aké krásne auto!
– Ktoré?
  To zelené alebo to čierne?
– To zelené.

POZRITE SA!

– To je pekný dom.
– Ktorý?
  Ten sivý alebo ten biely?
– Ten biely.

– To je pekná čiapka.
– Ktorá?
  Tá sivá alebo tá biela?
– Tá biela.

– To je pekné sako.
– Ktoré?
  To sivé alebo to biele?
– To biele.

– To je pekný kabát.
– Ktorý?
  Ten čierny alebo ten modrý?
– Ten modrý.

– To je pekná sukňa.
– Ktorá?
  Tá čierna alebo tá modrá?
– Tá modrá.

– To je pekné auto.
– Ktoré?
  To čierne alebo to modré?
– To modré.

– To je pekný koberec.
– Ktorý?
  Ten červený alebo ten zelený?
– Ten červený.

– To je pekná kravata.
– Ktorá?
  Tá červená alebo tá zelená?
– Tá červená.

– To je dobré mydlo.
– Ktoré?
  To červené alebo to zelené?
– To červené.

– To je krásny kvet.
– Ktorý?
  Ten žltý alebo ten červený?
– Ten žltý.

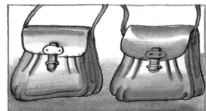

– To je pekná taška.
– Ktorá?
  Tá žltá alebo tá červená?
– Tá žltá.

– To je dobré jablko.
– Ktoré?
  To žlté alebo to červené?
– To žlté.

– To je pekný pulóver.
– Ktorý?
  Ten hnedý alebo ten sivý?
– Ten hnedý.

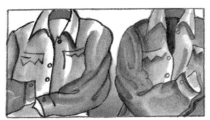

– To je pekná košeľa.
– Ktorá?
  Tá hnedá alebo tá sivá?
– Tá hnedá.

– To je pekné kreslo.
– Ktoré?
  To hnedé alebo to sivé?
– To hnedé.

– To je krásna kytica!
  Je veľmi pestrá.

– Tu hrajú starý film. Je čiernobiely.
– Tu hrajú nový film. Je farebný.

ZAPAMÄTAJTE SI!

NA

Eva sedí na stoličke.
Na okne visia záclony.
Lampa je na stole.
Na stene je polička.

PRI

Eva stojí pri okne.
Stôl stojí pri stene.
Skriňa je pri okne.
Stolička je pri stole.

V

Eva je v izbe.
Kniha je v skrinke.
Kováčovci sú v obchode.
V obchode je nábytok.

HURÁ, MÁME NOVÝ BYT!

Text 3

Pán Kováč:
– Dobrý večer, mama! Dobrý večer, deti! Pozrite!
Janko:
– Čo je to, otecko?
Pán Kováč:
– To je kľúč a to je plán.
Máme nový byt!

– Pozrite! To je predizba.
  Vpravo je záchod a kúpeľňa.
  Potom je kuchyňa.

Pani Kováčová:
– Je veľká?

Pán Kováč:
– Áno, je veľká a pekná.
  A vedľa je balkón. Číslo tri je jedáleň
  a číslo štyri je obývacia izba. Vzadu je
  terasa.

Eva:
– A číslo päť je spálňa, číslo
  šesť je moja izba.

Pani Kováčová:
– Nie, to nie je tvoja izba.
  Je veľmi veľká. Tvoja izba je číslo sedem.

Janko:
– A číslo osem je moja izba?

Pán Kováč:
–' Áno, Janko, to je tvoja izba.

Janko:
– Hurá, máme nový byt!
  Poďme sa pozrieť!

Pani Kováčová:
– Nie, teraz je večer. Do bytu
  pôjdeme všetci ráno.

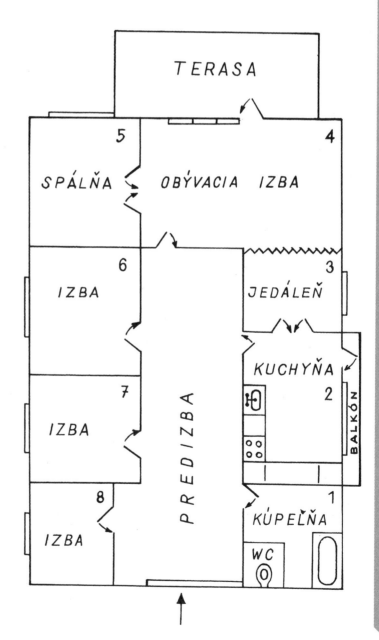

VŠIMNITE SI!

Podstatné mená / Prídavné mená / 1. pád – jednotné číslo
(substantíva)   (adjektíva)   (nominatív)   (singulár)

KTO je to? / ČO je to?   AKÝ je? / AKÁ je? / AKÉ je?

mužský rod (maskulínum)

To je muž. | = | – **(životné)**

Je tučný. | -ý |

– maskulínum životné (Mž)
– maskulínum neživotné (Mn)
– feminínum (F)
– neutrum (N)

To je futbalista. | -a |

Je dobrý. | -ý |

To je dedko. | -o |

Je starý. | -ý |

To je dom. | = | – **(neživotné)**

Je vysoký. | -ý |

ženský rod (feminínum)   **stredný rod** (neutrum)

To je žena. | -a | To je okno. | -o |

Je pekná. | -á | Je otvorené. | -é |

To je kniha. | -a | To je vajce. | -e |

Je otvorená. | -á | Je dobré. | -é |

To je továreň. | -áreň | To je námestie. | -ie |

Je moderná. | -á | Je pekné. | -é |

To je kosť. | -sť |  To je múzeum. | -um |

Je dobrá. | -á | Je veľké. | -é |

KOVÁČOVCI KUPUJÚ NOVÝ NÁBYTOK

Kováčovci majú nový byt a kupujú nábytok. Pán Kováč, pani Kováčová, Janko a Zuzka sú v obchode.

Pán Kováč:
– Pozrite sa! To je krásna obývačka! Vpredu stojí malý okrúhly stôl a vzadu je veľký hranatý stôl. Je tu aj kreslo. A vzadu je veľká knižnica. Tá malá skrinka vľavo nie je pekná. Tam dáme televízny stolík, televízor a vežu.

Pani Kováčová:
– Nábytok je pekný, ale je veľmi tmavý. Pozri, izba vpravo je bledá a pekná. Je tu všetko. A nábytok nie je veľmi drahý.

A to je pekná izba pre Evu. Je tu písací stôl a stolička. Na stene je polička a pri okne je skriňa a knižnica. Aj váľanda je pekná. Je tu všetko pre študenta. A je tu aj miesto pre stolík pod počítač.

Janko:
– To je tiež pekná izba. Nábytok je žltý a červený. Je tu stôl, stolička, skrinka, posteľ. A je tu veľká skriňa pre moje autá, lietadlá, rádio a knihy.
Pán Kováč:
– Áno, nábytok je skutočne pekný, ale je malý a ty si už veľký chlapec.

Pani Kováčová:
– Ten veľký koberec vzadu je pekný.
Pán Kováč:
– Ktorý? Ten modrý?
Pani Kováčová:
– Nie, ten červený. Naše kreslá sú tiež červené. Majú tu aj pekné záclony.

Pán Kováč:
– Pozrite tam hore, tá lampa je pekná.
Pani Kováčová:
– Áno, je pekná, ale malá. Vľavo visí druhá lampa. Je pekná a veľká. Nemáme stolnú lampu! Tam vpravo na stole je pekná lampa. Je to halogénová lampa?
Janko:
– A potrebujeme aj nový televízor.
Pani Kováčová:
– Počkaj, Janko! Myslíš, že sme milionári?

VŠIMNITE SI!

Dlhé a krátke prídavné mená
(dlhé a krátke adjektíva)

Veľký stôl je hranatý. Obývacia izba je pekná. Kreslo je pohodlné.	Malý stôl je okrúhly. Obývacia izba je krásna. Kreslo je nízke.
PEKN**Ý** PEKN**Á** ale PEKN**É**	KRÁSN**Y** KRÁSN**A** KRÁSN**E**
_ ́	́ _

Príklady

veľký dom, starý muž, malý chlapec, biely papier

nová kniha, stolná lampa, pekná izba, čierna ceruzka

malé okno, drahé pero, pohodlné kreslo, nízke okno

VŠIMNITE SI!

Číslovka jeden / jedna / jedno
(numerale)

Pred domom stojí **jeden** muž. Vpredu je **jeden** stôl.	JEDEN (Mž/Mn)
Na stole je **jedna** lampa.	JEDNA (F)
Vľavo je **jedno** okno.	JEDNO (N)

Cvičenie
12

> S. – Je v dome výťah?
> R. – Áno, je.
> S. – Je veľký?
> R. – Áno, v dome je jeden veľký výťah.

– Je v izbe televízor?
– Áno, je.
– Je starý?
– Áno, v izbe je jeden starý televízor.

– Je v byte kuchyňa?
– Áno, je.
– Je pekná?
– Áno, v byte je jedna pekná kuchyňa.

– Je v izbe rádio?
– Áno, je.
– Je malé?
– Áno, v izbe je jedno malé rádio.

Pokračujte:

Je v byte... / Je v izbe...
lampa – malá, fotografia – pekná, stôl – okrúhly, magnetofón – moderný, koberec – nový, spálňa – veľká, záclona – nová, váľanda – pekná

VŠIMNITE SI! Ukazovacie zámeno ten / tá / to
(demonstratívum)

Ten muž je vysoký. **Ten** dom je pekný.	TEN (Mž/Mn)
Tá izba je veľká.	TÁ (F)
To kreslo je nové.	TO (N)

Cvičenie
13

S. – To je nová kniha. Je pekná?
R. – Áno, tá nová kniha je pekná.

– To je nový dom. Je vysoký?
– Áno, ten nový dom je vysoký.

– To je starý televízor. Je dobrý?
– Áno, ten starý televízor je dobrý.

– To je nový film. Je farebný?
– Áno, ten nový film je farebný.

– To je nová spálňa. Je drahá?
– Áno, tá nová spálňa je drahá.

Pokračujte:

nové kino – pekné, veľký hrad – starý, pekná stolička – nová, nový most – veľký

● ● ● ●**TO UŽ VIEME!** ● ● ● ● ● ● ● ● ● ● ● ● ● ● ● ● ● ●

Janko hovorí: – To je **môj** písací stôl.
Janko hovorí: – To je **moja** izba.
Janko hovorí: – To je **moje** rádio.
Ivan hovorí: – **Tvoja** izba je pekná.
Janko hovorí: – To je **náš** dom, to je **náš** byt.
Ivan hovorí: – **Váš** dom je pekný. **Váš** byt je krásny.

● ●

VŠIMNITE SI! Privlastňovacie zámená
(posesívne pronominá)

MÔJ TVOJ JEHO JEJ NÁŠ VÁŠ ICH	byt (Mž/Mn)	MOJA TVOJA JEHO JEJ NAŠA VAŠA ICH	izba (F)	MOJE TVOJE JEHO JEJ NAŠE VAŠE ICH	auto (N)

Cvičenie
14

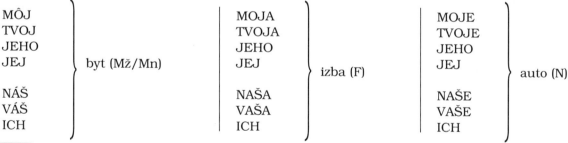

S. – Janko, je to tvoja kniha?
R. – Nie, to nie je moja kniha.

S. – Pani Kováčová, je to vaša stolička?
R. – Nie, to nie je moja stolička.

S. – Janko, Zuzka, je to vaša izba?
R. – Nie, to nie je naša izba.

– Janko, je to tvoje kreslo?
– Nie, to nie je moje kreslo.

– Eva, je to tvoja lampa?
– Nie, to nie je moja lampa.

– Janko, Peter, je to váš dom?
– Nie, to nie je náš dom.

– Ivan, je to tvoj stôl?
– Nie, to nie je môj stôl.

– Janko, je to váš balkón?
– Nie, to nie je náš balkón.

PANI KOVÁČOVÁ ROZPRÁVA

– Volám sa Kováčová. Mária Kováčová. Som učiteľka a učím v škole v Bratislave. Učím každý deň, ale poobede mám voľno. V sobotu a v nedeľu mám tiež voľno. Keď mám voľno, nakupujem, varím, žehlím, umývam okná. Večer je celá rodina doma. Sedíme a pozeráme televíziu.

Môj manžel je úradník. Pracuje na pošte. Celý deň je v úrade. Poobede niekedy hrá tenis a učí sa s Jankom. Veľa číta a často píše listy. Môj manžel a ja sme rodičia. Máme štyri deti.

Náš syn Peter je chemický inžinier. Pracuje v laboratóriu. Poobede často chodí do kina alebo sa prechádza. Keď je doma, počúva modernú hudbu. Má krásny nový magnetofón.

Naša dcéra Eva je študentka. Študuje na univerzite v Bratislave. Niekedy je celý deň v škole. Večer, keď je doma, šije, číta alebo pozerá televíziu. Učí sa angličtinu a hovorí už veľmi dobre.

Náš druhý syn, Janko, je žiak. Chodí do školy. Skoro každý deň poobede hrá futbal. Niekedy fotografuje. Robí pekné fotografie.

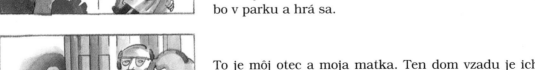

Zuzka je naša druhá dcéra. Je malá. Nechodí do školy. Je doma alebo v parku a hrá sa.

To je môj otec a moja matka. Ten dom vzadu je ich dom. Vedľa je park. Starí rodičia často sedia v parku. Starý otec fajčí a číta. Stará matka sa často v parku prechádza so Zuzkou. Zuzka sa stále pýta: „Dedko, čo je to? Babka, čo je to?"

• • ● **TO UŽ VIEME!** ● • • • • • • • • • • • • • • •

Keď **mám** voľno, **varím, žehlím, nakupujem, umývam** okná. (JA)
Janko, prečo **zvoníš**? (TY)
Peter **pracuje** v laboratóriu. Eva **sa učí**. (ON/ONA/ONO)

Večer **sedíme** a **pozeráme** televíziu. (MY)
Čo **robíte** večer? **Chodíte** do kina? (VY)
Starí rodičia **sedia** v parku. (ONI)

VŠIMNITE SI! Sloveso – prítomný čas
(verbum) – (prézent)

(dnes, teraz, vždy, často, obyčajne...)

HĽAD**Á**M	BÝV**A**M	SED**Í**M	HLÁS**I**M	NES**IE**M	PÍŠ**E**M
HĽAD**Á**Š	BÝV**A**Š	SED**Í**Š	HLÁS**I**Š	NES**IE**Š	PÍŠ**E**Š
HĽAD**Á**	BÝV**A**	SED**Í**	HLÁS**I**	NES**IE**	PÍŠ**E**
HĽAD**Á**ME	BÝV**A**ME	SED**Í**ME	HLÁS**I**ME	NES**IE**ME	PÍŠ**E**ME
HĽAD**Á**TE	BÝV**A**TE	SED**Í**TE	HLÁS**I**TE	NES**IE**TE	PÍŠ**E**TE
HĽAD**A**JÚ	BÝV**A**JÚ	SED**I**A	HLÁS**I**A	NES**Ú**	PÍŠ**U**
– **Á** =	´ **A** =	– **Í** =	´ **I** =	– **IE** =	´ **E** =

Cvičenie

15

S. – Čo robíš? Čítaš?
R. – Áno, čítam. Poobede často čítam.

S. – Čo robíte, pani Horáková? Šijete?
R. – Áno, šijem. Poobede často šijem.

S. – Čo robíte, chlapci? Hráte futbal?
R. – Áno, hráme futbal. Poobede často hráme futbal.

– Čo robia starí rodičia? Sedia v parku?
– Áno, sedia v parku. Poobede často sedia v parku.

– Čo robí Eva? Študuje?
– Áno, študuje. Poobede často študuje.

– Čo robíš? Hráš šach?
– Áno, hrám šach. Poobede často hrám šach.

NIE, NE-
Pracujete v sobotu? Nie, v sobotu nepracujem.
Chodí Zuzka do školy? Nie, Zuzka nechodí do školy.
Pracujú starí rodičia? Nie, starí rodičia nepracujú.
Bývajú Kováčovci dole? Nie, Kováčovci nebývajú dole.
Hovoríte po slovensky? Nie, nehovorím po slovensky.
Fajčí Peter Kováč? Nie, Peter Kováč nefajčí.
Janko, píšeš list? Nie, nepíšem list.

ZAPAMÄTAJTE SI!

PRED

Pred domom stojí autobus.
Babka sedí pred oknom.
Pred stolom je stolička.
Zuzka sedí pred televízorom.

ZA

Za mostom je hrad.
Kováčovci bývajú za Dunajom.
Za domom je park.
Obchod je za kinom.

NAD

Nad Dunajom je most.
Nad stolom visí obraz.
Nad stolom visí lampa.
Nad kreslom je okno.

POD

Pod oknom je stôl.
Pod mostom je rieka.
Kôš je pod stolom.
Pod televízorom je skrinka.

Opakujte!

1	2	3	4	5	6	7	8	9	10
jeden	dva	tri	štyri	päť	šesť	sedem	osem	deväť	desať

11 – jedenásť
12 – dvanásť
13 – trinásť
14 – štrnásť
15 – pätnásť   } -násť
16 – šestnásť
17 – sedemnásť
18 – osemnásť
19 – devätnásť

20 – dvadsať
30 – tridsať   } -dsať
40 – štyridsať

50 – päťdesiat
60 – šesťdesiat
70 – sedemdesiat   } -desiat
80 – osemdesiat
90 – deväťdesiat

Cvičenie

– Kde bývaš?
– Bývam v izbe číslo 42 (štyridsaťdva).

– Ktorý autobus tam chodí?
– Tam chodí autobus číslo 58 a číslo 36 (päťdesiatosem a tridsaťšesť).

– Aké je vaše telefónne číslo?
– Naše telefónne číslo je 33 14 95 (tri–tri–jeden–štyri–deväť–päť alebo tridsaťtri–štrnásť–deväťdesiatpäť).

– Aká je vaša adresa?
– Moja adresa je: Nová ulica číslo 27 (dvadsaťsedem).

– Aká je vaša adresa? Aké je vaše telefónne číslo?

ČO POTREBUJEME V KANCELÁRII, V ŠKOLE?

Text

Riaditeľ: – Tu je nový katalóg. Pozrite sa, čo potrebujeme v kancelárii. Máme asi pol milióna korún.
Peter: – Potrebujeme nový počítač a tlačiareň.
Marta: – Pán riaditeľ, pán kolega! Potrebujeme stolík pod počítač a novú kopírku.
Riaditeľ: – Naša kopírka nefunguje?
Marta: – Je zase pokazená. A je tiež malá. Potrebujeme veľkú, modernú kopírku. Potrebujeme aj diskety.
Peter: – Pán riaditeľ, kúpime aj nové mobilné telefóny? Sú veľmi praktické.
Riaditeľ: – Uvidíme, koľko máme peňazí. Urobte presný rozpočet, čo potrebujeme a koľko to stojí. Zajtra to môžete kúpiť.

Matka: – Janko, máš všetko?
Janko: – Nie. Mám len jeden veľký zošit, ale nemám malý zošit. Potrebujem tiež pravítko, trojuholník, kružidlo, gumu a červenú ceruzku.
Matka: – Otec ti včera dal novú gumu a červenú ceruzku. Kde sú?
Janko: – Gumu som stratil a ceruzku som zabudol v škole.
Matka: – Dávaj pozor! Všetko stratíš, všetko zabudneš!

Matka: – Eva!
Eva: – Prosím, mami!
Matka: – Ideš do mesta? Ideš nakupovať?
Eva: – Áno, idem. Potrebujem anglický slovník a novú učebnicu.
Matka: – Novú učebnicu? Akú? Chémiu?
Eva: – Nie, chémiu už mám. Potrebujem biológiu. V januári mám skúšku.
Matka: – Čakaj! Janko ide tiež do mesta. Choď s Jankom!
Eva: – Čo potrebuješ, Janko?
Janko: – Musím kúpiť veľký zošit a malý zošit, pravítko, trojuholník, kružidlo a papier. Pani učiteľka tiež hovorila, že potrebujem novú gumu a červenú ceruzku.
Matka: – Eva, tu máš tisíc korún. Stačí to?
Eva: – Myslím, že áno. Ja mám tiež ešte päťsto korún.
Janko: – Mama, prosím si ešte dvadsaťpäť korún.
Matka: – Dvadsaťpäť korún? Na čo? Čo ešte potrebuješ?
Janko: – Ešte potrebujem zmrzlinu. U McDonaldsa majú výbornú jahodovú zmrzlinu.

Včera Janko stratil pero.

– Máš úlohu, Janko?
– Mám úlohu, ale nemám tu zošit. Zabudol som ho doma. Prepáčte.

KOHO (hľadáte, čakáte...)? ČO (hľadáte, si prosíte...)?

– Koho hľadáš?
– Hľadám pána Kováča.
– Pán Kováč nie je v úrade
  Je v meste.
– Ďakujem.

– Čo hľadáte, slečna?
– Hľadám slovník.

– Čo robíš, Janko?
– Fotografujem Evu.
– Koho?
– Evu. Fotografujem sestru Evu.

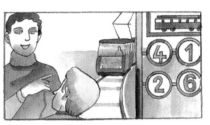

– Koho čakáš, Janko? Riaditeľa?
– Nie, nečakám riaditeľa.
  Čakám zástupcu.

– Na čo čakáš?
– Čakám na električku.
– Na električku? Na číslo 4
  alebo číslo 2?
– Čakám na električku číslo 4.

– Čo si prosíš?
– Prosím si ceruzku a gumu.

VŠIMNITE SI!

Podstatné mená / 4. pád
(substantíva)   / (akuzatív)

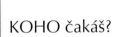

KOHO čakáš?	(Mž)	 Čakám brata. Inžiniera Petra Kováča.	**-a**
KOHO čakáš?		Čakám zástupcu. Inžiniera Horu.	**-u**
ČO potrebuješ?	(Mn)	 Potrebujem slovník.	–
ČO máš?	(F)	Mám ceruzku.	**-u**
ČO hľadáš?		Hľadám čakáreň.	–
ČO hľadáš?	(N)	 Hľadám kino.	–

▽ POZOR!

Kde je ot**ec**?	Neviem, nevidím **otca**.
Kde je chlap**ec**?	Neviem, nevidím **chlapca**.
To je Kubán**ec**?	Nie, v škole nemáme **Kubánca**.
Kde je Pet**er**?	Neviem, nevidím **Petra**.
Je to minist**er**?	Neviem, nepoznám **ministra**.

Cvičenie

S. – Máš pero?
R. – Áno, mám pero.

– Čítaš knihu?
– Áno, čítam knihu.

– Potrebuješ slovník?
– Áno, potrebujem slovník.

– Vidíš otca a matku?
– Áno, vidím otca a matku.

– Má Janko kamaráta?
– Áno, Janko má kamaráta.

– Chceš kávu?
– Áno, chcem kávu.

– Hľadáte jedáleň?
– Áno, hľadám jedáleň.

– Prosíte si limonádu?
– Áno, prosím si limonádu.

– Píšeš úlohu?
– Áno, píšem úlohu.

– Majú Kováčovci terasu?
– Áno, Kováčovci majú terasu.

– Máš fotografiu?
– Áno, mám fotografiu.

V ŠKOLE

Janko Kováč je žiak. Každý deň chodí do školy. Ráno má vyučovanie, ale poobede má voľno. Poobede píše úlohy, učí sa alebo hrá futbal a fotografuje.

Škola je pekná veľká budova. Vľavo je vchod. Nad vchodom sú tri okná. Tam je zborovňa. V zborovni sú učiteľky a učitelia cez prestávku. Vedľa je riaditeľňa. Tam pracuje riaditeľ. Je tam ešte jedna miestnosť. To je kancelária zástupcu.

Vpravo dole je široké okno. Tam je telocvičňa. Dnes je pekný a teplý deň. Žiaci nie sú v telocvični. Sú na ihrisku, ktoré vidíme vpravo. Hrajú futbal. Za ihriskom je jedáleň. Tam žiaci aj učitelia obedujú.

Hore sú triedy. Teraz je hodina. Cez hodinu sú žiaci v triede. Učia sa, píšu, čítajú, počúvajú. Často počítajú matematické príklady. Niekedy sú v laboratóriu. Tam sa učia chémiu a fyziku.

Cez prestávku žiaci nie sú v triede. Sú na chodbe. Niekedy sa prechádzajú a rozprávajú. Niektorí žiaci sa cez prestávku učia. Keď je pekne, žiaci sú na dvore.

Potom zvoní. Všetci idú do triedy a čakajú na učiteľa alebo na učiteľku. Začína sa hodina.

NA UNIVERZITE

Eva študuje na univerzite. Študuje medicínu. Ráno Eva čaká na autobus, pretože škola je ďaleko. Eva nechodí do školy každý deň, v stredu má voľno. Niekedy je v škole aj poobede a večer. Musí veľa študovať.

Vľavo je nízka budova, vpravo je vysoká budova. Vľavo sú laboratóriá, je tam knižnica a čitáreň. V budove vpravo sú poslucháne. Tam majú študenti prednášky. Vpredu vidíme parkovisko. Tam stoja autá.

Vzadu tiež vidíme vysokú budovu. To je internát. Bývajú tam študenti a študentky. Pri internáte je pekný park a ihrisko. Eva je často v internáte. Keď má voľno, je často s kamarátkami v čitárni alebo v študovni. Niekedy sa prechádza v parku medzi školou a internátom.

V internáte je tiež jedáleň. Je to veľká miestnosť. Tu študenti raňajkujú, obedujú a večerajú. Eva tam tiež niekedy obeduje, ale raňajkuje a večeria doma.

Eva študuje tri roky. Ešte musí študovať tri roky a potom bude lekárka – doktorka Eva Kováčová!

● ● ● TO UŽ VIEME! ● ● ● ● ● ● ● ● ● ● ● ● ● ●

– Máte veľkú rodinu, pani Kováčová?
– Áno, máme. Máme jedného veľkého syna Petra a jedného malého syna Janka.
  Máme jednu veľkú dcéru Evu a jednu malú dcéru Zuzku.
  Máme tiež starého otca a starú matku.

VŠIMNITE SI! | Prídavné mená / 4. pád
(adjektíva) / (akuzatív)

| Mám jedného dobrého kamaráta. | – -ého | -a/-u | (Mž) |
| Máme jedného múdreho sudcu. | ́ -eho | | |

| Eva má jednu dobrú kamarátku. | – -ú | -u | (F) |
| Pozná jednu krásnu slečnu. | ́ -u | | |

 ### Cvičenie

11

| S. – Kde je červená ceruzka? | – Kde je nová lampa? |
| R. – Hľadáte červenú ceruzku? Tu je. | – Hľadáte novú lampu? Tu je. |

– Kde je starý otec?   – Kde je nový študent?
– Hľadáte starého otca? Tu je.   – Hľadáte nového študenta? Tu je.

– Kde je veľká mapa?   – Kde je triedny učiteľ?
– Hľadáte veľkú mapu? Tu je.   – Hľadáte triedneho učiteľa? Tu je.

Pokračujte:

farebná fotografia, volejbalové ihrisko, univerzitná knižnica, veľká poslucháreň, školská jedáleň, študentský internát.

KOHO / ČO...? ...TOHO... / ...TÚ...

– Poznáš toho muža?
– Poznám toho muža vpravo, ale toho druhého muža nepoznám.

– Poznáš tú slečnu?
– Ktorú? Tú vpravo? Áno, tú poznám. To je Eva. Ale tú druhú nepoznám.

VŠIMNITE SI!

Ukazovacie zámeno / 4. pád
(demonstratívum) / (akuzatív)

– Vidíš toho mladého muža? – Áno, vidím.	**toho**	**-ého**	**-a/-u**	(Mž)
– Vidíš tú mladú ženu? – Áno, vidím.	**tú**	**-ú**	**-u**	(F)

Cvičenie
12

> S. – Čo hľadáš? Tú novú knihu?
> R. – Nie, nehľadám tú novú knihu, teraz hľadám tú starú knihu.
>
> S. – Na koho sa pozeráš? Na toho starého muža?
> R. – Nie, nepozerám sa na toho starého muža, teraz sa pozerám na toho mladého muža.

– Koho hľadáš? Toho slovenského študenta?
– Nie, nehľadám toho slovenského študenta, teraz hľadám toho zahraničného študenta.

– Čo kupuješ? Ten veľký zošit?
– Nie, nekupujem ten veľký zošit, teraz kupujem ten malý zošit.

– Čo potrebuješ? Tú veľkú vázu?
– Nie, nepotrebujem tú veľkú vázu, teraz potrebujem tú malú vázu.

– Čo fotografuješ? Ten nový dom?
– Nie, nefotografujem ten nový dom, teraz fotografujem ten starý dom.

– Koho čakáš? Toho starého inžiniera?
– Nie, nečakám toho starého inžiniera, teraz čakám toho mladého inžiniera.

– Čo chceš? Tú veľkú fľašu?
– Nie, nechcem tú veľkú fľašu, teraz chcem tú malú fľašu.

– Čo kreslíš? Ten vysoký strom?
– Nie, nekreslím ten vysoký strom, teraz kreslím ten nízky strom.

– Čo otváraš? To veľké okno?
– Nie, neotváram to veľké okno, teraz otváram to malé okno.

KOHO / ČO...?

...MÔJHO / TVOJHO / NÁŠHO / VÁŠHO...
...MOJU / TVOJU / NAŠU / VAŠU...

Karol: – Janko, to je tvoj album?
Janko: – Áno, to je môj album.
Tu je celá naša rodina.
Poznáš našu rodinu?

Karol: – Nie, nepoznám. Kto je ten muž a tá žena?
Janko: – To je môj otec a moja mama.
Nepoznáš môjho otca a moju mamu?
Karol: – Poznám, ale to je veľmi stará fotografia.

Janko: – Poznáš môjho brata Petra a moju sestru Evu?
Karol: – Nie, nepoznám tvojho brata Petra a tvoju sestru Evu.
Poznám len tvoju sestru Zuzku.

Janko: – A tu vidíš nášho starého otca a našu starú mamu.
Karol: – Teraz už poznám vášho starého otca a vašu starú mamu. Teraz už poznám celú vašu rodinu. A ty poznáš moju rodinu?

VŠIMNITE SI!

Privlastňovacie zámená / 4. pád
(posesívne pronominá) / (akuzatív)

Poznáš môjho otca?	Áno, poznám tvojho otca.	
Poznáš nášho dedka?	Áno, poznám vášho dedka.	(Mž)

Poznáš moju matku?	Áno, poznám tvoju matku.	
Poznáš našu babku?	Áno, poznám vašu babku.	(F)

(Mž)	(Mn)	(F)	(N)
MÔJHO	MÔJ	MOJU	MOJE
TVOJHO	TVOJ	TVOJU	TVOJE
jeho, jej			
NÁŠHO	NÁŠ	NAŠU	NAŠE
VÁŠHO	VÁŠ	VAŠU	VAŠE
ich			

TRIEDA

Je osem hodín. Začína sa prvá vyučovacia hodina. Prvá hodina je matematika. Žiaci a žiačky sedia, píšu a počítajú príklady. Profesor sedí vpredu pri stole. Pri tabuli stojí jeden žiak a odpovedá.

Na stole je kniha, zošit, pero, ceruzka, guma a pravítko. Pri stole je aktovka. V aktovke je slovník, papier, malý zošit a všetko, čo žiak potrebuje. Žiak, ktorý sedí vpredu, sa hlási.
Profesor sa pýta: – Prosím?
Žiak hovorí: – Prosím, nerozumiem tomu príkladu.
Profesor vysvetľuje ešte raz a pýta sa: – Teraz už rozumiete?
Žiak hovorí: – Áno, teraz už rozumiem. Ďakujem.

Potom zvoní a je prestávka. Cez hodinu sú žiaci v triede, ale cez prestávku sú na chodbe alebo na dvore. Zase zvoní. Začína sa druhá hodina. Druhá hodina je fyzika. Dnes je pondelok. V pondelok majú žiaci matematiku, fyziku, slovenčinu, angličtinu a chémiu. Posledné dve hodiny sú chlapci na ihrisku alebo v telocvični. Majú telocvik. Dievčatá dnes nemajú telocvik. Majú voľno a idú domov.

Vzadu v triede je skriňa. Pri skrini je umývadlo. V skrini sú knihy, obrazy, biela a farebná krieda, špongia. Aj skrinka je vzadu. Pred skrinkou na stolíku stojí diaprojektor. V skrinke je magnetofón a pásky, kazety a diapozitívy.

Dnes poobede má Janko voľno. Poobede sa učí a hrá futbal. Niekedy ide do kina. V stredu a vo štvrtok má Janko vyučovanie aj poobede.

Kedy je vyučovanie?
Vyučovanie je v pondelok.
Vyučovanie je v utorok.
Vyučovanie je v stredu.
Vyučovanie je vo štvrtok.
Vyučovanie je v piatok.

Kedy máme voľno?
Voľno máme v sobotu a v nedeľu.

KOHO / ČO ...?   ... HO ... / ... JU ...

Vidím	toho	muža.	Vidím	tú	ženu.
Mám	jedného	brata.	Mám	jednu	sestru.
Mám	dobrého	kamaráta.	Mám	dobrú	kamarátku.
Mám	múdreho	kamaráta.	Mám	múdru	kamarátku.
Vidím	môjho	otca.	Vidím	moju	matku.
Vidím	tvojho	otca.	Vidím	tvoju	matku.
Vidím	nášho	učiteľa.	Vidím	našu	učiteľku.
Vidím	vášho	učiteľa.	Vidím	vašu	učiteľku.
Vidím	HO	(Mž/Mn/N)	Vidím	JU	(F)

– Zuzka, pozri, tam je starý otec.
  Vidíš starého otca?
– Nie, nevidím ho.
– Vidíš toho veľkého psa?
  A to nové auto?
– Nie, nevidím ho. Som malá.

– Janko, daj mi tú veľkú knihu!
– Kde je? Nevidím ju.
– Tam vzadu na poličke.
  Pozri sa ešte raz!
– Aha! Teraz ju vidím. Už ju mám.

 Cvičenie

13

S. – Čakáš starého otca?
R. – Nie, nečakám ho.

S. – Poznáš tú slečnu?
R. – Nie, nepoznám ju.

– Hľadáš tvoju knihu?
– Nie, nehľadám ju.

– Vidíš ten nový most?
– Nie, nevidím ho.

– Potrebuješ ten slovník?
– Nie, nepotrebujem ho.

– Máš tú novú učebnicu?
– Nie, nemám ju.

– Fotografuješ našu školu?
– Nie, nefotografujem ju.

– Poznáš ten film?
– Nie, nepoznám ho.

– Kupuješ to pero?
– Nie, nekupujem ho.

– Chceš tú čokoládu?
– Nie, nechcem ju.

– Čakáš nášho zástupcu?
– Nie, nečakám ho.

– Má už Peter nové auto?
– Nie, nemá ho.

– Otváraš to okno?
– Nie, neotváram ho.

– Poznáte celú našu rodinu?
– Nie, nepoznám ju.

KEDY POUŽÍVAME AKUZATÍV? POZRITE SA!

1. Slovesá (verbá) s akuzatívom:

Koho hľadáte?	Hľadám nášho nového študenta.
Čo hľadáte?	Hľadám moju červenú ceruzku.
Koho čakáte?	Čakám jednu kamarátku.
Čo si prosíte?	Prosím si jednu kávu a jednu limonádu.
Čo máš v ruke?	V ruke mám farebnú fotografiu.
Koho vidíš dole?	Dole vidím tvojho otca a tvoju matku.

2. Predložky (prepozície) PRE a CEZ

– Dobrý deň, pani poštárka. Máte listy pre našu rodinu?
– Áno, Janko, mám. Tu je jeden list pre tvojho otecka,
  jeden list pre starú mamu a jeden telegram pre tvojho brata.
– Máte list aj pre Evu?
– Nie, pre tvoju sestru dnes nemám list.

– Čo robíte, keď je hodina?
– Cez hodinu sme v triede a učíme sa.
– A čo robíte cez prestávku?
– Cez prestávku sme na chodbe alebo na ihrisku.
– Čo robíte cez sobotu a nedeľu?
– Cez sobotu a nedeľu počúvame rádio, pozeráme televíziu a niekedy hráme karty.

– Janko, pozri sa cez okno! Vidíš to veľké auto?

– Keď idem do školy, idem cez jeden veľký park, cez malé námestie a potom cez dlhý most.

3. Niektoré slovesá + predložky (verbá + prepozície)

Na koho čakáte?	Čakáme na našu profesorku.
Na čo čakáte?	Čakáme na autobus alebo na električku.
Na čo sa pozeráte?	Pozeráme sa na obraz.

4. Iné príklady

To je zošit na matematiku (= tam píšem matematiku).
To je zošit na domácu úlohu (= tam píšem domácu úlohu).

To je kôš na papier (= tam dávame papier).
To je pohár na vodu (= tam dávame vodu).
To je šálka na kávu (= tam dávame kávu).

JANKO IDE DO ŠKOLY

Ráno dáva Janko do aktovky knihu, zošit, pero, ceruzku, gumu, pravítko a slovník.
Pani Kováčová hovorí:
– Janko, nezabudol si niečo? Máš všetko?
Janko odpovedá:
– Áno, mami. Mám všetko. Nezabudol som na nič. Mám aj zošit pre Ivana Horáka a knihu pre učiteľku.
Pani Kováčová ešte hovorí:
– Janko, ponáhľaj sa! Pozri, už je skoro osem hodín! A dávaj pozor, neutekaj cez ulicu!

Janko odchádza. To je dobre, že jeho škola nie je ďaleko. O chvíľu niekto zvoní. Janko! Samozrejme, zabudol zošit na domácu úlohu. Keď Janko prichádza do triedy, všetci žiaci už sedia. Čakajú na učiteľa.
Prichádza triedny učiteľ. Žiaci vstávajú.
Učiteľ hovorí:
– Dobré ráno! Sadnite si! Kto chýba?
Janko hovorí:
– Ivan Horák chýba.
Učiteľ sa pýta:
– Je chorý? Kto ešte chýba?
Janko hovorí:
– Neviem, myslím, že Ivan je chorý. Dnes nechýba nikto, len Ivan.

Začína sa hodina. Učiteľ dnes skúša a kontroluje domácu úlohu. Pýta sa, žiaci odpovedajú. Janko dnes nemusí odpovedať. To je dobre. Jedna žiačka sa pýta:
– Prosím, nerozumiem tomu slovu. Môžete mi to vysvetliť?
Učiteľ vysvetľuje slovo, ktorému žiačka nerozumie. Potom sa učia niečo nové. Zvoní. Je prestávka. Všetci vstávajú a idú von. Jedna žiačka zotiera tabuľu. Chlapci utekajú dolu a hrajú volejbal na ihrisku. Niektorí sa učia.
Dnes poobede je voľno. Janko chce navštíviť Ivana. Keď Ivan nie je veľmi chorý, môžu hrať šach alebo sa spolu učiť.

Cvičenia

14, 15

S. – Otecko potrebuje nové pero.
R. – Dobre, kúpim nové pero pre otecka.

– Janko potrebuje veľký zošit.
– Dobre, kúpim veľký zošit pre Janka.

– Zuzka chce čokoládu.
– Dobre, kúpim čokoládu pre Zuzku.

– Náš starý otec potrebuje noviny.
– Dobre, kúpim noviny pre nášho starého otca.

– Katka Horáková potrebuje slovník.
– Dobre, kúpim slovník pre Katku Horákovú.

– Ten malý chlapec chce ceruzku.
– Dobre, kúpim ceruzku pre toho malého chlapca.

S. – Ideš do školy cez park alebo cez ulicu?
R. – Nejdem do školy cez park. Idem cez ulicu.

S. – Hráte volejbal cez hodinu alebo cez prestávku?
R. – Nehráme volejbal cez hodinu. Hráme volejbal cez prestávku.

– Ideš na balkón cez izbu alebo cez kuchyňu?
– Nejdem na balkón cez izbu. Idem cez kuchyňu.

– Ide ten autobus cez starý most alebo cez nový most?
– Ten autobus nejde cez starý most. Ide cez nový most.

– Máme skúšku cez prvú alebo cez druhú hodinu?
– Nemáme skúšku cez prvú hodinu. Máme skúšku cez druhú hodinu.

– Pláva tá loď cez Atlantický oceán alebo cez Tichý oceán?
– Tá loď nepláva cez Atlantický oceán. Pláva cez Tichý oceán.

 VŠIMNITE SI!

Osobné zámená po predložke / 4. pád
(personálne pronominá po prepozícii) / (akuzatív)

Vidím starého otca. Vidíš **ho** tiež? (verbum + ho)	Kde je káva pre starého otca? Káva **pre NEHO** je na stole. (prepozícia + neho)	(M)
Vidíš moju matku? Nie, nevidím **ju**. (verbum + ju)	Kde je kniha pre moju matku? Kniha **pre ŇU** je v aktovke. (prepozícia + ňu)	(F)

Príklady

– Janko, neutekaj cez ulicu! Musíš cez ňu chodiť pomaly!
– Máte list pre môjho kamaráta? Áno, mám pre neho list.
– Čakáš na Petra dlho? Áno, čakám na neho už hodinu.
– Pozeráte často televíziu? Áno, skoro každý večer ju pozeráme.
– Eva nemôže ísť do kina, nemáme pre ňu lístok.

TO UŽ VIEME!

Idem do mesta. Idem nakupovať.
Musím kúpiť nový zošit.
Eva musí mnoho študovať.
Janko chce navštíviť Ivana.
Ivan a Janko môžu hrať šach.
Ivan a Janko sa môžu spolu učiť.

-nakupovať-
-kúpiť-
-študovať-
-navštíviť-
-hrať-
-učiť sa-

VŠIMNITE SI!

Neurčitok
(infinitív) (2. verbum vo vete je vždy infinitív!)

chcem čítať, musíme písať, idem kúpiť,
neviem hovoriť, musím dať, nesmieš utekať

-ť

ČO ROBÍM / ROBÍŠ / ROBÍ... (teraz)

Typy slovies
(typy verb)

A – verbá

I – verbá

ČAKAŤ	HRAŤ	DÁVAŤ	KÚPIŤ	CHODIŤ	ROBIŤ
čakám	hrám	dávam	kúpim	chodím	robím
čakáš	hráš	dávaš	kúpiš	chodíš	robíš
čaká	hrá	dáva	kúpi	chodí	robí
čakáme	hráme	dávame	kúpime	chodíme	robíme
čakáte	hráte	dávate	kúpite	chodíte	robíte
čakajú	hrajú	dávajú	kúpia	chodia	robia

POZOR!   **E – verbá** nikdy **nemajú infinitív** -eť!

- **-ovať** (-ujem, -ujú)
  štud**ovať** (štud**ujem**, štud**ujú**)
  prac**ovať** (prac**ujem**, prac**ujú**)
  bud**ovať** (bud**ujem**, bud**ujú**)

  Iné príklady: kupovať, tancovať, opakovať, vysvetľovať, gumovať...

- **písať** (píšem, píšu)
  ukázať (ukážem, ukážu)
  hádzať (hádžem, hádžu)

  Iné príklady: česať, klopať, pozvať...

- **piť** (pijem, pijú)
  šiť (šijem, šijú)
  žiť (žijem, žijú)

  Iné príklady: biť, (u)myť, obuť...

● **brať** (beriem, berú)
   prať (periem, perú)

● **smiať sa** (smejem sa, smejú sa)
   liať (lejem, lejú)
   hriať (hrejem, hrejú)

Iné príklady: diať sa, viať, siať ...

● **niesť** (nesiem, nesú)
   viezť (veziem, vezú)
   viesť (vediem, vedú)
   liezť (leziem, lezú)

Iné príklady: piecť/pečiem, obliecť/oblečiem, vyzliecť/vyzlečiem,
tiecť/tečie...

● **jesť** (jem, ješ, je // jeme, jete, jedia)

● **ísť** (idem, ideš, ide // ideme, idete, idú)

■ ZAPAMÄTAJTE SI!   (MEDZI, S)

Park je **medzi** školou a internátom.   Janko **s** Mirom hrajú šach.

Musíš sa pozrieť!	=	Pozri sa!
Musíte sa pozrieť!	=	Pozrite sa!
Musíš sa ponáhľať!	=	Ponáhľaj sa!
Musíte sa ponáhľať!	=	Ponáhľajte sa!
Musíš dávať pozor!	=	Dávaj pozor!
Musíte dávať pozor!	=	Dávajte pozor!
Nesmieš utekať cez ulicu!	=	Neutekaj cez ulicu!
Nesmiete utekať cez ulicu!	=	Neutekajte cez ulicu!

Naučte sa!

100 – STO	1 000 – TISÍC
200 – dvesto	2 000 – dvetisíc
300 – tristo	3 000 – tritisíc
400 – štyristo	4 000 – štyritisíc
500 – päťsto	5 000 – päťtisíc
600 – šesťsto	6 000 – šesťtisíc
700 – sedemsto	7 000 – sedemtisíc
800 – osemsto	8 000 – osemtisíc
900 – deväťsto	9 000 – deväťtisíc

1 000 000 – (jeden) MILIÓN

OPAKUJTE!

Čítajte nahlas! 1, 5, 7, 10, 11, 14, 15, 20, 57, 86, 64, 94, 62, 32, 45, 72...

Diktujte a píšte na tabuľu! 23, 13, 95, 29, 12, 85, 47, 38, 26, 63, 46, 93, 59, 37, 56, 72.

KTORÝ ...?   KTORÁ ...?   KTORÉ ...?

– Náš športovec	– Naša trieda	– Slovensko
1. je **prvý**.	je **prvá**.	je **prvé**.

Kto je...	Kto je...	Čo je...
2. druhý	druhá	druhé
3. tretí	tretia	tretie
4. štvrtý	štvrtá	štvrté
5. piaty	piata	piate
6. šiesty	šiesta	šieste
7. siedmy	siedma	siedme
8. ôsmy	ôsma	ôsme
9. deviaty	deviata	deviate
10. desiaty	desiata	desiate
11. jedenásty	jedenásta	jedenáste
12. dvanásty	dvanásta	dvanáste
atď.	atď.	atď.
100. stý	stá	sté
1 000. tisíci	tisíca	tisíce
1 000 000. miliónty	miliónta	miliónte
23. dvadsiaty tretí	dvadsiata tretia	dvadsiate tretie
47. štyridsiaty siedmy	štyridsiata siedma	štyridsiate siedme
115. stopätnásty	stopätnásta	stopätnáste

Cvičenie

S. – Prosím vás, je to piate poschodie?
R. – Nie, to je šieste poschodie.

S. – Prosím vás, je to druhá trieda?
R. – Nie, to je tretia trieda.

– Prosím vás, je to osemdesiata strana?
– Nie, to je osemdesiata prvá strana.

– Prosím vás, je teraz štvrtá hodina?
– Nie, teraz je piata hodina.

– Prosím vás, je teraz tridsiaty druhý týždeň?
– Nie, teraz je tridsiaty tretí týždeň.

– Prosím vás, je to tretí vchod?
– Nie, to je štvrtý vchod.

🔲 VČERA MIRO TANCOVAL

Text

Včera bol krásny deň. Bola nedeľa. Miro bol cez víkend doma u matky. Na obed pricestoval do Bratislavy. Poobede sa prechádzal v lese neďaleko internátu. V lese stretol svoju kamarátku Katku. Išli spolu do malej reštaurácie. Miro pil kávu, Katka pila čaj a jedla ovocný koláč. Rozprávali sa o škole. Miro potom pozval Katku na diskotéku.

Stretli sa o siedmej hodine a išli tancovať. Na diskotéke bolo mnoho študentov. Všetci sa dobre zabávali, mnoho tancovali a počúvali hudbu. Katka musela skoro odísť, lebo ráno mala školu. Miro ju odprevadil domov a potom sa vrátil do internátu. Rýchlo zaspal.

DNES MÁ MIRO VOĽNO

Miro študuje na univerzite. Je prvoročiak a býva v novom internáte. Učí sa skoro celý deň. Ráno má prednášky a cvičenia v laboratóriu. Potom ide do knižnice a študuje. Poobede je zase v škole. Večer sa pripravuje na druhý deň.

Dnes má celý deň voľno. Môže spať a nemusí ísť do školy. Sedí v izbe a píše list. Rozmýšľa, čo bude robiť večer. Musí telefonovať Michalovi. Michal pracuje v meste a vždy vie, aký je program.

Ideme
do kina.

Ideme
do divadla.

ČO BUDE MIRO ROBIŤ VEČER?

O jednej bude obedovať. Má v chladničke ešte nejaké mäso, ktoré mu matka dala. Potom bude trochu čítať. Neskôr bude telefonovať kamarátovi Michalovi.

Miro: – Ahoj, Michal! Čo budeme robiť večer?

Michal: – Poď, pôjdeme do klubu. Tam je diskotéka.

Miro: – Nie, včera som bol na diskotéke a tancoval som celý večer. Nevieš, čo hrajú v kine alebo v divadle?

Michal: – Vieš, je pondelok, všetky múzeá a výstavy sú dnes zatvorené. V kine hrajú staré filmy, len v Hviezde dávajú nejaký francúzsky film. Budem tam telefonovať a opýtam sa, či majú lístky. Alebo sa opýtam v divadle, čo je v opere. Myslím, že dnes hrajú Traviatu.

Miro: – Fajn, už sa teším. Dávno som nebol v divadle.

Michal – Dobre, stretneme sa o šiestej. Budem ťa čakať pred divadlom.

Ideme
na výstavu.

Ideme
na diskotéku.

● ● ● TO UŽ VIEME! ● ● ● ● ● ● ● ● ● ● ● ● ● ● ● ● ●

Miro a Michal sú kamaráti.

Miro a Karol sú študenti.

Peter a Michal sú inžinieri a pracujú v súkromnej firme.

V pondelok sú múzeá zatvorené a výstavy tiež nie sú otvorené.

V byte sú štyri izby.

Na poličke sú knihy.

A čo kiná? Kiná sú otvorené, ale tam hrajú staré filmy.

Divadlá sú otvorené, ale neviem, či majú lístky.

KTO ... / ČO ... JE TO?   TO SÚ ...

 VŠIMNITE SI! **Podstatné mená** / **1. pád** / **množné číslo**
(substantíva) (nominatív) (plurál)

To je...
(Mž)
muž

To sú ...
muži
študenti
doktori
inžinieri
kamaráti

~ **-i**

(Mn)
dom

domy
stromy
obrazy
zošity
stoly

= **-y**

nôž

 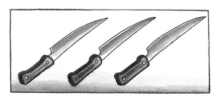

nože
koše
stroje
koberce
kamene

˘ **-e**

(F)
kniha

knihy
mapy
ceruzky
ženy
stoličky

= **-y**

skriňa

 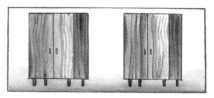

skrine
tabule
klubovne
ulice
továrne

˘ **-e**

kosť

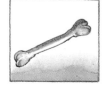 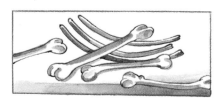

kosti
miestnosti
bolesti
radosti
žiadosti

-sť | **-i**

(N)
okno

okná
autá
kiná
rádiá
jedlá

= **o** | = **-á**

vajce

vajcia
moria
srdcia
polia

˘ **-e** | ˘ **-ia**

To je...
(N)

múzeum

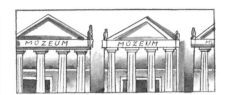

To sú...
múzeá
laboratóriá
gymnáziá
verbá
centrá

~ **um** → **-á**

▼ **POZOR!**

● **žiak – žiaci**   (Mž)   **-k → -ci**

(vojak – vojaci, robotník – robotníci, úradník – úradníci, básnik – básnici, roľník – roľníci, mechanik – mechanici, čašník – čašníci, Slovák – Slováci, vnuk – vnuci ...)

● **priateľ – priatelia**   (Mž)   **-teľ → -telia**

(učiteľ – učitelia, riaditeľ – riaditelia, čitateľ – čitatelia, pisateľ – pisatelia, hlásateľ – hlásatelia ...)

– a tiež slová: brat – bratia, rodič – rodičia,
– ale Mn: deliteľ – delitele/lia, odmocniteľ – odmocnitele/lia!

● **niekedy**   **-a → -ovia**

(zástupca – zástupcovia, dôchodca – dôchodcovia, rozhodca – rozhodcovia, hrdina – hrdinovia ...)

– a tiež muži v rodine: syn – synovia, otec – otcovia, dedko – dedkovia, ujo – ujovia ...
– a iné: druh – druhovia

VŠIMNITE SI!   **Číslovky 2 / 3 / 4**
(numeráliá)

To je ...

jeden muž

To sú...
dvaja muži
traja muži
štyria muži

jeden obraz

dva obrazy
tri obrazy
štyri obrazy

jedna kniha

dve knihy
tri knihy
štyri knihy

jedno okno

dve okná
tri okná
štyri okná

Cvičenie
11

S 1. – V internáte je jedna klubovňa.
S 2. – Jedna? Nie dve?
R. – Máš pravdu. V internáte sú dve klubovne.

S 1. – Tu v izbe bývajú dvaja študenti.
S 2. – Dvaja? Nie traja?
R. – Máš pravdu. Tu v izbe bývajú traja študenti.

– Nad Dunajom sú tri mosty.
– Tri? Nie štyri?
– Máš pravdu. Nad Dunajom sú štyri mosty.

– V triede je jedna skriňa.
– Jedna? Nie dve?
– Máš pravdu. V triede sú dve skrine.

– Na našej ulici je jedno kino.
– Jedno? Nie dve?
– Máš pravdu. Na našej ulici sú dve kiná.

– V laboratóriu pracujú dvaja inžinieri.
– Dvaja? Nie traja?
– Máš pravdu. V laboratóriu pracujú traja inžinieri.

– V rodine Kováčovcov je jeden syn.
– Jeden? Nie dvaja?
– Máš pravdu. V rodine Kováčovcov sú dvaja synovia.

– Na chodbe sú dva koše.
– Dva? Nie tri?
– Máš pravdu. Na chodbe sú tri koše.

ČO BUDEME ROBIŤ?

DNES ZATVORENÉ

Eva a Mária čakali pred klubom. Karol a Miro prišli neskoro. Museli dlho čakať na autobus. Karol predstavil Mira.

Karol: – Predstavte sa. To je Miro, môj kamarát. Študuje na technike, je v prvom ročníku. A to je Eva, a to Mária, moje kamarátky. Sú študentky a študujú na univerzite. Tak poďme do klubu!

Keď prišli ku klubu, bol zatvorený. Aha, zabudli, že je pondelok!

Miro povedal, že môžu ísť do kina, do kaviarne alebo do reštaurácie. Tam si dajú kávu. Eva a Mária hovorili, že je už neskoro piť kávu, ale môžu si dať zmrzlinu.

Miro povedal, že dnes platí on, lebo mu otec dal peniaze. Karol rozmýšľal, prečo je klub zatvorený.

– To je zvláštne, – hovoril Karol. – Klub je otvorený každý deň. Boli sme tu aj minulý týždeň v pondelok. Pamätáš sa, Eva? Hrali nejaké krátke filmy a potom sme tancovali. Bola tu aj Katka, tá inžinierka.

– Katka nie je inžinierka, – povedala Eva. – Je doktorka. Máš pravdu. Potom sme sa prechádzali pri rieke a čakali sme na autobus. A nakoniec sme išli domov peši.

Miro ešte nebol v klube, a preto sa opýtal, čo všetko je v klube a čo tam možno robiť.

Eva rozprávala, že v klube je kaviareň, kde dobre varia, a nie je veľmi drahá. Chodia tam často študenti. Tam môžu lacno jesť a piť a niekedy je večer diskotéka, kde môžu tancovať. Mária hovorila, že v klube je aj čitáreň, televízna miestnosť, malé kino. Karol hovoril, že sú tam malé miestnosti, kde možno hrať šach, karty alebo biliard. Často sú v klube tiež zaujímavé prednášky a diskusie.

Miro povedal: – Škoda, že je dnes zatvorené! Zajtra nemám čas, ale možno na budúci týždeň tam pôjdem na nejaký program. Tak, a teraz ideme na zmrzlinu!

● ● ● **TO UŽ VIEME!** ● ● ● ● ● ● ● ● ● ● ●

Eva a Mária sú moje kamarátky.
V pondelok sú divadlá, múzeá a výstavy zatvorené.
Kiná a kaviarne sú otvorené.
V klubovni hrali nejaké krátke filmy.

VŠIMNITE SI!   **Množné číslo**
(plurál)

To sú tí		**To sú tie**	
dobrí		dobré	domy (Mn)
múdri	chlapci (Mž)	múdre	žiačky (F)
moji	kamaráti	moje	sestry
tvoji	bratia	tvoje	perá (N)
naši		naše	
vaši	– **-í** / ⁻ **-i**	vaše	– **é** / ⁻ **e** / ⁼ ie

Cvičenia

12, 13

S. – Akí sú vaši tenisti? Sú dobrí? R. – Áno, tí naši tenisti sú naozaj dobrí.	S. – Sú jeho bratia starí? R. – Neviem. Ivan hovorí, že sú starí.
S. – Aké sú vaše izby? Sú pekné? R. – Áno, tie naše izby sú naozaj pekné.	S. – Sú nové kolegyne pekné? R. – Neviem. Ivan hovorí, že sú pekné.

– Akí sú tvoji kamaráti? Sú usilovní?
– Áno, tí moji kamaráti sú naozaj usilovní.

– Aké sú moje úlohy? Sú správne?
– Áno, tie tvoje úlohy sú naozaj správne.

– Aké sú vaše múzeá? Sú zaujímavé?
– Áno, tie naše múzeá sú naozaj zaujímavé.

– Aké sú ich domy? Sú moderné?
– Áno, tie ich domy sú naozaj moderné.

– Aké sú vaše koberce? Sú pekné?
– Áno, tie naše koberce sú naozaj pekné.

– Akí sú jeho rodičia? Sú starí?
– Áno, tí jeho rodičia sú naozaj starí.

– Sú okná otvorené?
– Neviem. Ivan hovorí, že sú otvorené.

– Sú autá drahé?
– Neviem. Ivan hovorí, že sú drahé.

– Sú nové televízory farebné?
– Neviem. Ivan hovorí, že sú farebné.

– Sú jablká sladké?
– Neviem. Ivan hovorí, že sú sladké.

– Sú študenti pripravení?
– Neviem. Ivan hovorí, že sú pripravení.

– Sú jeho sestry vydaté?
– Neviem. Ivan hovorí, že sú vydaté.

– Sú koberce čisté?
– Neviem. Ivan hovorí, že sú čisté.

VEČER

Je večer. Skoro celá rodina je v obývacej izbe. Muži sedia pri okne a hrajú karty. Stará mama niečo šije a počúva rádio. Zuzka sa hrá. Má loptu, kocky a iné hračky. Nad stolom vpravo visí pekný veľký obraz. Pri stole stoja stoličky. Na stole je obrus a váza.

Kováčovci už večerali a pani Kováčová je teraz v kuchyni. Pani Kováčová umýva riad. Taniere, poháre a hrnce sú už čisté. Teraz umýva príbor. Na sporáku vrie voda. Matka, otec a starý otec pijú večer kávu alebo čaj. Niekedy Eva pomáha v kuchyni, ale dnes nie je doma. Je v klubovni. Iste príde domov neskoro.

– Janko, – volá Zuzka cez dvere.
– Poď sem! Hrajme sa!
Janko sedí pri stole a píše.
– Teraz nemôžem. Píšem úlohu a učím sa. Potom chcem pozerať televíziu.
Mama volá z kuchyne:
– Zuzka, už je neskoro. Nehraj sa! Umy sa a choď spať!

Peter hovorí:
– Už nehrajme! Je sedem hodín! Počúvajme správy!
– Peter, pozri sa, aký je dnes v televízii program! Dúfam, že je lepší ako včera.
– Áno, na prvom programe je film a na druhom koncert. Á, to je pekný film. Videl som ho minulý rok v kine. Tam hrá náš najlepší herec.

Matka prináša kávu, čaj a mlieko. Zuzka nechce mlieko, chce limonádu, ale matka hovorí:
– Mlieko je zdravšie. Pozri, aj Janko pije mlieko.
Stará mama je ovocie.
– Ten pomaranč je sladký! Je sladší ako pomaranč, ktorý som jedla včera.

Všetci sedia a pozerajú film. Film je skutočne veľmi zaujímavý.
Prichádza Eva a hovorí:
– Dobrý večer! Prišla som domov skôr, klub je dnes zatvorený.
Janko sa hnevá a kričí:
– Ticho, Eva! Teraz nerozprávaj! Sadni si a pozeraj film!

● ● ●TO UŽ VIEME! ● ● ● ● ● ● ● ● ● ● ● ● ● ● ● ●

– Janko, poď sem! – Zuzka, nehraj sa! Umy sa! Choď spať!

– Eva, nerozprávaj! Sadni si! Pozeraj film!

– Poďte na kávu! Poďte na zmrzlinu!

– Hrajme sa! Opýtajme sa, aký je dnes program!

– Sadnime si tam! Dajme si zmrzlinu!

VŠIMNITE SI! Rozkazovací spôsob – I.
(imperatív)

	TY	VY	MY	verbá
hraj(ú)	Hraj!	Hrajte!	Hrajme!	**A**
píš(u)	Píš!	Píšte!	Píšme!	**E**
hovor(ia)	Hovor!	Hovorte!	Hovorme!	**I**

 Cvičenie

14

| S. – Janko nechce čítať.
R. – Musí čítať. Janko, čítaj! |

– Chlapci nechcú písať úlohu.
– Musia písať úlohu. Chlapci, píšte úlohu!

– Zuzka nechce robiť poriadok.
– Musí robiť poriadok. Zuzka, rob poriadok!

– Žiaci nechcú odpovedať.
– Musia odpovedať. Žiaci, odpovedajte!

– Ivan a Karol nechcú hovoriť po anglicky.
– Musia hovoriť po anglicky. Ivan, Karol, hovorte po anglicky!

– Miro nechce čakať na autobus.
– Musí čakať na autobus. Miro, čakaj na autobus!

– Eva nechce pomáhať mame.
– Musí pomáhať mame. Eva, pomáhaj mame!

– Ivan nechce požičať slovník.
– Musí požičať slovník. Ivan, požičaj slovník!

POZOR!

● **Spoluhláska** (konsonant) **-d/-t/-n/-l na konci je vždy mäkká!**			
chod-ia	Choď!!	Choďte!	Choďme!
sed-ia	Seď!	Seďte!	Seďme!
men-ia	Meň!	Meňte!	Meňme!
plet-ú	Pleť!	Pleťte!	Pleťme!

● ● ● TO UŽ VIEME! ● ● ● ● ● ● ● ●

– Peter, pozri sa! Pozrite sa!
– Eva, sadni si! Sadnite si!
– Pozeraj televíziu! Nespi!
– Prosím Vás, zavrite dvere, je zima!
– Tu je nápis: „Fajčenie zakázané".
  Nefajčite tu!

VŠIMNITE SI! Rozkazovací spôsob – II.
(imperatív)

	TY	**VY**	**MY**
Sadn(ú) si **Sp(ia)**	Sadni si! Spi!	Sadnite si! Spite!	Sadnime si! Spime!

 Cvičenie

15

S. – Môžem si sadnúť?
R. – Áno, nech sa páči, sadnite si!

– Môžem zavrieť okno?
– Áno, nech sa páči, zavrite okno!

– Môžem zapnúť televízor?
– Áno, nech sa páči, zapnite televízor!

– Môžem zhasnúť lampu?
– Áno, nech sa páči, zhasnite lampu!

– Môžem vypnúť rádio?
– Áno, nech sa páči, vypnite rádio!

– Môžem pozvať kamaráta?
– Áno, nech sa páči, pozvite kamaráta!

– Môžem fajčiť?
– Áno, nech sa páči, fajčite!

– Môžem si vziať gumu?
– Áno, nech sa páči, vezmite si gumu!

● **Nepravidelné tvary** (iregulárne formy)				
povedia	Povedz!	Povedzte!	Povedzme!	(Povedzte mi to!)
jedia	Jedz!	Jedzte!	Jedzme!	(Jedz pomaly!)
pijú	Pi!	Pite!	Pime!	(Nepite alkohol!)
sú	Buď!	Buďte!	Buďme!	(Buďte doma!)
–	Poď!	Poďte!	Poďme!	(Poď sem!)

AKÝ / AKÁ / AKÉ ... JE?

silný
-ý

silnejší
-ejší

najsilnejší
naj -ejší

– Ten muž je veľmi silný.

– To je pravda, ale ten je silnejší.

– Áno, a ten je najsilnejší.

-á

-ejšia

naj -ejšia

– Tá stolička nie je veľmi pohodlná.

– Tá je pohodlnejšia.

– A moja stará stolička je najpohodlnejšia.

-e

-ejšie

naj -ejšie

– Je to rýchle auto?
– Neviem, možno je rýchle.

– Ale to druhé auto je rýchlejšie.

– A myslím, že to auto je najrýchlejšie.

AKÝ / AKÁ / AKÉ ... JE?

drahý
-ý

drahší
-ší

najdrahší
naj -ší

– Peter, tu je tvoj magnetofón.
  Je veľmi drahý!

– Áno, ale ten vľavo je drahší.

– Pozri, tam vzadu je krásny mag-
  netofón. Prečo si nekúpil ten?
– Lebo je najdrahší.

-á

-šia

naj -šia

– To všetko sa musím naučiť.
  Taká hrubá kniha!

– A tam je chémia. Tá je ešte
  hrubšia.

– V júni mám skúšku z biológie.
  To je tá najhrubšia kniha.

-é

-šie

naj -šie

– To je tvoje rádio?
  Je pekné a nové.

– Ale rádio v obývacej izbe je
  novšie.

– A teraz ti v časopise ukážem
  naše najnovšie rádio.

● ● ● ● TO UŽ VIEME! ● ● ● ● ● ● ● ● ● ● ● ● ● ● ● ● ●

– Je klubovňa taká veľká ako naša?
– Nie, je väčšia. Je väčšia ako klubovňa na univerzite.
  Je to najväčšia klubovňa v meste. A je najkrajšia.

– Dúfam, že dnes je lepší program ako včera. Hrá tam náš najlepší herec.

VŠIMNITE SI!

Stupňovanie prídavných mien – I.
(komparácia adjektív)

1. stupeň (pozitív)	2. stupeň (komparatív)	3. stupeň (superlatív)	
silný	– silnejší	– najsilnejší	(Mž/Mn)
silná	– silnejšia	– najsilnejšia	(F)
silné	– silnejšie	– najsilnejšie	(N)

Cvičenie

16

> S. – Je radiátor vzadu taký teplý ako radiátor vpredu?
> R. – Myslím, že je teplejší.
>
> S. – Je vaša škola taká moderná ako naša?
> R. – Myslím, že je modernejšia.
>
> S. – Je tvoje kreslo také pohodlné ako moje?
> R. – Myslím, že je pohodlnejšie.

– Je pivo také lacné ako víno?
– Myslím, že je lacnejšie.

– Si taký hladný ako ja?
– Myslím, že som hladnejší.

– Je program dnes taký zábavný ako minulý týždeň?
– Myslím, že je zábavnejší.

– Je druhý text taký zrozumiteľný ako prvý?
– Myslím, že je zrozumiteľnejší.

– Je Peter taký šikovný ako Karol?
– Myslím, že je šikovnejší.

– Je pán Nový taký skúsený šofér ako pán Kmeť?
– Myslím, že je skúsenejší.

– Je vaše auto také rýchle ako naše?
– Myslím, že je rýchlejšie.

POZOR!

● **Také formy majú adjektíva:**

(horúci – horúcejší – najhorúcejší)
(hlúpy – hlúpejší – najhlúpejší)

Pokračujte: svalnatý / vlasatý / zaujímavý / dôležitý / častý / komplikovaný / pravdivý... a iné.

 VŠIMNITE SI! **Stupňovanie prídavných mien – II.**
(komparácia adjektív)

1. stupeň (pozitív)	**2. stupeň** (komparatív)	**3. stupeň** (superlatív)	
nový	– novší	– najnovší	(Mž/Mn)
nová	– novšia	– najnovšia	(F)
nové	– novšie	– najnovšie	(N)

 Cvičenie

17

> S. – Mesiac január je studenší ako december.
> R. – Áno, január je najstudenší mesiac.
>
> S. – Prvá lekcia je jednoduchšia ako druhá.
> R. – Áno, prvá lekcia je najjednoduchšia lekcia.
>
> S. – Jablko je zdravšie ako iné ovocie.
> R. – Áno, jablko je najzdravšie ovocie.

– Druhá fotografia je tmavšia ako tretia.
– Áno, druhá fotografia je najtmavšia.

– Naša izba je suchšia ako vaša.
– Áno, vaša izba je najsuchšia.

– Jozef je lenivší ako Miro.
– Áno, Jozef je najlenivší.

– To mesto je staršie ako iné mestá na Slovensku.
– Áno, to je najstaršie mesto na Slovensku.

– Tvoja posteľ je tvrdšia ako moja.
– Áno, moja posteľ je najtvrdšia.

– Jeho sako je novšie ako kabát.
– Áno, je to najnovšie sako.

POZOR!

● **Také formy majú aj adjektíva:**

– **s koncovkou** (sufixom) **~ký / ~eký / ~oký:**
  ale všimnite si, ako sa menia

ťaž**ký**	ťaž**ší**	najťaž**ší**
šir**oký**	šir**ší**	najšir**ší**
vys**oký**	vyš**ší**	najvyš**ší**
níz**ky**	niž**ší**	najniž**ší**
blíz**ky**	bliž**ší**	najbliž**ší**
krát**ky**	krat**ší**	najkrat**ší**
úz**ky**	už**ší**	najuž**ší**

– **nepravidelné prídavné mená**
  (iregulárne adjektíva):

malý	menší	najmenší
veľký	väčší	najväčší
dobrý	lepší	najlepší
zlý	horší	najhorší
pekný	krajší	najkrajší
krásny		

VŠIMNITE SI!

VŠETCI (Mž)	**VŠETKY** (Mn/F/N)
Všetci bratia študujú.	Všetky domy sú nové.
Všetci muži pracujú.	Všetky knihy sú zaujímavé.
Všetci (ľudia) sú doma.	Všetky múzeá sú zatvorené.
Všetci študenti bývajú v internáte.	Všetky študentky majú telocvik.
Ešte nie sú všetci v autobuse.	Boli všetky obrazy pekné?

EVA PÍŠE DENNÍK

Štvrtok je môj najkrajší deň. Môžem dlho spať, nemusím sa ponáhľať do školy. Ráno dlho ležím a čítam, potom raňajkujem. Niekedy sa trochu učím. Včera som bola s Máriou v meste. Prezerali sme si novú módu a potom sme v kaviarni hovorili o filme.

Škoda, že mám len jeden voľný deň! Otec každý deň pracuje a nemá voľný deň. Aj keď je doma, niečo opravuje alebo dáva fotografie do albumu.

Mama včera umývala okná, prala a žehlila. Samozrejme, že otec i mama boli večer unavení. V televízii bol krásny film. Všetci sme sedeli a pozerali sme film. O chvíľu už mama spala a potom spal aj otec. Janko tiež pozeral, ale hovoril, že film nie je pekný. Je ešte malý a ničomu nerozumie. Čo budú Eva a Katka hovoriť o tom filme?

Peter nebol doma. Má nejakú dôležitú prácu v laboratóriu a chodí domov neskoro. Niekedy hrá s otcom alebo s dedkom šach, ale častejšie počúva hudbu. Má krásny nový magnetofón. To je život! Nemusí študovať, nemá skúšky, má peniaze! Ale ráno musí každý deň vstávať a často musí cestovať.

Včera Peter dlho telefonoval (neviem s kým), potom sa holil, umýval, obliekal a odišiel. Vrátil sa domov neskoro – už som spala. Kde bol? Čo robil? Myslím, že má nejakú slečnu.

My máme nový byt, ale starí rodičia bývajú v starom byte v meste. Často prichádzajú autobusom. Niekedy sedia v parku za domom a hrajú sa so Zuzkou. Večer hrajú domino s Jankom a so Zuzkou. Odchádzajú skoro, lebo každý večer musia pozerať televíziu.

Dnes ráno som sa vážila: to je strašné! Už som zase o dve kilá ťažšia! Samozrejme: včera káva a zmrzlina s Máriou, večer tri kusy torty, ktorú priniesla stará mama. Stará mama je výborná kuchárka. Aj včera uvarila takú večeru, no, fantázia! Od zajtra nebudem nič jesť. (Ale v chladničke je ešte kus torty...!) Starý otec sedí a číta noviny, ten sa má najlepšie.

ZAPAMÄTAJTE SI!

Miro mal ráno prednášky. Teraz je v izbe. Má voľno. Aj večer má voľno. Zajtra bude mať tiež voľno. Čo bude robiť?

Poobede budem písať list. Potom budem niečo čítať.

Už som zase ťažšia! Od zajtra nebudem nič jesť.

POZOR!

● **Pozrite sa na tieto I-verbá!**
● **stáť** (stojím, stoja) báť sa (bojím sa, boja sa)
● **bežať** (bežím, bežia) držať (držím, držia) kričať (kričím, kričia) mlčať (mlčím, mlčia)　　　　a tak ďalej
● **~ieť** (~ím, ~ia) vidieť (vidím, vidia) sedieť (sedím, sedia) myslieť (myslím, myslia)

Iné príklady: hľadieť, visieť, horieť, musieť, letieť, nenávidieť...
ale: rozumieť (rozumiem, rozumejú) / chcieť (chcem, chcú)

VŠIMNITE SI!　　**Postavenie „sa / si" vo vete**
(pozícia)

	2			2	
Nech	**sa**	páči!	Čo	**si**	prosíš?
Ako	**sa**	máte?	Prosím	**si**	limonádu.
Mám	**sa**	dobre.	Sadni	**si**,	Eva!
Ako	**sa**	voláte?	Dajme	**si**	zmrzlinu!
Volám	**sa**	Pavol Horský.	Kúpite	**si**	tú knihu?
Zuzka	**sa**	hrá v parku.	Eva	**si**	šije šaty.
Tu	**sa**	učím.	Nemôžem	**si**	sám opraviť rádio.

Slová **„sa"** a **„si"** sú vždy na druhom mieste! **Nikdy** nestoja na prvom mieste!

● ● ● ●TO UŽ VIEME!

Janko pozeral celý film, ale hovoril, že nie je pekný.

Peter dlho telefonoval, potom sa holil, umýval, obliekal a odišiel.

Mama umývala okná, prala a žehlila.

Stará mama priniesla tortu. Ráno som sa vážila.

VŠIMNITE SI!

Sloveso – minulý čas
(verbum) – (préteritum)

ČO ROBÍ?	ČO ROBIL, -A, -O, -I?

Muž

Muž

sedí   číta   chodí   sedel   čítal   chodil

Žena

Žena

sedí   číta   chodí   sedela   čítala   chodila

Dieťa

Dieťa

sedí   číta   chodí   sedelo   čítalo   chodilo

Muži   **Ženy**   **Deti**   **Muži**   **Ženy**   **Deti**

sedia   čítajú   chodia   sedeli   čítali   chodili

Cvičenie

18

S. – Miro nevie tancovať.
R. – To nie je pravda, veď včera tancoval.

S. – Jana nevie variť.
R. – To nie je pravda, veď včera varila.

S. – To dieťa nevie chodiť.
R. – To nie je pravda, veď včera chodilo.

S. – Ti chlapci nevedia spievať.
R. – To nie je pravda, veď včera spievali.

– Ten muž nevie šoférovať.
– To nie je pravda, veď včera šoféroval.

– Eva nevie písať na stroji.
– To nie je pravda, veď včera písala.

– Karol a Michal nevedia hovoriť po anglicky.
– To nie je pravda, veď včera hovorili.

VŠIMNITE SI! Pravidelný minulý čas
(regulárne préteritum)

ČÍTAŤ

(JA) (TY) (ON)	ČÍTA**L**	som si –	(M)/sg.
(JA) (TY) (ONA) (ONO)	ČÍTA**LA** ČÍTA**LO**	som si – –	(F)/sg. (N)/sg.
(MY) (VY) (ONI) (ONY)	ČÍTA**LI**	sme ste –	(M/F/N)/pl.

Iné príklady: hrať – hral, hrala, hralo; hrali
spať – spal, spala, spalo; spali
hovoriť – hovoril, hovorila, hovorilo; hovorili
študovať – študoval, študovala, študovalo; študovali a tak ďalej.

VŠIMNITE SI! Nepravidelný minulý čas
(iregulárne préteritum)

1.	BYŤ		JESŤ		ÍSŤ	
(JA) (TY) (ON) (ONA) (ONO)	bol bol bol bola bolo	som si – – –	jedol jedol jedol jedla jedlo	som si – – –	išiel/šiel išiel/šiel išiel/šiel išla/šla išlo/šlo	som si – – –
(MY) (VY) (ONI) (ONY)	boli boli boli	sme ste –	jedli jedli jedli	sme ste –	išli/šli išli/šli išli/šli	sme ste –

2. ~ieť (~el, ~ela, ~elo; ~eli)

vidieť – videl, videla, videlo; videli
sedieť – sedel, sedela, sedelo; sedeli
rozumieť – rozumel, rozumela, rozumelo; rozumeli

Iné príklady: chcieť, hľadieť, nenávidieť, bolieť, zomrieť, musieť, letieť atď.

3. -núť (-nul, -nula, -nulo; -nuli) – po samohláske (po vokáli)

spomenúť – spomenul (-la, -lo; -li)

Iné príklady: zahynúť, uplynúť, vyvinúť sa, odpočinúť si.

-núť (-ol, -la, -lo; -li) – po spoluhláske (po konsonante)

padnúť – padol (padla, padlo; padli)

Iné príklady: sadnúť, kopnúť, zmiznúť, vzniknúť, (vy)buchnúť, zľaknúť sa, zodvihnúť.

4. niesť (niesol, niesla, nieslo; niesli)

viezť – viezol, viezla, viezlo; viezli
obliecť – obliekol, obliekla, oblieklo; obliekli
rásť – rástol, rástla, rástlo; rástli
a tak ďalej

VŠIMNITE SI!

Slovosled v minulom čase – I.
(slovosled v préterite)

	2	
Kde	**si**	bol?
Kde	**ste**	boli?
Bol	**som**	v meste.
Včera	**som**	bola v meste.
Všetci	**sme**	sedeli.
Zabudol	**som**	kvety.
Dnes ráno	**sme**	boli na zámku.
Písali	**ste**	úlohu?
Počítali	**ste**	príklady?
Nie, zabudli	**sme**	na celú školu!

Slová „**som**", „**si**", „**sme**", „**ste**" sú vždy na druhej pozícii!

VŠIMNITE SI!

Slovosled v minulom čase – zvratné slovesá – II.
(slovosled v préterite) (reflexívne verbá)

(dnes)	Poobede	**sa**	–	učím.
(včera)	Poobede	**som**	**sa**	učil.
(dnes)	Prosím	**si**	–	limonádu.
(včera)	Prosil	**som**	**si**	limonádu.

	2	**3**	
Hrali	**ste**	**sa**	,
bicyklovali	**ste**	**sa**	,
ale neučili	**ste**	**sa**	.
Učili	**ste**	**sa**	?
Neučili	**sme**	**sa**	nič.
Holil	**som**	**sa**	dnes ráno.
Dali	**sme**	**si**	zmrzlinu.
Čo	**si**	**si**	kúpil?
Kúpil	**som**	**si**	nové rádio.

AKO SA PÝTAME? – AKO ODPOVEDÁME?

VŠIMNITE SI! **Opytovacie vety – I. zisťovacia otázka**
(interrogatívne vety)

Sloveso (verbum) je na začiatku – Odpoveď   Áno, ...
                                             Nie, ...

Máš dnes voľno?	Áno, dnes mám voľno. / Nie, dnes nemám voľno.
Idete do mesta?	Áno, ideme do mesta. / Nie, nejdeme do mesta.
Chodí tu autobus číslo 52?	Áno, tu chodí autobus číslo 52. / Nie, tu nechodí autobus číslo 52.
Je klubovňa veľká?	Áno, klubovňa je veľká. / Nie, klubovňa nie je veľká.

VŠIMNITE SI! **Opytovacie vety – II. doplňovacia otázka**
(interrogatívne vety)

Na začiatku je opytovacie slovo (napr.: Kto / čo / kde / kedy / aký...) – Je len jedna odpoveď!

Čo potrebuješ, Janko?	Potrebujem gumu a ceruzku.
Koho čakáte?	Čakáme nášho učiteľa.
Kde je skriňa?	Skriňa je vzadu.
Aké máte telefónne číslo?	Máme číslo 637 422.
Kedy ideme do klubu?	Do klubu ideme po večeri.
Ktorý dom je váš?	Náš dom je ten vysoký vpravo.

VŠIMNITE SI! **Opytovacie vety – III. vylučovacia otázka**
(interrogatívne vety)

V otázke používame slovo „alebo".   Často používame zápornú aj kladnú odpoveď.

Idete do kina alebo do divadla?	Nejdeme do kina, ideme do divadla.
Študujete chémiu alebo biológiu?	Neštudujeme chémiu, študujeme biológiu.
Máš magnetofón alebo rádio?	Nemám magnetofón, mám rádio.

KDE BUDEME OBEDOVAŤ?

Text

Pán Horák:
– Chodíme už celý deň, som unavený a hladný ako vlk! Pozri sa, tu je ten nový hotel! Čítali sme o ňom v novinách. Poď, tu budeme obedovať!
Pani Horáková:
– Tu? Nie, tu je iste všetko drahšie ako v inej reštaurácii. Môžeme jesť aj v bufete.

Pán Horák:
– V bufete? Nie! Raz sme v meste a môžeme jesť v dobrej reštaurácii.

Pani Horáková:
– Pozri, to je náhoda! Sedia tu Kováčovci. Dobrý deň, je tu ešte voľné miesto?

Pán Kováč:
– Dobrý deň! Samozrejme, je tu voľné miesto. Sadnite si! Tešíme sa, že vás vidíme. Čo robíte v meste?

Pán Horák:
– To viete, moja žena má veľa peňazí a musí kúpiť všetko, čo vidí.

Pani Horáková:
– To nie je pravda. Deti aj my potrebujeme už niečo nové.

Čašníčka:
– Dobrý deň! Budete obedovať? Budete niečo piť?

Pán Horák:
– Dajte nám, prosím, jedálne lístky! Mamička, čo budeš piť? Víno?

Pani Horáková:
– Nie, teraz si prosím džús a možno po obede si dám kávu.

Pán Horák:
– Jeden džús a pre mňa pohár bieleho vína.

Čašníčka:
– Prosíte si nejaké predjedlo? Máme šunku, vajcia, šalát, salámu. Vyberte si!

Pani Horáková:
– Prosíme si dvakrát šunku a pečivo.

Pani Kováčová:
– Ja som mala ten šalát. Bol výborný, skúste ho!

Pani Horáková:
– Nie, ďakujem. Nemám rada šaláty.

Pani Kováčová:
– Ako sa máte? Čo robí Katka? Dávno som ju nevidela.

Pani Horáková:
– Ďakujem, má sa dobre, ale má veľa práce... Tá šunka je naozaj dobrá!

Čašníčka:
– Už ste si vybrali? Čo vám môžem priniesť?

Pán Horák:
– Prosím si mäsovú polievku a zeleninovú polievku, pre mňa rezeň a zemiaky a raz pečené mäso s ryžou. A dvakrát kompót.

Pán Kováč
a pani Kováčová:
– Dobrú chuť!

Pán Horák:	– Dáme si aj kávu a zákusok?
Pán Kováč:	– Mám návrh! Poďme do kaviarne! Tam majú výbornú kávu aj zákusky. A príde tam aj Janko s Ivanom.
Pán Horák:	– Dobre! Zatelefonujem Katke, aby tiež prišla sem a potom budeme spolu cestovať domov. Pán hlavný, platím!

● ● ● TO UŽ VIEME! ●

Miro mal ráno prednášky, ale teraz má voľno.
Zajtra bude mať tiež voľno. Čo bude robiť?
Poobede budem písať list. Potom budem čítať.
Zajtra nebudem nič jesť.
Kde budeme obedovať? Budeme obedovať v novej reštaurácii.
Čo budú piť Horákovci? Horákovci budú piť džús a víno.
Čo budú jesť? Budú jesť polievku, mäso, zemiaky a ryžu.
Kam budú cestovať po obede? Po obede budú cestovať domov.
Poď, tu budeme obedovať.
Budete obedovať?
Budete niečo piť?
Deti, čo budete piť?
Po obede budeme spolu cestovať domov.

KDE SI BOL, -A, -O? КDE SI? KDE BUDEŠ?
ČO SI ROBIL, -A, -O? ČO ROBÍŠ? ČO BUDEŠ ROBIŤ?

VŠIMNITE SI! **Budúci čas – Nd-slovesá**
(futúrum) – (Nd-verbá)

bol, -a	som		som		budem
bol, -a	si		si		budeš
bol, -a, -o	–	doma	je	doma	bude
boli	sme		sme		budeme
boli	ste		ste		budete
boli	–		sú		budú

doma

VČERA

DNES

ZAJTRA

ČÍTAL SOM
knihu.

ČÍTAM
knihu.

BUDEM ČÍTAŤ
knihu.

PÍSAL SOM
list.

PÍŠEM
list.

BUDEM PÍSAŤ
list.

POZOR!

Nebol, -a som doma.	Nie som doma.	Nebudem doma.
Neboli sme v škole.	Nie sme v škole.	Nebudeme v škole.
Nečítal, -a som knihu.	Nečítam knihu.	Nebudem čítať knihu.
Nepísal, -a som list.	Nepíšem list.	Nebudem písať list.
Neobedoval, -a som.	Neobedujem.	Nebudem obedovať.
Neučil, -a som sa fyziku.	Neučím sa fyziku.	Nebudem sa učiť fyziku.

Cvičenia

11, 12, 13

S. – Kde je Miro? Je doma?
R. – Áno, je doma. Včera bol tiež doma,
aj zajtra bude doma.

S. – Kde je pani Horáková? Je v záhrade?
R. – Áno, je v záhrade. Včera bola tiež
v záhrade, aj zajtra bude v záhrade.

S. – Kde ste, deti? Ste na dvore?
R. – Áno, sme na dvore. Včera sme boli
tiež na dvore, aj zajtra budeme na dvore.

– Kde je otecko? Je v úrade?
– Áno, je v úrade. Včera bol tiež v úrade,
aj zajtra bude v úrade.

– Kde si? Si v škole?
– Áno, som v škole. Včera som bol tiež v ško-
le, aj zajtra budem v škole.

S. – Peter, počúval si správy?
R. – Áno, počúval som. Často počúvam
správy.
S. – A dnes večer?
R. – Samozrejme, aj dnes večer budem
počúvať správy.

– Janko, písal si si úlohy?
– Áno, písal som si. Často si píšem úlohy.
– A poobede?
– Samozrejme, aj poobede si budem písať
úlohy.

– Zuzka, spala si poobede?
– Áno, spala som. Často spím poobede.
– A zajtra poobede?
– Samozrejme, aj zajtra poobede budeme
spať.

– Robili ste test?
– Áno, robili sme. Často robíme test.
– A na budúci týždeň?
– Samozrejme, aj na budúci týždeň
budeme robiť test.

S. – Budeš čítať noviny alebo knihu?
R. – Nebudem čítať noviny. Budem čítať
knihu.

– Budete počúvať správy alebo hudbu?
– Nebudeme počúvať správy. Budeme
počúvať hudbu.

– Bude Eva piť čaj alebo kávu?
– Eva nebude piť čaj. Bude piť kávu.

– Budeme spať alebo budeme pozerať
televíziu?
– Nebudeme spať. Budeme pozerať televíziu.

– Budeš študovať medicínu alebo ekonómiu?
– Nebudem študovať medicínu. Budem
študovať ekonómiu.

CHCETE JESŤ, PIŤ, ZABÁVAŤ SA...? – POĎTE!

A.: – Som strašne hladný. Poď do reštaurácie na obed!
B.: – Nemám čas sedieť v reštaurácii. Musím ísť späť do továrne.
A.: – Tak poď do bufetu! Tu za rohom je pekný malý bufet.

A.: – Čo si si vzal?
B.: – Vzal som si párok s horčicou a rožok.
A.: – Myslím, že si dám dva obložené chlebíčky a desať deka rybacie-
ho šalátu. Budeš piť pivo?
B.: – Áno, jedno malé svetlé si prosím.

A.: – Mamička, už som veľmi unavená a hladná.

B.: – Pozri! Tu je bufet! Tu môžeš vypiť mlieko alebo kakao a zjesť maslový chlieb. A vedľa je pizzeria, kúpim ti malú pizzu, špagety alebo hranolky, dobre?

A.: – Nie, nechcem mlieko ani kakao. A pizzu sme mali večer. Chcem hamburger a jahodový koktail! A chcem tiež zmrzlinu!

B.: – Nehovor chcem, nechcem! Hovor prosím si, neprosím si! Zmrzlinu nemôžeš, lebo kašleš. A hamburger nie je zdravý.

A.: – Ale je dobrý! Tak si dám hranolky a potom ideme do cukrárne. A prosím si zákusok a kolu.

B.: – Ale len jeden zákusok, pretože potom nebudeš obedovať.

A.: – Ahoj, Paľko! Čo tu robíš? Ako sa máš? Dávno som ťa nevidel. Poďme do kaviarne, porozprávame sa.

B.: – Ale nie, v kaviarni je hluk. Je tam veľa ľudí a hudba. Nebudeme sa môcť rozprávať. Poďme do espresa.

A.: – Mal si pravdu. Tu je veľmi príjemne.

B.: – Prosím si dve kávy a minerálku. Máte sparty? Nie? Tak si prosím dalily. A prineste mi zápalky.

A.: – Nedáme si pohárik vína?

B.: – Prepáč, nemôžem piť alkohol. Dnes ešte budem šoférovať. Tak, a teraz hovor: ako sa máš, kde pracuješ, kde bývaš...?

A.: – Je piatok večer. Zajtra nemusíme skoro vstávať. Poďte na pohárik vína!

B.: – Pôjdeme do vinárne alebo do baru?

C.: – To je dobrý nápad! Choďte do baru a obsaďte stôl. Ja zatelefonujem do internátu. Možno prídu nejaké dievčence.

A.: – Dievčatá, budete piť biele alebo červené víno?

D.: – To je jedno. Objednaj, čo chceš. My ideme teraz tancovať. A potom bude aj program.

B.: – Budeme aj večerať?

C.: – Večerať? Ty si sa zbláznil! Veď nemáme peniaze. Potom v internáte zjeme chlieb, syr a vajcia.

POČÚVAJTE TIETO ROZHOVORY!

– Kam ideš?
– Idem do mesta. Nemám kávu, chlieb ani mlieko.
– Ideš po kávu, chlieb a mlieko?
– Áno, o chvíľu sa vrátim.

– Kam ideš?
– Idem do kníhkupectva. Potrebujem novú učebnicu a slovník.
– Ideš po učebnicu a slovník?
– Áno, o chvíľu sa vrátim.

– Kam ideš?
– Idem do kuchyne. Potrebujem čistú šálku. Potrebuješ niečo?
– Ideš po šálku? Prines mi, prosím ťa, vodu!
– Dobre, idem aj po vodu.

– Kam ideš?
– Idem si po cigarety.
– Keď ideš po cigarety, skoč mi, prosím ťa, po jednu pepsikolu.
– Dobre, o chvíľu sa vrátim.

– Kam ideš?
– Idem do mesta. Mám v čistiarni nohavice a sako. A v opravovni mám topánky. A kam ideš ty?
– Ja idem do školy. Idem si po štipendium.
– Dobre, že hovoríš! Celkom som zabudol. Pôjdem s tebou najprv po štipendium a potom pôjdeme po nohavice, po sako a po topánky.

 VŠIMNITE SI! **Predložka PO + 4. pád**
(prepozícia PO + akuz.)

Idem do obchodu po kávu, pivo, chlieb a mlieko.   (= idem, kúpim a prinesiem)

Idem do kuchyne po šálku, po vodu.   (= idem, vezmem a prinesiem)

Idem do školy po štipendium.   (= idem, vezmem a prinesiem)

 ## POČÚVAJTE TIETO ROZHOVORY!

– Som hladný. Poďme obedovať!
– Teraz? Ešte je len dvanásť hodín. Ešte nemôžeme ísť na obed.

– Som smädný. Tam je bufet. Musím niečo piť.
– Ja som tiež smädný. Ideme na pivo alebo na limonádu.

– Čo robíš?
– Učím sa. Budeme mať test z fyziky.
– Ale teraz je prestávka. Poď si zafajčiť!
– Dobre, ideme na jednu cigaretu a potom sa budem učiť.

– Pozri sa na túto fotografiu. Tu je hotel.
– Tu ste bývali?
– Áno. A tu je reštaurácia. Tam sme chodili na raňajky, na obed a na večeru. Vedľa je kaviareň. Tam sme často chodili na kávu, na zmrzlinu alebo na tortu.

– Kam sa ponáhľaš?
– Do jedálne. Je veľká prestávka, idem na desiatu.

VŠIMNITE SI!   **Predložka NA + 4. pád**
(prepozícia NA + akuz.)

Idem (do jedálne)
  na polievku,
  na mäso a ryžu,
  na večeru...

Idem (do bufetu)
  na kávu,
  na limonádu,
  na pivo...

Idem (do fajčiarne)
  na jednu cigaretu.

(= idem a tam budem jesť...)

(= idem a tam budem piť...)

(= idem a tam budem fajčiť...)

TO UŽ VIEME!

Eva sedí **na** stoličke.
Lampa stojí **na** stole.

Eva stojí **pri** okne.
Stôl stojí **pri** stene.

Kniha je **v** skrinke.
Kováčovci sú **v** obchode.

VŠIMNITE SI!   **Podstatné mená   6. pád – jednotné číslo**
(substantíva)   (lokál) – (singulár)

O KOM / O ČOM hovoria?

To je
muž.

Dievčatá hovoria   (Mž)
o mužovi
o bratovi
o otcovi
o dedkovi

~ **-ovi**

To je dom.

Chlapci hovoria (Mn)
o dome
o futbale
o filme

= -e

koberec

o koberci
o stroji
o hokeji
o Dunaji
o počítači

≟ -i

To je učiteľka.

Chlapci hovoria (F)
o učiteľke
o matke
o knihe
o lampe

= -e

ulica

o ulici
o nemocnici
o továrni
o miestnosti
o exkurzii

≟ -i

To je auto.

Chlapci hovoria (N)
o aute
o meste
o pere
o kine

-o | = -e

vajce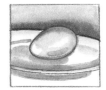

o vajci
o mori
o poli
o srdci
o pleci

-e | ≟ -i

vysvedčenie

o vysvedčení
o predstavení
o ovocí
o námestí
o počasí

-ie | ~ -í

KEDY POUŽÍVAME LOKÁL? POZRITE SA!

● **Lokál používame po predložkách** NA / PO / PRI / V, VO / O

● **Pýtame sa:**

O kom hovoríte?   Hovorím o Petrovi.
O čom hovoríte?   Hovorím o filme.
Na čom (= kde) stojí váza?   Váza stojí na stole.
Pri kom si sedel?   Sedel som pri kamarátovi.
atď.

Cvičenia

14, 15, 16, 17, 18, 19

S. – Vieš, čo je vitamín C?
R. – Samozrejme. V škole sme hovorili o vitamíne C.

– Vieš, čo je penicilín?
– Samozrejme. V škole sme hovorili o penicilíne.

– Vieš, čo je urán?
– Samozrejme. V škole sme hovorili o uráne.

– Vieš, čo je striebro?
– Samozrejme. V škole sme hovorili o striebre.

S. – Vieš, kto bol Alexander Dubček?
R. – Áno. Už sme sa učili o Alexandrovi Dubčekovi.

– Vieš, kto bol Svätopluk?
– Áno. Už sme sa učili o Svätoplukovi.

– Vieš, kto bol Milan Rastislav Štefánik?
– Áno. Už sme sa učili o Milanovi Rastislavovi Štefánikovi.

– Vieš, kto bol Ľudovít Štúr?
– Áno. Už sme sa učili o Ľudovítovi Štúrovi.

S. – Pozri sa, prosím, kde je môj slovník! Je na stole?
R. – Áno, je tu na stole.

– Pozri sa, prosím, kde je moja kniha! Leží na váľande?
– Áno, leží tu na váľande.

– Pozri sa, prosím, kde je moja váza! Stojí na knižnici?
– Áno, stojí tu na knižnici.

– Pozri sa, prosím, kde je moja lampa! Stojí na skrinke?
– Áno, stojí tu na skrinke.

S. – Janko ešte nie je doma? Je v škole?
R. – Áno, ešte je v škole.

– Ivan ešte nie je doma? Je v meste?
– Áno, ešte je v meste.

– Peter ešte nie je doma? Je v továrni?
– Áno, ešte je v továrni.

– Eva ešte nie je doma? Je v knižnici?
– Áno, ešte je v knižnici.

S. – Sedel si pri okne alebo pri skrini?
R. – Nepamätám sa, ale myslím, že som sedel pri okne.

– Stála lampa pri stole alebo pri kresle?
– Nepamätám sa, ale myslím, že stála pri stole.

– Bolo kreslo pri televízore alebo pri knižnici?
– Nepamätám sa, ale myslím, že bolo pri televízore.

– Sedela matka pri stole alebo pri okne?
– Nepamätám sa, ale myslím, že sedela pri stole.

S. – Naše mesto je pekné, však?
R. – Áno, je veľmi pekné. Často chodím po meste.

– Tá ulica je dlhá, však?
– Áno, je veľmi dlhá. Často chodím po ulici.

– Ich záhrada je veľká, však?
– Áno, je veľmi veľká. Často chodím po záhrade.

– To nové námestie je široké, však?
– Áno, je veľmi široké. Často chodím po námestí.

ZAPAMÄTAJTE SI!

Dám si dva obložené chlebíčky.
Tu môžeš zjesť maslový chlieb a vypiť mlieko.
Nechcem piť mlieko, každý deň musím piť mlieko.
Poď, porozprávame sa! Tu sa nebudeme môcť rozprávať.
Potom v internáte zjeme chlieb, syr a vajcia.

POZOR!

● **6. pád** (lokál) **-k/-g/-h/-ch**   (Mn)

Počúvajte tieto vety!

Lampa stojí na stolíku.
Je v čajníku ešte čaj? | **-k** |
Sedeli sme vo vlaku.

Bývali sme v kempingu.
Ešte som nebol v Hamburgu. | **-g** | | **-u** |
Boli sme na mítingu.

Deti sa hrali na snehu.
Na trhu som kúpil pekné ovocie. | **-h** |
Čakali sme na rohu.

Všetci hovorili o jeho úspechu.
Na vrchu pri meste stojí hrad. | **-ch** |
Lietadlo bolo vysoko vo vzduchu.

● **6. pád** (lokál) **-ko/-go/-io/-um**   (N)

Počúvajte tieto vety!

Ste po prvýkrát na Slovensku?
Guma leží pri pravítku. | **-ko (-cho)** |
Mám niečo v oku.
Mám bolesti v uchu / v bruchu.

Jeho rodičia žijú v Kongu.
Boli sme v New Yorku, | **-go** | | **-u** |
ale neboli sme v Chicagu.

Videli sme film o Tokiu.
Kreslo stojí pri rádiu. | **-io (-ao) (-eo)** |
Je v kakau cukor?
Bývate v Montevideu?

Študoval som na gymnáziu.
Boli sme v múzeu. | **-um** |
Hovorili sme o štúdiu na univerzite.

● **Kedy?** (V ktorom mesiaci?)

Bol som tam   v januári / vo februári / v marci /
              v apríli / v máji / v júni /
              v júli / v august**e** / v septembri /
              v októbri / v novembri / v decembri /

● **6. pád** (lokál) **-l / -r** (niektoré Mn)

Bývame v hoteli. Hovorili sme o modeli.		Učili sme sa o alkohole. Vo futbale sme najlepší, ale vo volejbale nie.
	ALE	
Mäso je na tanieri. V pohári je voda. Chlieb je na papieri. Hráte na klavíri?		Sedím pri radiátore. Na semafore sú tri svetlá. Leteli vo vesmíre. Pri televízore je rádio.

Cvičenia

20, 21

S. – Videl si náš nový park?
R. – Nie, ešte som nebol v parku.

S. – Kedy máte skúšku? V máji?
R. – V máji nie, až v júni.

– Videl si chemické laboratórium?
– Nie, ešte som nebol v laboratóriu.

– Kedy ste prišli na Slovensko? V septembri?
– V septembri nie, až v októbri.

– Poznáš Maroko?
– Nie, ešte som nebol v Maroku.

– Kedy budete cestovať domov? V júli?
– V júli nie, až v auguste.

– Vieš, kde je nový trh?
– Nie, ešte som nebol na trhu.

– Kedy pôjdeme do divadla? V apríli?
– V apríli nie, až v máji.

– Videl si veľký kemping pri rieke?
– Nie, ešte som nebol v kempingu.

– Kedy bude voľno? V novembri?
– V novembri nie, až v decembri.

– Poznali ste predtým Slovensko?
– Nie, ešte som nebol na Slovensku.

● ● ● **TO UŽ VIEME!** ●

Vpredu pri okrúhlom stole sedia Horákovci.
Dnes sme po prvýkrát v tejto peknej reštaurácii.
Niekedy môžeme jesť v dobrej reštaurácii a piť kávu v príjemnej kaviarni.
Ivan obeduje v školskej jedálni, Katka obeduje v závodnej jedálni.

VŠIMNITE SI! **Prídavné mená / 6. pád**
(adjektíva) / (lokál) (Mž / Mn / N)

ten		to		Hovoríme o **tom**	
jeden mladý	brat (dom) (park)	jedno mladé	mesto (kino) (more)	jednom mladom	bratovi dome meste
môj tvoj náš váš		moje tvoje naše vaše		mojom tvojom našom vašom	
				Hovoríme o **ŇOM**	

Príklady

Bývame v tom vysokom, modernom dome.
Nestojte pri otvorenom okne!
Boli sme v našom novom divadle.

Čítal som o tvojom staršom bratovi.
Lampa stojí na mojom písacom stole.

Cvičenie

22

> S. – To je náš nový profesor. Počul si o ňom?
> R. – Nie, nepočul som o našom novom
> profesorovi.

> S. – Včera sme sa učili o Archimedovom
> zákone. A vy?
> R. – My sme sa o ňom ešte neučili.

– To je ten známy herec. Čítal si o ňom?
– Nie, nečítal som o tom známom hercovi.

– To je naše nové divadlo. Bol si v ňom?
– Nie, nebol som v našom novom divadle.

– To je náš najdlhší most. Išiel si po ňom?
– Nie, nešiel som po našom najdlhšom moste.

– To je náš nový spolužiak. Sedel si pri ňom?
– Nie, nesedel som pri našom novom
spolužiakovi.

– To je nový park. Bol si už v ňom?
– Nie, nebol som v novom parku.

– To je to staré gymnázium. Študoval si na
ňom?
– Nie, neštudoval som na tom starom
gymnáziu.

– To je náš veľký problém. Hovorili ste o ňom?
– Nie, nehovorili sme o našom veľkom
probléme.

– To je to veľké sídlisko. Bývate na ňom?
– Nie, nebývame na tom veľkom sídlisku.

– Včera som bol v tom novom kine. A ty?
– Ja som v ňom ešte nebol.

– Prechádzali sme sa po veľkom parku.
A Eva?
– Eva sa po ňom ešte neprechádzala.

– Nakupovali sme v novom obchodnom do-
me. A vy?
– My sme v ňom ešte nenakupovali.

– Minulý týždeň som bol vo vysokoškolskom
klube. A Karol?
– Karol v ňom ešte nebol.

– Včera som cestoval v osobnom vlaku. A ty?
– Ja som v ňom ešte necestoval.

– Včera som písal na elektrickom písacom
stroji. A vy?
– My sme na ňom ešte nepísali.

– Včera sme hovorili o mojom štúdiu. A ty?
– Ja som o ňom ešte nehovoril.

– V pondelok som bol pri našom jazere. A vy?
– My sme pri ňom ešte neboli.

VŠIMNITE SI!

Prídavné mená / 6. pád
(adjektíva) / (lokál) (F)

tá		Hovoríme o **tej**		
jedna nová	kniha	jednej novej	knihe	~ **-ej**
moja tvoja naša vaša		mojej tvojej našej vašej		
Hovoríme o NEJ				

Príklady

Prechádzali sme sa po tej dlhej ulici.
Peter pracuje vo veľkej chemickej továrni.
Sedeli ste pri tej veľkej skrini alebo pri tej malej skrinke?

V celej Bratislave som nemohol kúpiť tú knihu.
Na mojej knižnici je váza a v nej sú kvety.
Všetky noviny písali o tej mladej herečke.

Cvičenie
23

> S. – Tam ide tá známa herečka. Čítal si o nej?
> R. – Áno, včera som čítal o tej známej herečke.

> S. – Bývaš ešte v tej malej, studenej izbe?
> R. – Nie, už v nej nebývam.

– Tam sedí naša nová kolegyňa. Hovorili ste o nej?
– Áno, včera sme hovorili o našej novej kolegyni.

– To je moja mladšia sestra. Sedel si pri nej?
– Áno, včera som sedel pri tvojej mladšej sestre.

– Tam vzadu je tá nová budova. Bol si v nej?
– Áno, včera som bol v tej novej budove.

– To je univerzitná knižnica. Bol si v nej?
– Áno, včera som bol v univerzitnej knižnici.

– Tu je autobusová konečná zastávka. Čakal si pri nej?
– Áno, včera som čakal pri autobusovej konečnej zastávke.

– Tam hore je televízna veža. Bol si už na nej?
– Áno, včera som bol na televíznej veži.

– V múzeu je zaujímavá výstava. Počul si o nej?
– Áno, včera som počul o zaujímavej výstave.

– V izbe je nová váľanda. Ležal si na nej?
– Áno, včera som ležal na novej váľande.

– Študuje Peter ešte na chemickej fakulte?
– Nie, už na nej neštuduje.

– Bývate ešte pri tej veľkej továrni?
– Nie, už pri nej nebývame.

– Prechádzaš sa ešte každý deň po tej veľkej záhrade?
– Nie, už sa po nej neprechádzam.

– Hovorili ste ešte o tej ťažkej skúške?
– Nie, už sme o nej nehovorili.

– Bývajú tvoji rodičia ešte v tej malej dedine?
– Nie, už v nej nebývajú.

– Je ešte víno v tej fľaši?
– Nie, už v nej nie je víno.

– Máš ešte knihy v tej vysokej knižnici?
– Nie, už v nej nemám knihy.

– Chodia ešte električky po vašej ulici?
– Nie, už po nej nechodia.

KEDY HOVORÍME „TY"?
(Kedy tykáme?)

študent – študent

– Ahoj, Miro. Čo robíš? Kam ideš?
– Idem do školy. A ty? Ideš tiež do školy?
– Áno. Čo budeš robiť poobede?
– Idem niečo nakupovať, mama nemá čas.
– Tvoja mama pracuje aj poobede?
– Áno, niekedy.

kamarát – kamarát/kolega – kolega

– Čítal si niečo o tom filme?
– Nie. A ty? Čo písali o ňom?
– Ja som tiež nič nečítal, ale tvoja sestra hovorila, že je pekný.
– Už sa teším. A ty?

starší človek – mladší

– Servus, Paľko. Čo robíš? Hráš sa? Kde je tvoja mama?
– Dobrý deň, ujo. Mamička sedí tu v parku a ja sa hrám. Kam idete?
– Ja idem domov. Ahoj!
– Dovidenia, ujo!

KEDY HOVORÍME „VY"?
(Kedy vykáme?)

študent – profesor

– Prečo ste neboli včera v škole? Boli ste chorý?
– Áno. Bol som u doktora. Musel som dlho čakať, ale učil som sa.
– Napísali ste aj úlohu?
– Nie, prepáčte, nenapísal som ju.

neznámi ľudia

– Dobrý deň! Prepáčte, neviete, kde je tu poštový úrad?
– Dobrý deň! Musíte ísť cez námestie a v prvej ulici vpravo uvidíte vysokú budovu. Tam je pošta.
– Ďakujem vám. Dovidenia!

chlapec/dievča – starší človek

– Dobrý deň! Prosím vás, koľko je hodín?
– Je päť hodín. Kam ideš?
– Idem domov. Viete, ja bývam tu za rohom. A vy? Bývate tiež tu?
– Nie, ja bývam ďaleko. Idem na autobus.
– Dovidenia a ďakujem vám!

POTYKAŤ SI...

vykáme si

– Pán Kováč...
– Pán Horák...

Potykajme si
Potykajme si

tykáme si

– Som Jozef...
– Som Pavol...

– Vieš, Jozef...
– Vidíš, Pavol...

• • • **TO UŽ VIEME!** • • • • • • • • • • •

– Budeme ešte čakať alebo pôjdeme domov?
– Ešte chvíľu počkáme a potom pôjdeme.

VŠIMNITE SI!

Budúci čas slovesa „ÍSŤ"
(futúrum verba)

včera – pondelok	**dnes – utorok**	**zajtra – streda**

Išiel som do školy. Nešiel som do školy.	Idem do školy. Nejdem do školy.	Pôjdem do školy. Nepôjdem do školy.

Cvičenie
24

> S. – Chodíš často do mesta?
> R. – Pravdaže. Včera som šiel, dnes idem a zajtra tiež asi pôjdem do mesta.

– Chodia deti často do parku?
– Pravdaže. Včera išli, dnes idú a zajtra tiež asi pôjdu do parku.

– Chodíte často do divadla?
– Pravdaže. Včera sme išli, dnes ideme a zajtra tiež asi pôjdeme do divadla.

– Chodia chlapci často do klubovne?
– Pravdaže. Včera išli, dnes idú a zajtra tiež asi pôjdu do klubovne.

– Chodíš často do čitárne?
– Pravdaže. Včera som išiel, dnes idem a zajtra tiež asi pôjdem do čitárne.

ZAPAMÄTAJTE SI!

– Ráno idem do školy, potom do parku a večer možno pôjdem do klubovne alebo do divadla.

– Poď do reštaurácie!
– Nemám čas. Musím ísť do továrne.

– Ideme do bufetu, do kaviarne alebo do vinárne?
– Choďte do baru, ja zatelefonujem do internátu.

DOBRÚ ZÁBAVU...

Peter: – Mami, nevieš, kde je moja nová biela košeľa? Nie je v skrini ani v zásuvke.
Pani Kováčová: – Je v izbe! Leží na malej skrinke. Včera som ju vyžehlila.
Eva: – Mama! Požičiaš mi tvoje nové topánky? A môžem si vziať tvoju kabelku?

Pán Kováč: – Čo je tu taký krik? Kam idete?
Eva: – Ty nevieš? Peter dostal odmenu a pozval nás na večeru.
Pani Kováčová: – Koho „nás"? Otca a mňa?
Eva: – No, mňa, Katku a Karola. Ideme na večeru do Starej vinárne.
Pani Kováčová: – Prečo ste nič nepovedali? Načo varím? Tak dobrú zábavu!

Peter:– Katka a Karol už zasa meškajú! Je tu chladno, ale dúfam, že tu nebudeme dlho čakať.
Eva:– Aha, už idú! Ahojte!
Katka:– Prepáčte, že meškáme. Nemohla som skôr odísť z nemocnice.

Peter: – Máte len kabáty?
Eva: – Áno, ja mám iba kabát.
Karol: – Počkaj, Peter! Ja mám ešte aktovku a Katka má dáždnik. To všetko môžeme dať do šatne.
Šatnárka: – Nech sa páči! Tu je lístok.

Čašník: – Už ste si vybrali?
Peter: – Tak najprv predjedlo – štyrikrát šunku. Potom raz rezeň a trikrát „Tajomstvo".
Čašník: – A čo budete piť?
Peter: – Prineste nejaké dobré biele víno!
Čašník: – To je všetko?
Peter: – Áno. Možno neskôr si ešte niečo objednáme.

Peter: – Máte, prosím, voľný stôl pre štyri osoby?
Čašník: – Nech sa páči! Tam vzadu pri orchestri alebo tu vpravo. Tu je tichšie.
Peter: – Myslím, že zostaneme tu pri prvom stole. Prineste nám, prosím, jedálne lístky!

Katka: – Už je naozaj jedna hodina? Tak neskoro? Musíme už ísť! Peter, prosím ťa, zavolaj čašníka!
Eva: – Peter, zavolaj taxík! Odvezieme Karola domov a potom ideme k nám. Katka spí dnes u nás.

Peter: – Čo si dáte?
Eva: – Najprv šunku, potom rezeň, zemiaky a šalát. A potom možno zákusok.
Peter: – Preboha, Eva! A čo tvoja štíhla línia?
Eva: – To len dnes! Od zajtra budem hladovať!
Karol:– Myslím, že skúsim „Tajomstvo šéfkuchára".
Katka:–To je dobré. Už som to jedla. Aj ja si to prosím.

Cvičenie

S. – Čítate veľa?
R. – Áno, veľmi veľa. Včera som čítal, teraz čítam a myslím, že aj zajtra budem čítať.

S. – Športujete často?
R. – Áno, veľmi často. Včera som športoval, teraz športujem a myslím, že aj zajtra budem športovať.

– Pracuje otec veľa?
– Áno, veľmi veľa. Včera pracoval, teraz pracuje a myslím, že aj zajtra bude pracovať.

– Píše Janko často?
– Áno, veľmi často. Včera písal, teraz píše a myslím, že aj zajtra bude písať.

– Cestujete často vlakom?
– Áno, veľmi často. Včera som cestoval, teraz cestujem a myslím, že aj zajtra budem cestovať vlakom.

– Hrajú chlapci často futbal?
– Áno, veľmi často. Včera hrali, teraz hrajú a myslím, že aj zajtra budú hrať futbal.

– Študuješ často v noci?
– Áno, veľmi často. Včera som študoval, teraz študujem a myslím, že aj zajtra budem študovať v noci.

– Umýva mama často riad?
– Áno, veľmi často. Včera umývala, teraz umýva a myslím, že aj zajtra bude umývať riad.

 VŠIMNITE SI! **Intonácia**

PETER PRACUJE V TOVÁRNI. .

PRACUJE PETER V TOVÁRNI? ?

KAM IDETE VEČER? ?

KDE BUDETE ŠTUDOVAŤ? ?

RAŇAJKUJEME, OBEDUJEME, DESIATUJEME A VEČERIAME DOMA.
PÁN KOVÁČ, JEHO ŽENA, JEHO SYN A DCÉRA SÚ DOMA.

FONETICKÉ CVIČENIE (Počúvajte učiteľa a opakujte každú vetu!)

Peter dostal odmenu a pozval nás na večeru.
Tvoja košeľa leží v izbe na skrinke.
Všetko môžeme dať do šatne.
Môžem si vziať tvoju kabelku?
Kam idete? Čo si dáte? Čo budete piť?
Dám si šunku, potom rezeň, zemiaky a šalát.

KEDY JEME?   ČO JEME?   ČO PIJEME?

Ráno raňajkujeme

Na Slovensku ľudia obyčajne jedia chlieb alebo pečivo, maslo, med, džem. Niekedy jedia koláč. Ráno pijú čaj, bielu alebo čiernu kávu, mlieko, kakao.

Čo jete vy na raňajky? Čo ste dnes raňajkovali?

Na obed obedujeme

Obedujeme polievku (zemiakovú, mäsovú, zeleninovú, fazuľovú atď.). Potom jeme pečené alebo varené mäso a prílohy (zemiaky, ryžu, zeleninu, kapustu, cestoviny atď.). Niektorí ľudia radi jedia ryby, hydinu alebo jedlá z múky.
Po obede pijeme džús, limonádu, minerálnu vodu alebo sódu.

Čo jete vy na obed? Čo ste včera obedovali?

Večer večeriame

Lekári hovoria, že nie je zdravé jesť večer veľa, ale mnohí ľudia majú radi teplú večeru. Jedia podobné jedlá ako na obed.
Niektorí ľudia majú radi studené jedlá: chlieb, maslo, syr, sardinky, salámu, klobásu, vajíčka atď.
Večer často pijeme čaj, mlieko alebo vodu.

Čo jete vy na večeru? Čo ste včera večerali?

Deti doobeda **desiatujú** a poobede **olovrantujú.**

Desiatujeme predobedom o desiatej hodine.
Olovrantujeme poobede asi o štvrtej hodine.

Desiatujete? Olovrantujete? Čo jete na desiatu? Čo jete na olovrant?

● ● ● TO UŽ VIEME! ● ● ● ● ● ● ● ● ● ● ● ● ● ●

Na začiatku je verbum – existujú dve odpovede:

JE matka doma?	Áno, matka je doma.
	Nie, matka nie je doma.
PÍŠEŠ domácu úlohu?	Áno, píšem domácu úlohu.
	Nie, nepíšem domácu úlohu.

Príklady

Prosíte si kávu?	Áno, prosím si kávu.
	Nie, neprosím si kávu.
Študuješ ekonómiu?	Áno, študujem ekonómiu.
	Nie, neštudujem ekonómiu.
Sedíš pri okne?	Áno, sedím pri okne.
	Nie, nesedím pri okne.

● ● ● TO UŽ VIEME! ●

Na začiatku stojí opytovacie zámeno – môže byť len jedna odpoveď!

KTO	je to?	To je pán Kováč.
ČO	leží na stole?	Na stole leží kniha.
KDE	sú deti?	Deti sú v parku.
KOHO	si videl?	Videl som tvoju sestru.
O KOM	ste hovorili?	Hovorili sme o dedkovi.
V ČOM	je papier?	Papier je v zásuvke.
AKÚ	knihu čítate?	Čítam peknú knihu.

Tak sa môžeme pýtať na každé slovo vo vete!

Najprv sa pýtame: KTO? alebo ČO? Potom sa pýtame: ČO ROBÍ?

	KTO	ČO ROBÍ			
Mladý	muž	sedí	vpravo	pri veľkom	okne.
AKÝ			KDE	PRI AKOM	PRI ČOM

KTO		ČO ROBIL		
Janko	včera	písal	domácu	úlohu.
	KEDY		AKÚ	ČO

		KTO		ČO ROBÍ		
Môj	starší	brat	niekedy	chodí	po veľkom	moste.
ČÍ	AKÝ		KEDY		PO AKOM	PO ČOM

KTO	ČO ROBIA	
Žiaci a žiačky	sedia a čakajú	na učiteľa.
		NA KOHO

KDE JE DUNAJ? AKO SA DOSTANEM K DUNAJU?
KDE JE BANKA? AKO SA DOSTANEM DO BANKY?
KDE JE POŠTA? AKO SA DOSTANEM NA POŠTU?

Pani: – Chlapci, ako sa dostanem k Dunaju, k Novému mostu?
Janko: – Musíte ísť rovno, potom doprava, doľava a zasa rovno!
Ivan: – Ale nie, teta, choďte rovno a doľava a po tretej ulici doprava a...

Pani: – Ale, chlapci, nevidíte? Mám veľkú tašku a ťažký kufor. Nemôžem ísť peši. Nechodí tam autobus, trolejbus alebo električka?

Janko: – Prepáčte, nevidel som vašu batožinu. Samozrejme, to je najjednoduchšie. Tu vľavo je zastávka. Môžete ísť električkou číslo 4.

Ivan: – Máte lístok? Na zastávke je automat, ale potrebujete drobné: korunu, dvojkorunák, päťkorunák alebo desaťkorunák.

Janko: – Ja mám drobné. Môžem vám rozmeniť peniaze.

Pani: – Ďakujem vám, chlapci. Dovidenia!

Pán: – Kde je, prosím, námestie? Kde je hlavná pošta? Musím ísť na hlavnú poštu.

Pán Kováč: – To nie je ďaleko. Idem tiež tým smerom. Ukážem vám, kde to je.

Pán: – Nemám ťažkú aktovku, ak to nie je ďaleko, môžeme ísť peši.

Pán Kováč: – Dobre. Poďme peši po obchodný dom, potom doprava po námestí až k pošte.

Pán: – Viete, teraz som pricestoval autobusom. Už dávno som nebol v Bratislave. Skoro všetko je tu nové. Pri pošte ma čaká priateľ.

Pán Kováč: – Tak, už sme na konci ulice. Ja idem doľava do banky.

Pán: – Ďakujem, tu to už poznám. Vpravo je obchodný dom, potom pôjdem doprava po námestí a vľavo je pošta. Pravda? Ďakujem vám!

Janko: – Zatelefonujem domov, že ideme do kina.

Ivan: – Dobre, ale ponáhľaj sa! O chvíľu sa začína film a ešte nemáme lístky.

Janko: – Eva? Povedz mame, že idem do kina. Čo hovorí? Že si mám dávať pozor? Už nie som malý!

Ivan: – Rýchlo! Ak budeme utekať, ešte dostaneme lístky. Utekajme!

Janko: – Čakaj! Nevidíš červené svetlo na semafore? Musíme čakať na zelené. Minulý týždeň som išiel cez ulicu, keď svietilo červené svetlo.

Ivan: – A čo sa stalo?

Janko: – Musel som zaplatiť pokutu, lebo ma videl policajt. Mama sa hnevala a otec mi nedal peniaze na novú loptu. Tak teraz si už dávam pozor.

POČÚVAJTE, ČO HOVORÍ MIRO!

– Včera som bol doma a čakal som Paľa. Sedel som a **čítal som**. **Čítal som** noviny.

– **Čítal som** pol hodiny. Paľo neprišiel. Tak som zasa sedel a čítal. **Čítal som** nejaké časopisy.

– Potom telefonovala Jana:
„Ahoj, Miro! Ako sa máš? Čo robíš?"
„Ale nič!" hovoril som. „Sedím a čakám Paľa. **Čítam.**"

– Už je neskoro a Paľo tu ešte nie je! Zasa som sedel a **čítal som**. **Čítal som** Večerník. Počkám do siedmej hodiny a potom mu zatelefonujem. Čo budem teraz čítať? Aha, tú novú knihu! Tú **som** ešte **nečítal.**

– Kniha je pekná a zaujímavá. **Čítal som**, ale už som bol nahnevaný. Prečo Paľo neprišiel? Prečo netelefonoval?

– Je sedem hodín. Už **som** všetko **prečítal. Prečítal som** noviny, **prečítal som** časopisy, **prečítal som** Večerník. Celú knihu **som prečítal.** Teraz zatelefonujem Paľovi.

– Paľo? Tu je Miro. Čo je? Prečo si neprišiel? Prečo si netelefonoval?
– Dnes? Prečo dnes? Dnes je utorok. Hovoril som, že prídem v stredu. Zabudol si?
– Naozaj! Zabudol som. Celé popoludnie som sedel doma a čakal som.
– A čo si robil celý čas?

– **Čítal som. Čítal som** celé tri hodiny. **Prečítal som** všetky noviny, časopisy aj Večerník. **Prečítal som** celú knihu.
– Tak dovidenia zajtra! Nezabudni!

VŠIMNITE SI!   Slovesný vid – I. trvanie a ukončenie deja
(verbálny aspekt)

Včera Miro čítal. Čítal noviny, potom čítal časopisy, potom čítal knihu. Miro čítal celé popoludnie. Čítal celé tri hodiny.	ČÍTAŤ (Nd) (dlho, dlhý čas, celý čas, po celý deň atď.)
Toto sloveso (verbum) sa volá **nedokonavé (Nd)!**	
Miro prečítal noviny. Potom prečítal časopis. Potom prečítal Večerník. Potom prečítal celú knihu.	PREČÍTAŤ (D) (čítal a skončil, už nečíta)
Toto sloveso (verbum) sa volá **dokonavé (D)!**	

Príklady

I. V marci začali Horákovci stavať nový dom.
    Stavali ho celý rok, ale v zime **nestavali.**
    Na druhý rok **stavali** od marca do júna.   STAVAŤ (Nd)

    Pracovali veľmi veľa. V júli dom **dostavali.**
    Dom je hotový, je pekný. Teraz majú Horákovci nový dom.   DOSTAVAŤ (D)

II. Pri našom meste je vysoká hora. Niekedy **vystupujeme** na horu.   VYSTUPOVAŤ (Nd)
    V nedeľu ráno **sme** začali **vystupovať. Vystupovali sme** asi dve hodiny.
    Potom sme jedli a oddychovali. Potom **sme** zasa **vystupovali.**

    O jednej hodine sme boli celkom hore.   VYSTÚPIŤ (D)
    – **Vystúpili sme!** Už sme hore! – kričali deti.
    Bolo tam veľmi pekne.

III. Eva a mama od rána **umývali. Umývali** okná, **umývali** dvere, potom   UMÝVAŤ (Nd)
    umývali dlážku. Pracovali skoro celý deň. Poobede **umývali** v kuchyni
    riad. Večer boli unavené.

    Otec prišiel a pýtal sa: – Kto **umyl** okná? Kto **umyl** dvere? Aké je všetko   UMYŤ (D)
    čisté! Mama hovorila: – Eva **umyla** okná, dvere a dlážku v kuchyni. Ja
    som umyla kúpeľňu a spolu **sme umyli** riad.

IV. Zuzka sa chce hrať, ale Janko musí **písať.** Teraz **píše** úlohu z fyziky, po-   PÍSAŤ (Nd)
    tom musí **písať** iné úlohy. Večer chce **písať** nejaké listy.

    Večer povedal: – Už **som** všetko **napísal.** Teraz sa môžeme hrať.   NAPÍSAŤ (D)

POČÚVAJTE, ČO HOVORÍ PANI NOVÁ A PANI MIKOVÁ!

Pani Miková: – Dobré ráno, pani Nová! Idete do mesta? Čo budete robiť?

Pani Nová: – Dobré ráno! Ako obyčajne, idem **nakupovať.**

Pani Miková: – Aj ja idem **nakupovať.** Poďme spolu!

Pani Nová: – Potrebujem nejaké potraviny. Kam pôjdeme?

Pani Miková: – Poďme sem! Tu je dobrý obchod. Skoro každý deň tu **kupujem** mlieko, pečivo a chlieb. Už ste tu boli?

Pani Nová: – Nie, tu **som** ešte **nenakupovala.**

Pani Nová: – **Kupujete** tu aj mäso? Majú pekné mäso?

Pani Miková: – Áno, vždy je čerstvé. Tu často **kupujem.** Aj moje susedky tu obyčajne **kupujú** mäso.

Pani Nová: – Naozaj, mäso je pekné, aj salámy a párky. Všetko je čerstvé.

Pani Nová: – Ešte potrebujem zeleninu a ovocie. **Kupujete** zeleninu v obchode?

Pani Miková: – Niekedy **kupujem** zeleninu v obchode, ale najčastejšie **kupujem** na trhu. Poďte, trh nie je ďaleko.

Pani Nová: – Dobre. Potrebujem aj ovocie a kvety.

Pani Miková: – Myslím, že už mám všetko. **Budete** ešte niečo **kupovať?**

Pani Nová: – Neviem, musím sa pozrieť. Vždy si píšem, čo potrebujeme. Aha, ešte potrebujem kávu a nejaké bonbóny pre deti. To **kupujem** obyčajne v tom malom obchode za parkom.

Pani Miková: – Poďte sem! Sadnime si na chvíľu! Už ma bolia nohy! Pozriem sa, či mám všetko. Tak, chlieb, maslo a syr **som kúpila.** Kurča a salámu **som** tiež **kúpila.** Na trhu **som kúpila** jablká a zemiaky. Fajn, už mám všetko.

Pani Nová: – Ja **som kúpila** rožky a mlieko. Párky na večeru **som** tiež **kúpila.** Aj zeleninu a kvety **som kúpila.** Aj ja už mám všetko.

Pani Miková: – A kávu a bonbóny?

Pani Nová: – Teraz vidím: kávu nemusím **kúpiť,** manžel ju **kúpil** včera. A stará mama **kúpila** čokoládu. Už **sme kúpili** všetko a môžeme chvíľu sedieť a rozprávať sa. Ako sa máte? Čo robíte?

VŠIMNITE SI! Slovesný vid – II. opakovaný a jednorazový dej
(verbálny aspekt)

Pani Nová a pani Miková doobeda obyčajne kupujú (nakupujú). Pani Miková často kupuje potraviny. Aj susedky tu kupujú mäso. Zeleninu najčastejšie kupuje na trhu.	(NA)KUPOVAŤ (Nd) (často, vždy, obyčajne, pravidelne, denne atď.)
Toto sloveso (verbum) sa volá **nedokonavé (Nd)**!	
Pani Miková kúpila chlieb, maslo a syr. Kúpila salámu a kurča. Na trhu kúpila jablká. Pani Nová nakúpila rožky a párky na večeru. Jej manžel kúpil včera kávu a stará mama kúpila čokoládu.	(NA)KÚPIŤ (D) (len raz, len dnes, nie často, teraz už nekupuje!)
Toto sloveso (verbum) sa volá **dokonavé (D)**!	

Príklady

I. Peter pracuje v továrni. Má veľa práce a často **sa vracia** neskoro domov. Keď robia v laboratóriu nejaké experimenty, **vracia sa** domov niekedy až v noci.	VRACAŤ SA (Nd)
Včera **sa vrátil** skoro: – Skončil som prácu, a preto **som sa** dnes **vrátil** skoro.	VRÁTIŤ SA (D)
II. Študujem na univerzite a bývam v internáte. Rodičia mi každý mesiac **posielajú** peniaze. Obyčajne mi peniaze **posiela** otec. Keď otec nie je doma, **posiela** mi peniaze mama.	POSIELAŤ (Nd)
V septembri mi **poslala** 500,– korún, v októbri mi tiež **poslala** 500,– korún. Keď som dobre urobil skúšku, **poslala** mi 800,– korún.	POSLAŤ (D)
III. Môj kamarát je veľmi zábudlivý. Často **zabúda** knihy a zošity. Obyčajne **zabúda** písať úlohu. Profesor sa často hnevá: – To je hrozné! Stále niečo **zabúdate**!	ZABÚDAŤ (Nd)
Dnes bol kamarát veľmi veselý: – Vieš, dnes som nič **nezabudol**. Mám tu všetko!	ZABUDNÚŤ (D)
IV. Často cestujem. Vždy **dávam** do kufra košele, vreckovky atď. **Dávam** tam všetko, čo potrebujem. Do kufra si **dávam** aj oblek.	DÁVAŤ (Nd)
Minulý týždeň som sa ponáhľal. **Dal som** do kufra sako, ale **nedal som** tam nohavice.	DAŤ (D)

POZOR!

● **Skoro všetky slovenské slovesá** (verbá) **môžu mať dve formy:**
(Nd) – nedokonavú a (D) – dokonavú!

● **ČO VYJADRUJE**

Nd – verbum **a) trvanie** (práce, deja) niečo robíme, ale nedokončíme: UČIL SOM SA UČÍM SA (učil som sa, ešte sa učím, ale ešte neviem, nemôžem skončiť prácu)	**D – verbum** **koniec** (práce, deja) niečo sme robili a skončili sme: NAUČIL SOM SA (učil som sa a teraz už viem všetko, už sa nemusím učiť)
b) opakovanie (práce, deja) niečo robíme často, vždy, obyčajne opakujeme: KUPOVAL SOM KUPUJEM (kupujem často, pravidelne)	**jednorazovosť** (práce, deja) niečo sme urobili len jedenkrát, len dnes, len raz: KÚPIL SOM (len raz, len dnes, len včera)

Cvičenie

11

> S. – Kto umýva riad? Mama alebo babka?
> R. – Riad umýva obyčajne mama.
> S. – A včera večer?
> R. – Včera večer umyla riad babka.

– Kto kupuje mlieko? Ty alebo Miro?
– Mlieko kupujem obyčajne ja.
– A dnes ráno?
– Dnes ráno kúpil mlieko Miro.

– Kto dáva Zuzke obed? Mama alebo Eva?
– Obed dáva Zuzke obyčajne mama.
– A dnes?
– Dnes dala Zuzke obed Eva.

– Kto ti posiela peniaze? Otec alebo mama?
– Peniaze mi posiela obyčajne otec.
– A minulý mesiac?
– Minulý mesiac mi peniaze poslala mama.

KDE (JE / SEDÍ / LEŽÍ / STOJÍ / SA NACHÁDZA...)?

NA
Kde stojí policajt?

Policajt stojí **na** chodníku.

Kde je fontána?
– Na námestí.

Kde sú žiaci?
– Na chodbe.

Kde visí obraz?
– Na stene.
atď.

V / VO
Kde sedí matka?

Matka sedí **v** parku.

Kde sú deti?
– V parku.

Kde stojí škola?
– V meste.

Kde študuje brat?
– V Nemecku.
atď.

PRI
Kde stojí maják?

Maják stojí **pri** mori.

Kde je záhrada?
– Pri jazere.

Kde je kaviareň?
– Pri rieke.

Kde leží vaše mesto?
– Pri rieke, pri Váhu.
atď.

Predložky (prepozície) **na / v, vo / pri + 6. pád** (lokál) **hovoríme, keď sa nepohybujeme!**

KDE (CHODÍ / UTEKÁ / BEHÁ / CESTUJE / IDE...)?

PO
Kde chodia ľudia?

Ľudia chodia **po** chodníku.

Kde behajú deti?

Deti behajú **po** parku.

Kde pláva loď?

Loď pláva **po** mori.

Kde ste cestovali v auguste?
– Cestovali sme po Slovensku.

Kde sa prechádzate cez prestávku?
– Cez prestávku sa prechádzame po chodbe.

Kde chodia autá?
– Autá chodia po ceste a po diaľnici.

Kde behajú chlapci?
– Chlapci behajú po lese, po záhrade, po lúke, po ihrisku.

Predložku (prepozíciu) **po + 6. pád** (lokál) **hovoríme, keď sa pohybujeme, ale nejdeme na iné miesto!**

Kam (ide...)?

– Kam ideš?
– Idem hore do triedy.

– Čakáte na výťah?
– Áno, idem dole.
– Ja idem tiež dole.
  Môžem ísť s vami?
– Nech sa páči!

Kde (je...)?

– Kde je vaša trieda? Hore?
– Áno, je celkom hore.

– Už čakám päť minút.
  Kde je výťah?
– Myslím, že je dole.
  Dúfam, že funguje.

Odkiaľ / Skade (prichádza...)?

– Odkiaľ prichádzate, chlapci?
– Zhora z triedy, ideme na obed.

– No, konečne už prichádza.
– Už som chcel ísť peši.
– Mali ste pravdu, prišiel zdola.

– Prosím, Ivan?
– Prosím, môžem ísť dopredu? Zabudol som si okuliare a nevidím dobre, keď sedím tu vzadu.
– Áno, ale tu vpredu sú všetky miesta obsadené.
– Prosím pekne, ja môžem sedieť vzadu. Ja vidím dobre.
– V poriadku. Tak Ivan príde zozadu dopredu a Majka pôjde spredu dozadu.
– Ďakujem.

– Čo sa stalo?
– Ja som chcel ísť doľava a on chcel ísť doprava.
– Nie, tak to nebolo. Ja som chcel ísť doľava.

– Kde je vaše auto?
– Tam vpravo. To modré osobné auto je moje.
– A to veľké nákladné auto vľavo je moje.

– Odkiaľ ste prišli?
– Ja som šiel sprava.
– A ja som šiel zľava. Tak sme sa zrazili.
– Pán policajt! Ja som všetko videl. Obaja urobili chybu. Na semafore bolo červené svetlo!

ZAPAMÄTAJTE SI!

– Pani Kováčová sa hnevá:
– Janko, prečo ideš zo školy tak neskoro? Čo si robil?
  Janko vysvetľuje:

TAK   alebo   TAK

– Doobeda som bol v triede.
  Potom **som išiel von zo** školy.

...som vyšiel (zo)...

– Bol som hladný. **Išiel som do** našej školskej jedálne.

Vošiel som (do)...

– Išiel som do mesta.
  Išiel som cez križovatku a cez park.

Prešiel som (cez)...

– Na ulici pracovali robotníci, a preto **som išiel okolo** divadla.

...som obišiel (okolo)...

– Ponáhľal som sa domov. Rýchlo **som išiel k** zastávke, ale autobus som nechytil.

...som prišiel (k)...

– Dlho som čakal. Konečne prišiel môj autobus. Ale keď **sme išli cez** most, museli sme zasa čakať. Neviem prečo.

...sme prešli (cez)...

– A dole na výťahu je lístok: „VÝŤAH NEFUNGUJE!" Tak **som išiel hore** peši. Až na dvanáste poschodie.

– Teraz už vieš, prečo meškám!

...som vyšiel...

VŠIMNITE SI!

Budúci čas – dokonavé slovesá
(futúrum)   (D-verbá)

VČERA
Čo si urobil?
(včera, dnes ráno, pred chvíľou, minulý týždeň...)

DNES / TERAZ

ZAJTRA
Čo urobíš?
(zajtra, dnes večer, o chvíľu, na budúci týždeň...)

Napísal som list.

List je hotový. (teraz nepíšem)

Zajtra **napíšem** druhý list.

Včera večer **som umyla** riad.

Riad je čistý. (teraz neumývam)

Zajtra večer tiež **umyjem** riad.

Kúpili sme si zmrzlinu.

Zmrzlinu teraz nekupujeme.

Zajtra **si** zasa **kúpime** zmrzlinu.

Dnes ráno **som sa oholil.**

Som oholený. (teraz sa neholím)

Zajtra ráno **sa** zasa **oholím.**

Cvičenia

12, 13, 14

S. – Prečítal si už všetky časopisy?
R. – Nie, len jeden. Na budúci týždeň prečítam druhý a potom prečítam tretí.

– Urobil si už všetky skúšky?
– Nie, len jednu. Na budúci týždeň urobím druhú a potom urobím tretiu.

– Napísala pisárka už všetky listy?
– Nie, len jeden. Na budúci týždeň napíše druhý a potom napíše tretí.

– Naučili ste sa už všetky lekcie?
– Nie, len jednu. Na budúci týždeň sa naučíme druhú a potom sa naučíme tretiu.

S. – Miro, kedy sa budeš učiť chémiu?
R. – Nebudem sa učiť, už som sa naučil (chémiu).

– Eva, kedy budeš robiť poriadok v izbe?
– Nebudem robiť poriadok, už som urobila (poriadok).

– Mami, kedy budeš variť obed?
– Nebudem variť obed, už som uvarila (obed).

– Jozef, kedy budeš písať úlohy?
– Nebudem písať úlohy, už som napísal (úlohy).

S. – Učíš sa ešte?
R. – Nie, už sa neučím.
S. – Už si sa naučil všetko?
R. – Ešte nie, ale zajtra sa naučím.

– Čítaš ešte?
– Nie, už nečítam.
– Už si prečítal všetko?
– Ešte nie, ale zajtra prečítam.

– Opravuješ ešte to rádio?
– Nie, už neopravujem.
– Už si ho opravil?
– Ešte nie, ale zajtra ho opravím.

VŠIMNITE SI!

Slovesný vid – I. + II.
(verbálny aspekt)

I. (Nd)			(D)	
Ján ŠTUDOVAL v Nitre.	Teraz ŠTUDUJE v Prahe.	Potom BUDE ŠTUDOVAŤ v Moskve.	Peter VYŠTUDOVAL techniku minulý rok. (= skončil štúdium)	Eva VYŠTUDUJE medicínu na budúci rok. (= skončí štúdium)
trvanie			**ukončenie v minulosti**	**ukončenie v budúcnosti**
II.				
Ján KUPOVAL noviny každý deň.	KUPUJE	BUDE KUPOVAŤ	Ján KÚPIL kvety. (= len raz)	Otec KÚPI nové auto. (= len raz)
opakovanie			**jednorazovosť v minulosti**	**jednorazovosť v budúcnosti**

PRECHÁDZKA PO BRATISLAVE

Peter: – Eva, na čo sa pozeráš? Načo potrebuješ mapu?

Eva: – Zajtra prídu kolegovia z lekárskej fakulty v Košiciach a musím s nimi chodiť po meste. Musím sa pripraviť!

Peter: – Bratislava je hlavné a najväčšie mesto Slovenska. Má asi 450 000 obyvateľov. Mesto leží na pravom a na ľavom brehu Dunaja a hraničí s Maďarskom a Rakúskom. Na západe a na severe sú hory – Malé Karpaty, na juhu a na východe sú roviny.

V meste je autobusová a železničná stanica, je tu medzinárodné letisko a na Dunaji je prístav. Na západ vedie diaľnica do Brna a do Prahy, na východ vedie do Trnavy a do Piešťan. Po Dunaji plávajú lode do Rakúska a cez Maďarsko, Bulharsko a ďalšie štáty až do Čierneho mora.

Centrom Bratislavy je Staré mesto, ktoré má dlhú históriu. Nad Starým mestom je Bratislavský hrad. V centre sú obchody, staré paláce a kostoly, divadlá, hotely, múzeá a úrady, galérie a kiná. Bratislava je priemyselné, kultúrne, politické a administratívne centrum Slovenska.

Okolo Starého mesta sú novšie časti: tu sú široké ulice, vysoké domy, továrne, školy, internáty. Nad Dunajom sú štyri mosty. V meste vybudovali veľké televízne centrum, rozhlas, amfiteáter a teraz stavajú nové divadlo.

Eva: – To všetko viem, Peter. Máme vlastný autobus a nemusíme chodiť peši, električkou alebo trolejbusom.

Myslím, že urobím takýto plán:

Najprv pôjdeme na televíznu vežu. Odtiaľ uvidíme celé mesto aj okolie. Potom môžeme zísť k Novému mostu. Tam necháme autobus a cez Staré mesto musíme ísť pešo. Pôjdeme okolo Národnej galérie k Opere. Potom pôjdeme po pešej zóne. Tá je teraz veľmi pekná. Pozrieme si sochy, Rolandovu fontánu na Hlavnom námestí a všetky staré paláce. Možno, že pôjdeme do Mestskej galérie alebo do Mestského múzea v Starej radnici. Alebo môžeme ísť do Primaciálneho paláca, tam sú tie krásne gobelíny. Za Hlavným námestím je Univerzitná knižnica a potom Michalská veža. Tam je Múzeum zbraní alebo Farmaceutické múzeum.

Bože, je tam toľko krásnych vecí! A už budú všetci unavení. Čo povieš: chlapcov pošlem na pivo do írskej pivárne a my dievčatá pôjdeme do kaviarne Mayer na kávu a zákusok. Tam si oddýchneme.

Peter: – A jesť nebudete? Iste budú hladní.

Eva: – Máš pravdu. Ak budú chcieť jesť, pôjdeme do FOOD MARKETU a tam sa rýchlo najeme.

Výborne. To už budeme zase pri Dunaji a ďalej môžeme ísť autobusom. Pôjdeme hore na Slavín a pozrieme si aj nový amfiteáter. Potom sa vrátime na Hrad, pozrieme si aj Dóm svätého Martina.

Peter: – A keď budú veľmi unavení, mám ešte jeden návrh. Choďte na loď! Vyhliadková plavba je veľmi

zaujímavá a tam môžete hodinu sedieť a rozprávať sa. Tam si dobre oddýchnete a ešte uvidíte mnoho nových vecí.

Eva: – To je dobrý nápad. A potom už musíme končiť, lebo sa musia vrátiť do internátu. Večer máme diskotéku.

Zajtra majú celý deň voľno. Chlapci budú chcieť vidieť mesto a dievčatá pôjdu nakupovať. Ozaj, Peter, vieš, že na budúci rok ideme my do Košíc? Už sa teším, ešte som tam nebola!

● ● ● TO UŽ VIEME! ● ● ● ● ● ● ● ● ● ● ● ● ● ● ● ●

Pred domom stojí autobus. Zuzka sedí pred televízorom.
Za mostom je hrad. Obchod je za kinom.
Nad stolom je obraz. Pod oknom je stôl.

Park je medzi školou a internátom.
Janko hrá šach s Ivanom.
Musíte ísť električkou alebo trolejbusom?

VŠIMNITE SI!

Podstatné mená / 7. pád – **jednotné číslo**
(substantíva)   (inštrumentál) – (singulár)

KÝM / ČÍM?

Pred kým / čím stojíte?
S kým hovoríte?

S čím sa hrá Zuzka?
Pod čím sedí mačka?

Nad čím je most?
Medzi kým sedíte?

To je otec.			Janko hovorí s otcom s bratom s mužom s dedkom	(Mž) ~ **-om**
stôl			Mačka sedí pod stolom pred domom za gaučom pod oknom	(Mn) ~ **-om**
To je matka.			Janko hovorí s matkou s Evou so sestrou s učiteľkou	(F) ~ **-ou**
skriňa	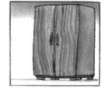		Koberec leží pred skriňou pod váľandou pod skrinkou pred posteľou	(N) ~ **-ou**
To je kino.			Čakáme pred kinom pred múzeom pred jazerom	~ **-om**
námestie			Park je za námestím. Jem koláč s ovocím.	**-ie** | **-ím**

KEDY POUŽÍVAME INŠTRUMENTÁL? POZRITE SA!

● Inštrumentál používame po predložke „S / SO".

Pýtame sa:	
S kým hovoríte?	Hovorím s otcom a matkou.
S kým hráte šach?	Hrám šach s bratom.
S kým pracuješ?	Pracujem s kolegom.

● Inštrumentál používame aj po predložkách „NAD / POD / PRED / ZA / MEDZI" – keď sa pýtame KDE?

Pýtame sa:	
Pred čím stojí auto? (Kde)	Auto stojí pred garážou.
Za kým sedíte? (Kde)	Sedím za Petrom.
Kde je trieda?	Medzi klubovňou a čitárňou.

 Cvičenia

15, 16

S. – Haló, je tam Eva?
R. – Nie. Chceli ste hovoriť s Evou?

S. – Haló, je tam profesor Vozár?
R. – Nie. Chceli ste hovoriť s profesorom Vozárom?

– Haló, je tam doktor Hora?
– Nie. Chceli ste hovoriť s doktorom Horom?

– Haló, je tam profesorka Miková?
– Nie. Chceli ste hovoriť s profesorkou Mikovou?

– Haló, je tam inžinier Peter Kováč?
– Nie. Chceli ste hovoriť s inžinierom Petrom Kováčom?

S. – Idete tiež do kina?
R. – Áno, stretneme sa pred kinom.

– Idete tiež do múzea?
– Áno, stretneme sa pred múzeom.

– Idete tiež do galérie?
– Áno, stretneme sa pred galériou.

– Idete tiež do knižnice?
– Áno, stretneme sa pred knižnicou.

 VŠIMNITE SI! **Prídavné mená – mužský a stredný rod / 7. pád – jednotné číslo**
(adjektíva)　　　　　(M a N)　　　/ (inštrumentál) – (singulár)

ten		to		Stojím pred **tým**		
jeden mladý krásny starší	brat (muž) (dom)	jedno mladé krásne staršie	divadlo (kino) (múzeum)	jedným mladým krásnym starším	bratom (mužom) (domom)	– -ým
môj tvoj náš váš		moje tvoje naše vaše		mojím tvojím naším vaším	(kinom)	≟ -ím / ≟ -ym
				Stojím pred NÍM		

Príklady

Hrám šach s mojím bratom.
Včera som hovoril s tvojím triednym profesorom.
Rozprávali sme sa s naším starým otcom.
Bývame hneď za tým novým divadlom.
Pred tým novým hotelom bude pekné námestie.
Čo je za tým veľkým jazerom?
Leteli sme nad Atlantickým oceánom a nad Stredozemným morom.

 ## Cvičenia

17, 18

> S. – Kde bývajú Kováčovci? Pred tým veľkým hotelom?
> R. – Nie. Myslím, že bývajú za tým veľkým hotelom.

– Kde je zastávka? Za vaším domom?
– Nie. Myslím, že je pred naším domom.

– Kde stavajú novú fontánu? Za národným divadlom?
– Nie. Myslím, že ju stavajú pred národným divadlom.

– Kde sedí Ivan? Pred tým otvoreným oknom?
– Nie. Myslím, že sedí za tým otvoreným oknom.

– Kde čaká náš autobus? Pred zimným štadiónom?
– Nie. Myslím, že čaká za zimným štadiónom.

> S. – Kde je naša mapa? Nie je za stolom?
> R. – Pravdaže je za ním. Vidíš ju?
>
> S. – Kde je môj zošit? Nie je pod slovníkom?
> R. – Pravdaže je pod ním. Vidíš ho?

– Kde je jeho ceruzka? Nie je za kalendárom?
– Pravdaže je za ním. Vidíš ju?

– Kde čaká taxík? Nečaká pred domom?
– Pravdaže čaká pred ním. Vidíš ho?

– Kde sedí Milan? Nesedí za tvojím kamarátom?
– Pravdaže sedí za ním. Vidíš ho?

– Kde je babka? Nesedí pred domom?
– Pravdaže sedí pred ním. Vidíš ju?

 VŠIMNITE SI!

Prídavné mená	**– ženský rod**	**/ 7. pád**	**– jednotné číslo**
(adjektíva)	(F)	/ (inštrumentál)	– (singulár)

tá		Stojím pred **tou**		
jedna mladá krásna		jednou mladou krásnou		~ **-ou**
staršia	(žena) (budova) (miestnosť)	staršou	(ženou) (budovou) (miestnosťou)	
moja tvoja naša vaša		mojou tvojou našou vašou		
Stojím pred ŇOU				

Príklady

Rozprávam sa s mojou dobrou kamarátkou Evou Kováčovou.
Postavili most nad širokou riekou.
Pred našou školou je park.
Sú za vašou triedou izby?
Budem čakať pred hlavnou autobusovou stanicou.

Cvičenia

19, 20

S. – Kde môžeme parkovať? Pred lekárskou
fakultou?
R. – Áno. Za lekárskou fakultou nie je miesto.

S. – Kde budeme bývať? Nad vašou izbou?
R. – Áno. Pod našou izbou nie je miesto.

– Kde budeme sedieť? Pred novou
cukrárňou?
– Áno. Za novou cukrárňou nie je miesto.

– Kde zastane autobus? Pred univerzitnou
knižnicou?
– Áno. Za univerzitnou knižnicou nie je
miesto.

– Kde bude visieť obraz? Nad tou malou
poličkou?
– Áno. Pod tou malou poličkou nie je miesto.

– Kde bude ihrisko? Pred školskou jedálňou?
– Áno. Za školskou jedálňou nie je miesto.

– Kde bude jeho fotografia? Nad našou
tabuľkou?
– Áno. Pod našou tabuľkou nie je miesto.

S. – Môžem hovoriť s Evou?
R. – Teraz nie, ale môžete s ňou hovoriť zajtra.

– Môžem telefonovať s našou triednou
profesorkou?
– Teraz nie, ale môžete s ňou telefonovať
zajtra.

– Môžem hrať tenis s vašou sestrou?
– Teraz nie, ale môžete s ňou hrať tenis
zajtra.

– Môžem sa rozprávať s vašou matkou?
– Teraz nie, ale môžete sa s ňou rozprávať
zajtra.

– Môžeme sa hrať so Zuzkou?
– Teraz nie, ale môžete sa s ňou hrať zajtra.

– Môžem tancovať s tvojou priateľkou?
– Teraz nie, ale môžeš s ňou tancovať zajtra.

– Môžem cestovať s vašou triedou?
– Teraz nie, ale môžete s ňou cestovať zajtra.

JANKO PÍŠE Z PRAHY

Drahý ocko, drahá mama, Peter, Eva a Zuzka!
Mali ste pravdu, keď ste hovorili, že Praha je krásne mesto. Cesta z Bratislavy bola dlhá, ale vese-
lá. Bývame v internáte v peknej izbe spolu s Ivanom. Ráno vždy cestujeme metrom do mesta. To
je fantázia! Viete, ako rýchlo ide metro? Iba niekoľko minút a sme na Václavskom námestí, v cen-
tre Prahy.

Prvý deň sme boli v Národnom múzeu. Potom sme išli okolo hlavnej stanice – je veľmi veľká a moder-
ná. Potom sme sa museli ponáhľať cez Staré mesto k radnici. Prišli sme presne o dvanástej hodine a or-
loj práve začal hrať. To je úžasné! Orloj ukazuje hodiny, minúty, mesačné fázy, sú tam rôzne figúrky,
ktoré sa pohybujú. Naozaj je to krásne. Vždy sú tam stovky turistov, ktorí sa pozerajú a fotografujú.

Dlho sme sa prechádzali po Starom meste, videli sme veľké krásne paláce a staré kostoly. Nevedel
som, čo mám skôr fotografovať! Boli sme aj pri Vltave, videli sme Národné divadlo, ktoré nedávno opra-
vili, aj celkom nové divadlo pri ňom. Išli sme po Karlovom moste cez Vltavu. Už bolo neskoro a učiteľ po-
vedal, že na Hradčany pôjdeme až na druhý deň.

Večer sme mali večierok s našimi pražskými kamarátmi. Bolo veľmi veselo a oni aj my sme mali pekný
program.

Hradčany sú nádherné! Chrám svätého Víta a všetky ostatné kosto-
ly a paláce, to nemožno opísať! Keď sme sa vracali z hradu do mesta,
zrazu sme boli s Ivanom sami. Nevideli sme učiteľa ani našu triedu.
Išli sme dolu po schodoch, bežali sme cez jednu úzku ulicu a malé
námestie. Nič. Našťastie sme vedeli názov reštaurácie, kde obeduje-
me.

Pýtali sme sa jedného muža, jednej starej ženy, policajta, ale každý
hovoril niečo iné. Nakoniec nám jeden chlapec povedal, ako musíme
ísť – a išiel s nami skoro po reštauráciu.

Viete si predstaviť, ako sa učiteľ hneval. Ale bol tiež rád, že sa nič
nestalo. My s Ivanom sme sa vôbec nebáli. Už poznáme Prahu dosť
dobre a metrom môžeme cestovať až k internátu.

Zajtra sme posledný deň v Prahe. Ráno pôjdeme do mesta.
Doobeda máme voľno: môžeme ísť do obchodného domu Kotva niečo
kúpiť a poobede budeme cestovať domov. Bolo tu krásne, ale už sa
teším na Bratislavu a na Vás.

Bozkávam celú rodinu, pozdravujem tiež dedka a babku.

Váš Janko

P. S.: Prídeme do Bratislavy večer asi o deviatej. Prosím, čakajte na
stanici.

VŠIMNITE SI!

Slovesný vid – formy
(verbálny aspekt)

I.		(Nd)	(D)
(včera) (dnes) (zajtra)	budem	čítal som čítam čítať ČÍTAŤ	prečítal som – prečítam PREČÍTAŤ
(Nd-verbá často nemajú prefix)			(D-verbá majú prefix)

Príklady

písať (píšem – píšu)   napísať (napíšem – napíšu)
robiť (robím – robia)   urobiť (urobím – urobia)
piť (pijem – pijú)   vypiť (vypijem – vypijú)
jesť (jem – jedia)   zjesť (zjem – zjedia)
lúčiť sa (lúčim sa – lúčia sa)   rozlúčiť sa (rozlúčim sa – rozlúčia sa)

II.		(Nd)	(D)
(včera) (dnes) (zajtra)	budem	kupoval som kupujem kupovať KUPOVAŤ	kúpil som – kúpim KÚPIŤ
(Nd-verbá a D-verbá majú rozličné sufixy)			

Príklady

dávať (dávam – dávajú)   dať (dám – dajú)
vstávať (vstávam – vstávajú)   vstať (vstanem – vstanú)
padať (padám – padajú)   padnúť (padnem – padnú)
umývať (umývam – umývajú)   umyť (umyjem – umyjú)

III.		(Nd)	(D)
(včera) (dnes) (zajtra)	budem	skákal som skáčem skákať SKÁKAŤ	skočil som – skočím SKOČIŤ
(Nd-verbá a D-verbá majú rozličné formy alebo slová)			

Príklady

navštevovať (navštevujem – navštevujú)   navštíviť (navštívim – navštívia)
brať (beriem – berú)   zobrať (zoberiem – zoberú)
                                        alebo: vziať (vezmem – vezmú)

VŠIMNITE SI! Jednovidové slovesá

Skoro všetky slovesá (verbá) **majú Nd-formu a D-formu, ale niektoré majú len Nd-formu!**

I. BYŤ			
bol, -a	som	som	budem
bol, -a	si	si	budeš
bol, -a, -o	–	je	bude
boli	sme	sme	budeme
boli	ste	ste	budete
boli	–	sú	budú

II. Modálne slovesá (verbá)

MUSIEŤ / + infinitív musel, -a, -o, -i musím – musia	budem musieť	ísť, písať...
MÔCŤ / + infinitív mohol, mohla, -o, -i môžem – môžu	budem môcť	hrať, jesť...
SMIEŤ / + infinitív smel, -a, -o, -i smiem – smú	budem smieť	fajčiť, robiť...
VEDIEŤ / + infinitív alebo + akuzatív vedel, -a, -o, -i viem – vedia	budem vedieť	čítať, hovoriť... fyziku, chémiu...
CHCIEŤ / + infinitív alebo + akuzatív chcel, -a, -o, -i chcem – chcú	budem chcieť	hrať, spať... kávu, vodu...

 Cvičenia
21, 22, 23,
24, 25, 26

> S. – Prepáčte, včera som nemohol prísť.
> R. – To nič. Môžete prísť dnes.

– Prepáčte, včera som nemohol telefonovať.
– To nič. Môžete telefonovať dnes.

– Prepáčte, včera som nemohol ísť k lekárovi.
– To nič. Môžete ísť dnes.

– Prepáčte, včera som sa nemohol učiť.
– To nič. Môžete sa učiť dnes.

– Prepáčte, včera som nemohol vrátiť knihu.
– To nič. Môžete ju vrátiť dnes.

– Prepáčte, včera som nemohol kúpiť ten časopis.
– To nič. Môžete ho kúpiť dnes.

S. – Čo bude chcieť Peter jesť? Mäso?
R. – Včera chcel jesť mäso, možno aj dnes bude chcieť jesť mäso.

– Čo bude chcieť Eva piť? Čaj?
– Včera chcela piť čaj, možno aj dnes bude chcieť piť čaj.

– Čo budú chcieť počúvať? Hudbu?
– Včera chceli počúvať hudbu, možno aj dnes budú chcieť počúvať hudbu.

– Čo budú chcieť chlapci hrať? Futbal?
– Včera chceli hrať futbal, možno aj dnes budú chcieť hrať futbal.

– Čo bude chcieť čítať? Noviny?
– Včera chcel čítať noviny, možno aj dnes bude chcieť čítať noviny.

S. – Vieš už chémiu?
R. – Ešte nie, ale dúfam, že zajtra ju budem vedieť.

S. – Vieš už zemepis?
R. – Ešte nie, ale dúfam, že zajtra ho budem vedieť.

S. – Vieš už všetky lekcie?
R. – Ešte nie, ale dúfam, že zajtra ich budem vedieť.

– Vieš už matematiku?
– Ešte nie, ale dúfam, že zajtra ju budem vedieť.

– Vieš už dejepis?
– Ešte nie, ale dúfam, že zajtra ho budem vedieť.

– Vieš už biológiu?
– Ešte nie, ale dúfam, že zajtra ju budem vedieť.

– Vieš už všetky príklady?
– Ešte nie, ale dúfam, že zajtra ich budem vedieť.

S. – Viera nevedela tancovať?
R. – Nie, teraz sa učí. O krátky čas už bude vedieť tancovať.

– Miro nevedel plávať?
– Nie, teraz sa učí. O krátky čas už bude vedieť plávať.

– Pán Kováč nevedel hovoriť po nemecky?
– Nie, teraz sa učí. O krátky čas už bude vedieť hovoriť po nemecky.

– Tvoja sestra nevedela písať na stroji?
– Nie, teraz sa učí. O krátky čas už bude vedieť písať na stroji.

– Jana nevedela šiť na stroji?
– Nie, teraz sa učí. O krátky čas už bude vedieť šiť na stroji.

S. – Smiem už vstať, pán doktor?
R. – Teraz nie, ale o niekoľko dní už budete smieť vstať.

– Smiem už ísť von, pán doktor?
– Teraz nie, ale o niekoľko dní už budete smieť ísť von.

– Smiem už jesť všetko, pán doktor?
– Teraz nie, ale o niekoľko dní už budete smieť jesť všetko.

– Smiem už pracovať, pán doktor?
– Teraz nie, ale o niekoľko dní už budete smieť pracovať.

– Smiem už športovať, pán doktor?
– Teraz nie, ale o niekoľko dní už budete smieť športovať.

– Smiem už pohybovať rukou, pán doktor?
– Teraz nie, ale o niekoľko dní už budete smieť pohybovať rukou.

– Smiem už piť studené nápoje, pán doktor?
– Teraz nie, ale o niekoľko dní už budete smieť piť.

– Smiem už chodiť bez palice, pán doktor?
– Teraz nie, ale o niekoľko dní už budete smieť chodiť.

– Smiem už plávať, pán doktor?
– Teraz nie, ale o niekoľko dní už budete smieť plávať.

S. – Prečo neprišla Eva? Učila sa?
R. – Áno, musela sa učiť.

– Prečo neprišiel Karol? Študoval?
– Áno, musel študovať.

– Prečo neprišli chlapci? Písali úlohy?
– Áno, museli písať úlohy.

– Prečo neprišla tvoja kamarátka?
Pripravovala sa na skúšky?
– Áno, musela sa pripravovať na skúšky.

– Prečo neprišla mama? Robila poriadok?
– Áno, musela robiť poriadok.

– Prečo neprišiel tvoj brat? Išiel s mamou
do mesta?
– Áno, musel ísť s mamou do mesta.

– Prečo neprišiel Peter? Robil nejaké pokusy?
– Áno, musel robiť nejaké pokusy.

– Prečo neprišla Katka? Zostala v nemocnici?
– Áno, musela zostať v nemocnici.

ZUZKA ROZPRÁVA ROZPRÁVKU O DEDKOVI A REPE. POČÚVAJTE!

Dedko išiel na pole.
Zasadil tam repu.

Repa rástla a rástla. Dedko sa
pozerá a vidí: Na poli vyrástla
veľká repa. Dedko chcel repu
vytiahnuť.

Dedko ťahal repu. Ťahal, ťahal,
ale repu vytiahnuť nemohol.
Zavolal dedko babku.

Babka ťahala dedka, dedko
ťahal repu. Ťahali, ťahali, ale
repu vytiahnuť nemohli.
Zavolal dedko vnučku.

Vnučka ťahala babku, babka
ťahala dedka, dedko ťahal repu.
Ťahali, ťahali, ale repu
vytiahnuť nemohli.
Zavolal dedko psa.

Pes ťahal vnučku, vnučka
ťahala babku, babka ťahala
dedka, dedko ťahal repu. Ťahali,
ťahali, ale repu vytiahnuť
nemohli.
Zavolal dedko mačku.

Mačka ťahala psa, pes ťahal
vnučku, vnučka ťahala babku,
babka ťahala dedka, dedko
ťahal repu. Ťahali, ťahali, ale
repu vytiahnuť nemohli.
Zavolal dedko myš.

Myš ťahala mačku, mačka
ťahala psa, pes ťahal vnučku,
vnučka ťahala babku, babka
ťahala dedka, dedko ťahal repu.
Ťahali, ťahali a...

...zrazu repu vytiahli a bác!
Všetci spadli. A dedkova fajka
odletela ďaleko, ďaleko.

🔊 DOBRÉ RÁNO, KOVÁČOVCI!

Text

Pani Kováčová vstáva každý deň prvá. Rýchlo sa oblieka a umýva. Potom ide do kuchyne, kde pripravuje raňajky pre celú rodinu. Pre manžela a pre deti pripravuje aj desiatu. Obyčajne chodí ráno do samoobsluhy naproti domu a kupuje mlieko, maslo a pečivo.

Dnes nejde dolu, včera všetko kúpila. Pre muža a pre Petra pripravuje kávu, pre Janka kakao. Potom balí maslový chlieb so syrom a pridáva jablko.

Je šesť hodín. Musí zobudiť Petra a manžela.
– Peter, vstávaj! Choď a zobuď otca! Potom sa príďte naraňajkovať! Už je šesť!
Muži sú v kúpeľni. Peter sa každé ráno sprchuje. Otec sa umýva a čistí si zuby. Pán Kováč sa holí, ale Peter už nemá čas.
– To nič, oholím sa večer, – hovorí a ide ešte do Evinej izby.

Eva spí, ako keby bola polnoc.
– Hej, Eva, vstávaj! Už je pol siedmej!
– Daj mi pokoj! Dnes je jediný deň, keď nemusím vstávať a ty ma zobudíš. Dnes mám prednášky až poobede.
– Prepáč, nevedel som, – hovorí Peter a oblieka sa. Oblieka si nohavice, košeľu a sveter. Potom sa obúva.
– Ahojte! – volá Peter v predizbe. Berie si kabát a uteká.
– No samozrejme, Peter si zase zabudol vziať desiatu! – hnevá sa matka.
– Tak si kúpi niečo v bufete, – hovorí otec, ktorý už tiež odchádza. Musí byť o siedmej v úrade.

Pani Kováčová chce zobudiť Janka, ale jeho izba je prázdna. Janko sa už umyl a teraz si čistí zuby.
– Čo sa stalo? – hovorí matka. – Ty už nespíš? Prečo si dnes vstal tak skoro? Každý deň ťa musím hodinu budiť a dnes si vstal sám?
– Dnes nie je vyučovanie, ideme na exkurziu, vieš? Nehovoril som o tom včera večer?
Konečne sú všetci preč. Zuzka je u starej mamy, a tak má pani Kováčová čas pre seba. Dnes učí až o desiatej. „To je dobre, keď sa nemusím ponáhľať," myslí si pani Kováčová a ide do kúpeľne.

ČO ROBÍM KAŽDÉ RÁNO?

Umývam sa   Utieram sa   Čistím si zuby   Češem sa

mydlom a vodou.   uterákom.   zubnou kefkou a zubnou pastou.   hrebeňom a kefou.

Holím sa   Obliekam sa.   Obliekam si   Obúvam si

žiletkou.   nohavice, košeľu a sako.   topánky.

Cvičenia

11, 12, 13

S. – Musíte každý deň vstávať skoro?
R. – Áno, každý deň vstávam skoro.

– Musíte sa každý deň holiť?
– Áno, každý deň sa holím.

– Musíte sa každý deň ponáhľať do práce?
– Áno, každý deň sa ponáhľam do práce.

– Musíte každý deň pripravovať raňajky?
– Áno, každý deň pripravujem raňajky.

S. – Sprchujete sa ráno alebo večer?
R. – Obyčajne sa sprchujem ráno, ale dnes sa osprchujem večer.

– Budíš kamaráta o šiestej alebo o siedmej?
– Obyčajne ho budím o šiestej, ale dnes ho zobudím o siedmej.

– Pijete ráno čaj alebo kávu?
– Obyčajne pijeme čaj, ale dnes si vypijeme kávu.

– Oblieka si Peter sako alebo sveter?
– Obyčajne si oblieka sako, ale dnes si oblečie sveter.

S. – Chceš teraz raňajkovať?
R. – Áno, naraňajkujem sa teraz, potom nebudem mať čas.

– Chceš teraz piť čaj?
– Áno, vypijem čaj teraz, potom nebudem mať čas.

– Chceš si teraz čistiť zuby?
– Áno, vyčistím si zuby teraz, potom nebudem mať čas.

– Chceš sa teraz česať?
– Áno, učešem sa teraz, potom nebudem mať čas.

• • • TO UŽ VIEME! • • • • • • • • • • • • • •

Umývam sa mydlom a vodou. Utieram sa uterákom.
Čistím si zuby zubnou kefkou a zubnou pastou.
Čím cestujete? Autobusom, električkou alebo trolejbusom?
Môžeme ísť tou električkou. Teraz pôjdeme jedenástkou.

VŠIMNITE SI!

7. pád – **jednotné číslo** – **I. bez predložiek**
(inštrumentál) – (singulár) – (bez prepozícií)

ČO POUŽÍVATE, KEĎ... ČÍM...?

...sa umývate?
Používate **to modré mydlo?**

Áno, umývam sa
tým modrým mydlom.

...sa utierate?
Používate **ten farebný uterák?**

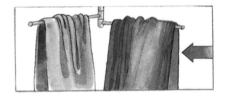

Áno, utieram sa
tým farebným uterákom.

...opravujete úlohy?
Používate **tú červenú ceruzku?**

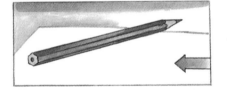

Áno, úlohy opravujem
tou červenou ceruzkou.

...si umývate vlasy?
Používate **ten nový šampón?**

Áno, umývam si vlasy
tým novým šampónom.

...si čistíte zuby?
Používate **zubnú pastu** Poľana?

Áno, zuby si čistím
zubnou pastou Poľana.

...čistíte nové topánky?
Používate **ten biely krém?**

Áno, nové topánky čistím
tým bielym krémom.

...krájate chlieb?
Používate **ten veľký nôž?**

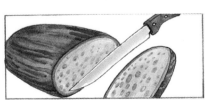

Áno, chlieb krájam
tým veľkým nožom.

...fotografujete večer?
Používate **automatický fotoaparát a blesk?**

Áno, večer fotografujem **automatickým fotoaparátom a bleskom.**

...cestujete do Prahy?
Používate **expresný autobus?**

Áno, do Prahy cestujem **expresným autobusom.**

Vec, ktorú používame, je nástroj – inštrument a má formu inštrumentálu bez predložky!

 VŠIMNITE SI!   **7. pád** – **jednotné číslo – II. bez predložiek**
(inštrumentál) – (singulár)   (bez prepozícií)

ČO JE...?	ČÍM JE...?
Pán Kováč je úradník. Náš sused je šofér. Matka je vedúca oddelenia. Náš sused bol pretekár. Bratislava je hlavné mesto SR. Gerlach je najvyššia hora SR.	Pán Kováč je úradníkom. Náš sused je šoférom. Matka je vedúcou oddelenia. Náš sused bol pretekárom. Bratislava je hlavným mestom SR. Gerlach je najvyššou horou SR.

ČO BUDE (EVA)? ČO JE...?	ČÍM BUDE (EVA)? ČÍM JE...?	ČÍM SA STANE (EVA)? ČÍM SA STAL/-A/-O...?
Eva študuje medicínu. Eva bude **lekárka.**	Eva bude **lekárkou.**	Eva sa stane **lekárkou.**
Peter študoval na technike. Peter je **inžinier.**	Peter je **inžinierom.**	Peter sa stal **inžinierom.**
Moja sestra má dieťa. Moja sestra je **matka.** mama je **babka.**	Moja sestra je **matkou,** mama je **babkou.**	Moja sestra sa stala **matkou,** mama sa stala **babkou.**

ČO ROBÍŠ/ROBÍTE (RÁD)?	ČÍM SA ZAOBERÁŠ/ZAOBERÁTE? („ZAOBERAŤ SA")
Mám rád šport. Peter má rád hudbu. Čo robí váš sused v nedeľu? Čítate rád? Čo robil celý život?	Často sa zaoberám **športom.** Peter sa často zaoberá **hudbou.** Zaoberá sa **nejakým autom.** Áno, keď mám čas, zaoberám sa **literatúrou.** Celý život sa zaoberal **fyzikou.**

ZAPAMÄTAJTE SI!

- Náš sused pracoval ako šofér **autobusu** a **nákladného auta.**
- Moja matka sa stala vedúcou **oddelenia.**
- Kamarát **môjho otca** je vedúcim **kníhkupectva.**
- Na dedine musia ľudia pracovať **od rána do večera.**

Cvičenia

14, 15, 16

S. – Čím je tvoj otec? Je úradník alebo učiteľ?
R. – Teraz pracuje ako úradník, ale predtým bol učiteľom.

– Čím je tvoj brat? Je automechanik alebo šofér?
– Teraz pracuje ako automechanik, ale predtým bol šoférom.

– Čím je tvoja sestra? Je lekárka alebo zdravotná sestra?
– Teraz pracuje ako lekárka, ale predtým bola zdravotnou sestrou.

– Čím je pán Nový? Je novinár alebo redaktor?
– Teraz pracuje ako novinár, ale predtým bol redaktorom.

– Čím je jeho otec? Je televízny opravár alebo robotník?
– Teraz pracuje ako televízny opravár, ale predtým bol robotníkom.

– Čím je Michal? Je čašník alebo kuchár?
– Teraz pracuje ako čašník, ale predtým bol kuchárom.

S. – Ty nevieš, že Eva už je lekárka?
R. – Nie. A kedy sa stala lekárkou?

– Ty nevieš, že Jožo už je inžinier?
– Nie. A kedy sa stal inžinierom?

– Ty nevieš, že pani Horná už je vedúca?
– Nie. A kedy sa stala vedúcou?

– Ty nevieš, že pán Horák už je starý otec?
– Nie. A kedy sa stal starým otcom?

– Ty nevieš, že doktor Hajko je náš triedny profesor?
– Nie. A kedy sa stal naším triednym profesorom?

– Ty nevieš, že jeho otec už je riaditeľ?
– Nie. A kedy sa stal riaditeľom?

S. – Je to pravda, že máte rád tenis?
R. – Áno. Už od detstva sa zaoberám tenisom.

– Je to pravda, že máš rád hokej?
– Áno. Už od detstva sa zaoberám hokejom.

– Je to pravda, že tvoji bratia majú radi futbal?
– Áno. Už od detstva sa zaoberajú futbalom.

– Je to pravda, že Viera má rada hudbu?
– Áno. Už od detstva sa zaoberá hudbou.

– Je to pravda, že tvoj otec má rád umenie?
– Áno. Už od detstva sa zaoberá umením.

V OBCHODNOM DOME

Pán Kováč a Peter ráno vstali, umyli sa a oholili sa. Kým sa obliekali, pani Kováčová pripravila raňajky. Keď sa muži naraňajkovali, odišli do práce. Potom vstal Janko. Umyl sa, dal si knihy do aktovky a po raňajkách odišiel do školy. Eva si sadla k stolu a začala sa učiť. Pani Kováčová sa rýchlo obliekla a odišla do mesta. Pred obchodným domom stretla pani Horákovú. Vypočujme si ich rozhovor.

– Dobré ráno, pani Horáková! Už som vás dávno nevidela. Čo robíte? Ako sa máte? Čo robí rodina?
– Ďakujem, len tak-tak. Už od rána chodím po meste. Nemôžem prísť do mesta každý deň, a preto teraz musím všetko nakúpiť. Manžel dnes nemohol ísť so mnou, má veľa práce. O pár týždňov budú Vianoce a pred sviatkami bude všade veľa ľudí.
– Veru. Aj ja chcem na budúci týždeň kúpiť darčeky. Čo kupujete, pani Horáková?
– Pre muža som kúpila pekný elektrický holiaci strojček, pre Ivana lyže a topánky. Pre Katku mám látku na kabát. Teraz chcem ešte kúpiť nejaké maličkosti: potrebujem kravatu, šál, rukavice a nejaké knihy pre deti. Ešte neviem, čo kúpim babke a dedkovi. Môžete mi poradiť, pani Kováčová?
– Na druhom poschodí som videla pekné záclony. Nechcete niečo také? Pozrite sa aj do nového obchodného domu. Nie je ďaleko odtiaľto. Ja idem ešte dolu do samoobsluhy. Potrebujem maslo, chlieb, mlieko, cukor, mäso a zeleninu. Chcem dnes všetko uvariť a dať do poriadku byt. V sobotu a v nedeľu si chcem oddýchnuť. Možno pôjdeme k švagrovi na chatu.
– Aj ja mám toľko práce! Keď sa vrátim domov, musím rýchlo uvariť obed, potom vyperiem a vyžehlím bielizeň. V záhrade teraz už nie je toľko práce, ale v dome a okolo domu je vždy čo robiť. Niekedy neviem, kde mi hlava stojí. Vy máte dnes voľno, pani Kováčová?
– Len doobeda, potom mám v škole nejakú prácu. Musím opraviť kopu zošitov a na ceste domov kúpim niečo na večeru. A nesmiem zabudnúť priniesť kvety pre starú mamu. Má dnes narodeniny. Predstavte si, už má sedemdesiat rokov. Keď mi Eva pomôže, ušijeme večer pre Zuzku šaty. Ale teraz už idem, lebo nič neurobím.

– Pozdravujte odo mňa celú rodinu, pani Kováčová! Starej mame gratulujem k narodeninám. Pozrite, tu už majú vo výklade vianočné darčeky! Pozriem sa, či tu niečo nedostanem. Dovidenia! A príďte niekedy k nám!
– Ďakujem za pozvanie. Janko mi hovoril, aký krásny je váš nový dom. Ešte zavoláme!

ZAPAMÄTAJTE SI!

Peter a Eva chceli ísť do kina, kde hrali nový film.
– Myslíš, že ešte sú lístky? – opýtala sa Eva.
– Dúfam, že sú. Ten film hrajú už tri týždne.

TAK	alebo	TAK

Keď **išli von** z domu, Peter povedal:
– Zabudol som si doma peňaženku.
Počkaj, vrátim sa!

...vychádzali (z)...

– Nie. Ja mám peniaze, – povedala Eva.
– Ponáhľajme sa, už **sem ide** náš autobus.

...prichádza...

Keď **išli cez** most, hodiny ukazovali 5 hodín.
– Máme dosť času, – povedal Peter.

...prechádzali (cez)...

Pred pokladnicou stál rad ľudí. Ľudia, ktorí už kúpili lístky, **išli do** kina.

...vchádzali (do)...

Keď bol Peter skoro pri pokladnici, pokladníčka povedala:
– Už je vypredané!
Peter a Eva **išli preč** smutní.

...odchádzali...

Museli **ísť okolo** kaviarne.
– Aha, – povedal Peter, – tam sedí Karol. Poď, dáme si kávu!

...obchádzať (kaviareň)...
– alebo – (okolo kaviarne)...

– Prečo ste si nekúpili lístky v predpredaji už ráno alebo včera? Ja nikdy nechodím do kina, keď nemám lístky, – povedal Karol.

● ● ● TO UŽ VIEME! ● ● ● ● ● ●

– Môžete ísť k mostu.
– Poďme peši až k pošte!
– Môžeme ísť k Michalskej bráne.
– Ponáhľali sme sa k radnici.
– Ako sa dostanem k Dunaju, k Novému mostu?

VŠIMNITE SI!

Podstatné mená / 3. pád – jednotné číslo
(substantíva)   (datív) – (singulár)

KU KOMU IDETE? / K ČOMU IDETE?

**To je
učiteľ**

Idem

k učiteľovi   (Mž)
k otcovi
k bratovi | ~ -ovi |
k dedkovi

**To je
dom**

Idem

k domu   (Mn)
k stolu
k parku | ~ -u |
k mostu

**To je
matka**

Idem

k matke   (F)
k sestre
k babke | = -e |
ku kamarátke

skriňa

 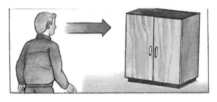

Idem

ku skrini
k tabuli
k nemocnici
ku kolegyni | ≚ -i |
ku knižnici

**To je
okno**

Idem

k oknu   (N)
ku kinu
k moru | ~ -u |
k múzeu

KEDY POUŽÍVAME DATÍV? POZRITE SA!

Datív používame po predložkách (po prepozíciách):
K (KU) / PROTI / OPROTI / NAPROTI / VĎAKA / NAPRIEK

Príklady

Zajtra musím ísť k lekárovi.
Bojujeme proti znečisťovaniu ovzdušia.
Je váš dom oproti divadlu alebo oproti múzeu?
Zajtra príde moja matka z Prahy. Musím ísť matke naproti na stanicu. (= idem po matku)
Vďaka môjmu lekárovi som zase zdravý. (= musím ďakovať lekárovi)
Napriek dažďu a vetru sme sa prechádzali. (= hoci bol dážď a vietor)

Cvičenia

17, 18

S. – Pán riaditeľ tu dnes nie je, len zástupca.
R. – Dobre, tak pôjdem k zástupcovi.

– Peter tu dnes nie je, len Eva.
– Dobre, tak pôjdem k Eve.

– Babka tu dnes nie je, len dedko.
– Dobre, tak pôjdem k dedkovi.

– Sestra tu dnes nie je, len brat.
– Dobre, tak pôjdem k bratovi.

– Inžinier Miko tu dnes nie je, len inžinier Novák.
– Dobre, tak pôjdem k inžinierovi Novákovi.

– Váš kolega tu dnes nie je, len kolegyňa.
– Dobre, tak pôjdem ku kolegyni.

S. – Bývate oproti hotelu alebo oproti kinu?
R. – Teraz nebývame oproti hotelu, bývame oproti kinu.

– Stojí váľanda oproti kreslu alebo oproti skrini?
– Teraz nestojí oproti kreslu, stojí oproti skrini.

– Sedí Mária oproti Mirovi alebo oproti Eve?
– Teraz nesedí Mária oproti Mirovi, sedí oproti Eve.

– Je vaša izba oproti klubovni alebo oproti triede?
– Teraz nie je naša izba oproti klubovni, je oproti triede.

– Chceš sedieť oproti oknu alebo oproti televízoru?
– Teraz nechcem sedieť oproti oknu, chcem sedieť oproti televízoru.

– Stojí kreslo oproti stolu alebo oproti knižnici?
– Teraz nestojí kreslo oproti stolu, stojí oproti knižnici.

 POČÚVAJTE, ČO HOVORÍME! **3. pád – jednotné číslo / bez predložiek**
(datív) – (singulár) / (bez prepozícií)

– Peter má zajtra narodeniny. Bude mať 26 rokov.
– Skoro som zabudol. Musíme zajtra **Petrovi gratulovať** (= blahoželať).

– Prečo sa dnes ponáhľate domov? Máte prácu?
– Áno. Musím **matke a otcovi pomáhať** baliť kufor. Cestujú do Prahy.

– **Komu telefonuješ? Bratovi?**
– Nie, **netelefonujem bratovi. Telefonujem kamarátovi** do Košíc.
– Prečo telefonuješ?
– Chcem **sa kamarátovi poďakovať.** Poslal mi slovník.

– Učiteľka povedala, že Ivan napísal diktát veľmi zle.
– Čo môžeme robiť? Ako môžeme **pomôcť Ivanovi?**
– Musíme **Ivanovi** každý deň **diktovať** niekoľko viet.

– V študovni som našiel pero. Neviete, **komu patrí?**
– Ukážte! To pero som už videl, ale neviem, či **patrí Jankovi Kováčovi** alebo **Ivanovi Horákovi.**

Niektoré slovesá (verbá) **používame s 3. pádom** (datívom)!

Napríklad:

gratulovať (= blahoželať),	patriť,	
pomáhať,	poradiť,	
telefonovať,	veriť,	NIEKOMU/NIEČOMU
diktovať,	platiť,	
ďakovať,	venovať sa (= zaoberať sa)	

Cvičenie

19

> S. – Komu mám platiť? Čašníčke alebo čašníkovi?
> R. – Myslím, že treba platiť čašníkovi.

– Komu mám zatelefonovať? Otcovi alebo matke?
– Myslím, že treba zatelefonovať matke.

– Komu mám nadiktovať list? Jane alebo Márii?
– Myslím, že treba nadiktovať list Márii.

– Komu mám blahoželať? Dedkovi alebo babke?
– Myslím, že treba blahoželať babke.

– Komu mám pomáhať? Inžinierovi Kováčovi alebo inžinierovi Mikovi?
– Myslím, že treba pomáhať inžinierovi Mikovi.

– Komu mám veriť? Kolegovi alebo kolegyni?
– Myslím, že treba veriť kolegyni.

– Komu mám poradiť? Elene alebo Viere?
– Myslím, že treba poradiť Viere.

VŠIMNITE SI!

Prídavné mená / 3. pád – jednotné číslo
(adjektíva) / (datív) – (singulár) (M/N)

ten	to	Idem k **tomu**	
jeden	jedno	jednému	– -ému
starý	staré	starému	
krásny	krásne	krásnemu	´ -emu
vyšší (muž)	vyššie (okno)	vyššiemu (mužovi, oknu)	ˇ -iemu
môj	moje	môjmu	
tvoj	tvoje	tvojmu	
náš	naše	nášmu	
váš	vaše	vášmu	
	Zatelefonujem MU	(bez predložky/prepozície)	
	Idem k NEMU	(s predložkou/prepozíciou)	

Príklady

Včera som pomáhal môjmu starému otcovi. Často mu pomáham.
Poobede pôjdeme gratulovať jednému dobrému kamarátovi.
Poď sem k tomu tretiemu oknu, budeš lepšie vidieť!
Dnes idem k nášmu triednemu profesorovi. Pôjdeš tiež k nemu?
Verím tomu mužovi, vždy hovorí pravdu. Tiež mu veríš?
Tí ľudia bojovali proti nespravodlivosti. Bojovali proti nej mnoho rokov.

Cvičenie
20

S. – Dnes nepôjdem k nášmu triednemu
profesorovi.
R. – Sľúbil si, že pôjdeš k nemu. Musíš ísť.

S. – Dnes nezatelefonujem starému otcovi.
R. – Sľúbil si, že mu zatelefonuješ. Musíš
zatelefonovať.

– Dnes nebudem sedieť oproti novému
kolegovi.
– Sľúbil si, že budeš sedieť oproti nemu.
Musíš sedieť.

– Dnes nebudem pomáhať môjmu bratovi.
– Sľúbil si, že mu budeš pomáhať. Musíš
pomáhať.

– Dnes neporadím nášmu susedovi.
– Sľúbil si, že mu poradíš. Musíš poradiť.

– Dnes nemôžem ísť k tomu lekárovi.
– Sľúbil si, že pôjdeš k nemu. Musíš ísť.

– Dnes nebudem blahoželať nášmu učiteľovi.
– Sľúbil si, že mu budeš blahoželať.
Musíš mu blahoželať.

– Dnes neprepáčim tomu študentovi,
keď príde neskoro.
– Sľúbil si, že mu prepáčiš. Musíš mu
prepáčiť.

 VŠIMNITE SI! | **Prídavné mená / 3. pád – jednotné číslo**
(adjektíva)   / (datív) – (singulár) (F)

tá		Idem k **tej**		
jedna		jednej		
stará		starej		
krásna		krásnej		
cudzia	(žena)	cudzej	(žene)	~ **-ej**
moja		mojej		
tvoja		tvojej		
naša		našej		
vaša		vašej		

Telefonujem JEJ   (bez predložky/prepozície)
Idem k NEJ   (s predložkou/prepozíciou)

Príklady

Telefonoval som mojej starej matke, že neprídem.
Telefonoval som jej včera večer.
Predtým som veril mojej kamarátke. Teraz jej neverím, nehovorí pravdu!
Ešte bývate oproti tej vysokej budove?
Nie, už nebývame oproti nej. Teraz bývame na inej ulici.
Čo ste poradili vašej kolegyni?
Poradil som jej, že je lepšie cestovať vlakom.
Venuje sa Peter tanečnej hudbe?
Nie, už sa jej nevenuje. Nemá teraz čas.
Pôjdeš so mnou až k hlavnej pošte?
Áno, pôjdem s tebou k nej.
Komu patrí tá kniha? Našej triednej profesorke?
Nie, povedala, že jej nepatrí.

Cvičenie
21

> S. – Musím telefonovať našej profesorke dnes?
> R. – Áno, musíš jej telefonovať dnes. Zajtra nebude doma.

– Musíme gratulovať našej susedke dnes?
– Áno, musíme jej gratulovať dnes.
Zajtra nebude doma.

– Musím tej krajčírke zaplatiť dnes?
– Áno, musíš jej zaplatiť dnes.
Zajtra nebude doma.

– Musíme blahoželať našej novej kolegyni dnes?
– Áno, musíme jej blahoželať dnes.
Zajtra nebude doma.

– Musíme pomôcť tej starej žene dnes?
– Áno, musíme jej pomôcť dnes.
Zajtra nebude doma.

– Musím sa venovať tej študentke dnes?
– Áno, musíš sa jej venovať dnes.
Zajtra nebude doma.

– Musím sa poďakovať našej úradníčke dnes?
– Áno, musíš sa jej poďakovať dnes.
Zajtra nebude doma.

HÁDAJ, KTO DNES PRÍDE

– Eva, hádaj, kto dnes poobede príde.
– Kto? Katka? Nie? Tak Mária? Nie? Už viem: teta Anna. Nie? Tak neviem. Kto príde, mami?
– Šírín. Stretla som ju v meste a sľúbila, že poobede príde.
– Už sa vrátila z Bagdadu? To je fajn. Teším sa na ňu.

– Tak, konečne som zasa tu! Devätnásteho septembra mi poštár priniesol telegram. Otec písal, že mama je chorá a musí ísť na operáciu. Ráno som musela ísť na fakultu a potom na políciu po vízum. Potom som si kúpila letenku a taxíkom som išla na letisko. Cestovala som najprv do Prahy. Musela som odletieť dvadsiateho prvého, lebo ďalšie lietadlo letí až o týždeň. Škoda, že letenky z Viedne už boli vypredané – zo Schwechatu lieta lietadlo každý deň.

Z Prahy sme odleteli presne. Keď sme leteli nad Balkánom, bolo mi trochu zle, ale ináč bola cesta príjemná.

Do Bagdadu priletelo lietadlo presne. Tam ma čakal otecko. Autom ma odviezol domov. Na druhý deň ráno, asi o desiatej, som išla do nemocnice navštíviť mamu. Vyzerala veľmi zle.

Mamičku operovali dvadsiateho ôsmeho septembra. Všetko bolo v poriadku, a preto lekár dovolil, aby som ju každé ráno o deviatej navštevovala. Piateho alebo šiesteho októbra sa mama vrátila domov. Bola slabá, ale cítila sa už dobre.

Mala som doma aj moje učebnice, ale neučila som sa veľa. Moji súrodenci a kamarátky prichádzali na návštevu. Každému som musela rozprávať, ako sa mám, čo robím, kde bývam, ako žijem...

Odletela som z Bagdadu desiateho októbra. Nemala som priame lietadlo, a tak som musela v Káhire prestúpiť. Keď sme preleteli cez Stredozemné more, naobedovala som sa a potom som zaspala. Spala som až do Prahy.

V Prahe mám jednu kamarátku. Išla som k nej na návštevu. Trochu sme sa prechádzali po Prahe. Vieš, ešte som nebola v Prahe. Pätnásteho októbra ráno som o ôsmej odcestovala autobusom do Bratislavy. Cesta bola veľmi pekná – precestovala som východné Čechy a celú Moravu. Okolo obeda sme pricestovali sem. Dnes ráno som bola v škole a potom som išla do Univerzitnej knižnice. V meste som stretla tvoju mamu, ktorá ma pozvala.

A tak som hneď večer o siedmej prišla. Som rada, že som všetkých stretla: aj Petra, aj Zuzku, aj Janka. Dvadsiateho piateho októbra bude u nás v internáte diskotéka. Neviem, či o siedmej alebo o ôsmej. Ešte ti poviem. Dúfam, že prídeš!

Naozaj som rada, že som už tu. Už je skutočne tak neskoro? Desať tridsať? Už musím ísť. Ahoj, Eva, ahoj, Janko! Dobrú noc, pani Kováčová, dobrú noc, pán Kováč! Ďakujem za pozvanie a za dobrú večeru.

🐘 **POČÚVAJTE, ČO HOVORÍME!** **Zvratné slovesá SA – I.**
(reflexívne verbá)

– Kde raňajkujete? – Obyčajne raňajkujem doma, ale dnes som sa naraňajkoval v bufete.	NARAŇAJKOVAŤ SA
– Kde sa naobedujeme? – Teraz nie som hladný. Nechcem jesť. Navečeriam sa potom doma.	NAOBEDOVAŤ SA NAVEČERAŤ SA
– Nech sa páči, tu je ešte mäso! – Nie, ďakujem. Už som sa najedol.	NAJESŤ SA
– Si smädný? Čo chceš piť? – Ďakujem, nič. Pred chvíľou som sa napil.	NAPIŤ SA
– Prečo sa neučíš? Zajtra máš skúšku. – Učil som sa celý týždeň. Myslím, že som sa naučil už všetko.	(NA)UČIŤ SA
– Musím ísť k doktorovi. Bojím sa. – Neboj sa! Tiež som sa bál, ale nebolelo to.	BÁŤ SA
– Môžem sa vás na niečo opýtať? – Samozrejme. Keď niečomu nerozumiete, pýtajte sa.	(O)PÝTAŤ SA
– To je veľmi veselý program. Vždy sa smejem, keď ho vidím. – Áno, aj včera sme sa smiali.	SMIAŤ SA

– Prečo sa ponáhľaš? Ideš do kina?   (PO)PONÁHĽAŤ SA
– Áno, ponáhľam sa do kina.

– Už prichádza autobus. Musíme sa rozlúčiť.   (ROZ)LÚČIŤ SA
– Dovidenia a pozdravujte manželku!

a tiež: HANBIŤ SA, POKÚSIŤ SA, PRECHÁDZAŤ SA atď.

🐘 **POČÚVAJTE, ČO HOVORÍME!**   **Zvratné slovesá SI – II.**
(reflexívne verbá)

– Vezmite si ovocie. Tie jablká sú výborné.   VZIAŤ SI
– Ďakujem, už som si vzal.

– Čo si prosíte? Ryžu alebo zemiaky?   PROSIŤ SI
– Prosíme si ryžu.

– Všimli ste si to nové auto? Je pekné.   VŠIMNÚŤ SI
– Nie, nevšimol som si ho. Už ho nevidím.

a tiež: ROZMYSLIEŤ SI, SPOMENÚŤ SI, SADNÚŤ SI, OBĽÚBIŤ SI atď.

POZOR!

- **Niektoré slovesá** (verbá) **majú vždy** „sa" alebo „si".
- **Všimnite si, kde stojí** „sa" alebo „si"!
- **Slová** „sa" a „si" **nikdy nie sú prvé slová vo vete!**
- „Sa" a „si" **používame pre všetky osoby, pre jednotné číslo** (singulár) **aj pre množné číslo** (plurál).

VŠIMNITE SI!   **Zvratné slovesá Ø / SI / SA – III.**
(reflexívne verbá)

KOHO/ČO umývaš? UMÝVAM...	ČO si umývaš? UMÝVAM SI...	ČO robíš? UMÝVAM SA.
Zuzku.	(moju) tvár.	–
chlapca.	(môj) krk.	–
dieťa.	(moje) ruky.	–
brata.	(moje) nohy.	–
šálku.	(moju) šálku.	–
pohár.	(môj) pohár.	–
riad.	(môj) riad.	–
dlážku.	(moju) dlážku.	–

KOHO obliekaš? OBLIEKAM...	ČO si obliekaš? OBLIEKAM SI...	ČO robíš? OBLIEKAM SA.
malé dieťa. chorú matku. môjho brata. moju vnučku. malú sestru.	(moju) košeľu. (moje) nohavice. (moje) sako. (môj) sveter. (moju) blúzku.	– – – – –
ČO utieraš? UTIERAM...	ČO si utieraš? UTIERAM SI...	ČO robíš? UTIERAM SA.
tabuľu. stôl. pohár. tanier. riad.	(moje) ruky. (moje) nohy. (moju) tvár. (moje) topánky. (môj) nos.	– – – – –
KOHO/ČO holíš? HOLÍM...	ČO si holíš? HOLÍM SI...	ČO robíš? HOLÍM SA.
kamaráta. brata. otca. otcovi fúzy. bratovi bradu.	(moju) bradu. (moje) fúzy. (môj) krk. (moje) líca.	– – – –

Takto môžeme používať aj niektoré iné slovesá (verbá):

Obúvam dieťa.	Obúvam si čižmy.	Obúvam sa.
Češem moju sestru.	Češem si vlasy.	Češem sa.
Vyzliekam Zuzku.	Vyzliekam si pyžamu.	Vyzliekam sa.

DÁTUM A ČAS

KTORÉHO JE DNES?   DNES JE... / KEDY...?

Zapnite si rádio a počúvajte! Hlásateľ hovorí:
– Dobré ráno, vážení poslucháči! Dnes je utorok dvanásteho novembra tisíc deväťsto...
Otvorte noviny! Tam tiež vidíte dátum: Dnes je sobota siedmeho decembra tisíc deväťsto...
Keď píšete úlohu, diktát, list – skoro vždy napíšete aj dátum.
Niekedy sa ľudia pýtajú:
– Kedy ste prišli na Slovensko? Kedy ste sa narodili? Kedy budete mať skúšku? Kedy musíte ísť k lekárovi?
Ako odpoviedáte? Čo hovoríte?

Ktorého je dnes?	**Dnes je...** Kedy ste prišli? Prišiel som...	
1. prvého	13. trinásteho	januára
2. druhého	14. štrnásteho	februára
3. tretieho	15. pätnásteho	marca
4. štvrtého	16. šestnásteho	apríla
5. piateho	17. sedemnásteho	mája
6. šiesteho	18. osemnásteho	júna
7. siedmeho	19. devätnásteho	júla
8. ôsmeho	20. dvadsiateho	augusta
9. deviateho	21. dvadsiateho prvého	septembra
10. desiateho	22. dvadsiateho druhého	októbra
11. jedenásteho	30. tridsiateho	novembra
12. dvanásteho	31. tridsiateho prvého	decembra

KOĽKO JE HODÍN? JE... / SÚ... / JE...

JE   jedna hodina

SÚ   dve hodiny   tri hodiny   štyri hodiny

JE   päť hodín   šesť hodín   sedem hodín   osem hodín

deväť hodín   desať hodín   jedenásť hodín   dvanásť hodín

 ## POČÚVAJTE, ČO HOVORÍME!   (SI = pre seba)

– Prosím si dalily a Život.
– Ty fajčíš? Nie?

PRE KOHO... / KOMU... (kupuješ)...?

– Kupujem cigarety **pre môjho otca.**
  Kupujem **môjmu otcovi** dalily.

– A Život?
– Časopis kupujem **pre seba**. Kupujem **si** Život každý týždeň.

– Ty **si** kupuješ taký drahý sprej?

– Nie, sprej nekupujem **pre seba.**
– Kupujem ho **pre moju manželku.**
  Musím **manželke** niečo kúpiť, má
  narodeniny.

– **Pre seba** musím kúpiť zubnú pastu.
– Skoro som zabudol! Aj ja **si** musím kúpiť zubnú pastu
  a mydlo.

Príklady

Zajtra pôjdeme na exkurziu. Vezmite si kabát a dáždnik. Možno bude pršať.
Vezmem si kabát. A vezmem ešte sveter pre moju kamarátku.

Priniesol som zošit pre Mira aj pre Vlada, ale Igorovi som nepriniesol zošit.
A pre seba si priniesol zošit?
Nie. Zabudol som si priniesť zošit.

Eva, prosím ťa, urob raňajky pre otca a pre Petra!
Mám urobiť raňajky aj starej mame?
Nie, netreba. Stará mama si už urobila raňajky sama.

Zajtra budem prať a žehliť bielizeň pre celú rodinu.
Ja už mám všetko v poriadku. Včera som si vyprala a vyžehlila všetko.

Keď sa naraňajkuješ, umy si šálku a tanierik!
Už som si umyl šálku i tanierik. A umyl som šálku aj otcovi, dedkovi a babke.

Cvičenia

22, 23

> S. – Hoci bola veľká zima, išli sme
> na prechádzku.
> R. – Napriek veľkej zime sme išli
> na prechádzku.

> S. – Môžem študovať, pretože mi moja sestra
> pomáha.
> R. – Vďaka mojej sestre môžem študovať.

– Hoci má jeho otec vysoký vek, ešte
 športuje.
– Napriek vysokému veku jeho otec ešte
 športuje.

– Hoci má veľký problém, je veselý.
– Napriek veľkému problému je veselý.

– Hoci dostal dobrú správu, je ešte smutný.
– Napriek dobrej správe je ešte smutný.

– Hoci má ťažkú chorobu, veľa pracuje.
– Napriek ťažkej chorobe veľa pracuje.

– Hoci má zlé vysvedčenie, chce študovať
 na univerzite.
– Napriek zlému vysvedčeniu chce študovať
 na univerzite.

– Hoci cítim veľkú únavu, nemôžem spať.
– Napriek veľkej únave nemôžem spať.

– Hoci mali nejaký problém, urobili skúšku.
– Napriek nejakému problému urobili
 skúšku.

– Hoci má zlú známku, je veselý.
– Napriek zlej známke je veselý.

– Už je zasa zdravý, pretože dostal nový liek.
– Vďaka novému lieku je už zasa zdravý.

– Teraz môžem čítať, pretože je tu silné
 svetlo.
– Vďaka silnému svetlu môžem teraz čítať.

– Naše rádio už hrá, pretože ten mladý
 mechanik ho opravil.
– Vďaka tomu mladému mechanikovi
 naše rádio už hrá.

– Viem matematiku, pretože som mal
 dobrú učiteľku.
– Vďaka dobrej učiteľke viem matematiku.

– Nič sa nestalo, pretože sme mali dobrého
 šoféra.
– Vďaka dobrému šoférovi sa nič nestalo.

– Fotografie sú pekné, pretože máme dobrý
 fotoaparát.
– Vďaka dobrému fotoaparátu sú fotografie
 pekné.

– Teraz vyrábajú viac, pretože používajú
 moderný stroj.
– Vďaka modernému stroju vyrábajú
 teraz viac.

NA POŠTE

Text

Doobeda nie je na pošte veľa ľudí. V prvej kabínke niekto telefonuje. Jeden muž vchádza do dvojky. Z trojky vychádza muž, ktorý práve dotelefonoval.
Vzadu pri okienku stoja ľudia. Objednávajú telefonický rozhovor alebo podávajú telegram. Niektorí kupujú známky, podávajú doporučené, expresné alebo letecké listy. Vpravo je žena, ktorá chce podať balík.

– Prosím vás, môžem telefonovať do Trnavy?
– Aké číslo, prosím?
– To neviem. Môžete mi požičať telefónny zoznam?
– Do Trnavy môžete telefonovať aj automaticky. Choďte do kabínky číslo jeden. Smerové číslo je 033.

– Môžem tu podať tieto listy?
– Áno. Ukážte, aké listy máte. Tento je expresný, tu je jeden letecký a ten chcete podať doporučene?
– Áno, jeden list je doporučený.

– Ale nevyplnili ste podací lístok. Tam na pulte sú lístky. Moment, tu je obyčajný list a jedna pohľadnica. Tie môžete hodiť do schránky. Je tam vzadu.
– Ale neviem, či som dal dosť známok. A ešte si prosím desať šesťkorunových a desať dvanásťkorunových známok. Kde môžem podať peniaze?
– Peniaze sa podávajú tu vedľa. Tam dostanete aj poukážku.
– Ďakujem.

Jedna stará pani prichádza na poštu. Pod pazuchou má balík. Iste posiela niečo synovi alebo dcére. Najprv si pri okienku berie sprievodku. Potom ju musí pri pulte vyplniť. Balík je dosť ťažký, stará pani je rada, že už je na pošte.
Balíky sa podávajú celkom vpravo. Tam je veľká váha. Úradníčka musí každý balík odvážiť, pretože za balík platíme podľa hmotnosti.

Pri dverách niekto zvoní. Je to poštár.
– Dobrý deň, pani Kováčová. Je váš manžel doma?
– Nie, je v robote. Čo ste mu priniesli?
– Mám pre neho doporučený list a telegram. Môžete mi to podpísať?
– Je to všetko?
– Nie, ešte sú tu peniaze pre inžiniera Kováča.

POČÚVAJTE, ČO HOVORÍME! **Slovesá s 3. a 4. pádom – poradie substantív**
(verbá s datívom a akuzatívom)

– ČO nesieš?
– Nesiem tašku.

– KOMU nesieš tašku?
– Starej matke.

Nesiem **tašku** ⟶ **starej matke**.   (akuz.–dat.)
                    alebo   *alebo*
Nesiem **starej matke** ⟶ **tašku**.   (dat.–akuz.)

Cvičenia

11, 12

S. – Čo píšete? List alebo pohľadnicu?
R. – Píšem list.
S. – Komu? Nášmu riaditeľovi?
R. – Áno. Musím napísať list nášmu
      riaditeľovi.

– Čo kupujete? Šál alebo rukavice?
– Kupujem šál.
– Komu? Synovi?
– Áno. Musím kúpiť šál synovi.

– Čo prinášate? Zeleninu alebo mäso?
– Prinášam zeleninu.
– Komu? Vašej malej sestre?
– Áno. Musím priniesť zeleninu mojej
  malej sestre.

– Čo čistíte? Sako alebo nohavice?
– Čistím sako.
– Komu? Otcovi?
– Áno. Musím vyčistiť sako otcovi.

S. – Daroval si matke knihu alebo kvet?
R. – Matke som daroval knihu.

– Sľúbil si tomu chlapcovi zmrzlinu alebo
  čokoládu?
– Tomu chlapcovi som sľúbil zmrzlinu.

– Kúpil si bratovi slovník alebo
  encyklopédiu?
– Bratovi som kúpil slovník.

– Predal si susedovi dom alebo záhradu?
– Susedovi som predal dom.

– Ukázal si profesorovi knihu alebo zošit?
– Profesorovi som ukázal knihu.

– Odniesol si Eve raňajky alebo desiatu?
– Eve som odniesol raňajky.

– Ušila mama Zuzke šaty alebo kabát?
– Mama ušila Zuzke šaty.

– Uvarila Eva otcovi čaj alebo kávu?
– Eva uvarila otcovi čaj.

POZOR!	**Slovesá s 3. a 4. pádom – poradie zámen**
	(verbá s datívom a akuzatívom)

● **Keď používame podstatné mená** (substantíva), **môžeme hovoriť:**	
DAL SOM KNIHU BRATOVI.	(akuz.–dat.)
alebo	
DAL SOM BRATOVI KNIHU.	(dat.–akuz.)
ale	

● **Keď používame zámená** (pronominá), **môžeme hovoriť len takto:**		
– Dal si knihu bratovi? – Dal si bratovi knihu?	ÁNO, DAL SOM **MU JU**.	(dat.–akuz.)
– Kúpil si matke časopis? – Kúpil si časopis matke?	ÁNO, KÚPIL SOM **JEJ HO**.	(dat.–akuz.)

Cvičenia

13, 14

> S. – Predali ste susedovi dom?
> R. – Áno, predali sme mu ho.

– Dal si tete fotografiu?
– Áno, dal som jej ju.

– Vrátil si Jožkovi knihu?
– Áno, vrátil som mu ju.

– Priniesol poštár otcovi list?
– Áno, priniesol mu ho.

– Požičal si kamarátovi platňu?
– Áno, požičal som mu ju.

– Vypočítal Peter Jankovi ten príklad?
– Áno, vypočítal mu ho.

– Sľúbil si Eve ten lístok?
– Áno, sľúbil som jej ho.

> S. – Ukázal si profesorovi úlohu?
> R. – Nie, ešte som mu ju neukázal. Ukážem
> mu ju zajtra.

– Poslal si babke telegram?
– Nie, ešte som jej ho neposlal.
Pošlem jej ho zajtra.

– Povedal si žene tú správu?
– Nie, ešte som jej ju nepovedal.
Poviem jej ju zajtra.

– Opravil si študentovi úlohu?
– Nie, ešte som mu ju neopravil.
Opravím mu ju zajtra.

– Priniesol si mame ten liek?
– Nie, ešte som jej ho nepriniesol.
Prinesiem jej ho zajtra.

– Nakreslil si Mirovi ten obraz?
– Nie, ešte som mu ho nenakreslil.
Nakreslím mu ho zajtra.

KOĽKO JE HODÍN?
(je / sú / je)

Je jedna	hodina.
Sú dve	hodiny.
Sú tri	hodiny.
Sú štyri	hodiny.
Je päť	hodín.
Je šesť	hodín.
Je sedem	hodín.
Je osem	hodín.
Je deväť	hodín.
Je desať	hodín.
Je jedenásť	hodín.
Je dvanásť	hodín.

KOĽKO BOLO HODÍN?
(bola / boli / bolo)

Bola jedna	hodina.
Boli dve	hodiny.
Boli tri	hodiny.
Boli štyri	hodiny.
Bolo päť	hodín.
Bolo šesť	hodín.
Bolo sedem	hodín.
Bolo osem	hodín.
Bolo deväť	hodín.
Bolo desať	hodín.
Bolo jedenásť	hodín.
Bolo dvanásť	hodín.

KOĽKO BUDE HODÍN?
(bude / budú/ bude)

Bude jedna	hodina.
Budú dve	hodiny.
Budú tri	hodiny.
Budú štyri	hodiny.
Bude päť	hodín.
Bude šesť	hodín.
Bude sedem	hodín.
Bude osem	hodín.
Bude deväť	hodín.
Bude desať	hodín.
Bude jedenásť	hodín.
Bude dvanásť	hodín.

KEDY (prišiel)?
Prišiel (...o + lok.)

...o jednej	(hodine).
...o druhej	(hodine).
...o tretej	(hodine).
...o štvrtej	(hodine).
...o piatej	(hodine).
...o šiestej	(hodine).
...o siedmej	(hodine).
...o ôsmej	(hodine).
...o deviatej	(hodine).
...o desiatej	(hodine).
...o jedenástej	(hodine).
...o dvanástej	(hodine).

Cvičenie

S. – Pán Nový prišiel, keď bola jedna hodina.
R. – Naozaj? Pán Nový prišiel už o jednej?

– Autobus odišiel, keď boli tri hodiny.
– Naozaj? Autobus odišiel už o tretej?

– Film sa začal, keď bolo sedem hodín.
– Naozaj? Film sa začal už o siedmej?

– Obedovali sme, keď bolo dvanásť hodín.
– Naozaj? Obedovali ste už o dvanástej?

– Jana telefonovala, keď bolo päť hodín.
– Naozaj? Jana telefonovala už o piatej?

– Futbal sa skončil, keď bolo šesť hodín.
– Naozaj? Futbal sa skončil už o šiestej?

– Poštár priniesol telegram, keď boli štyri
   hodiny.
– Naozaj? Poštár priniesol telegram už
   o štvrtej?

– Vlak prišiel, keď bolo dvadsaťdva hodín.
– Naozaj? Vlak prišiel už o dvadsiatej
   druhej?

Cvičenia

15, 16

S. – Myslím, že keď sa vrátil, bola jedna
hodina.
R. – Nie, nevrátil sa o jednej, vrátil sa až
o druhej.

- Myslím, že keď pricestoval, boli tri hodiny.
- Nie, nepricestoval o tretej, pricestoval
až o štvrtej.

- Myslím, že keď uvarila večeru, bolo osem
hodín.
- Nie, neuvarila večeru o ôsmej, uvarila ju až
o deviatej.

- Myslím, že keď skončil skúšku, boli dve
hodiny.
- Nie, neskončil skúšku o druhej, skončil ju
až o tretej.

- Myslím, že keď vypočítal príklad, bolo
desať hodín.
- Nie, nevypočítal príklad o desiatej,
vypočítal ho až o jedenástej.

- Myslím, že keď si zaspal, boli štyri hodiny.
- Nie, nezaspal som o štvrtej, zaspal som až
o piatej.

- Myslím, že keď hostia odišli, bolo jedenásť
hodín.
- Nie, hostia neodišli o jedenástej, odišli až
o dvanástej.

S. – Kedy pôjdeme do parku? Keď budú tri
hodiny?
R. – Áno, môžeme ísť do parku o tretej.

- Kedy budeme večerať? Keď bude osem
hodín?
- Áno, môžeme večerať o ôsmej.

- Kedy budeme vstávať? Keď bude päť
hodín?
- Áno, môžeme vstávať o piatej.

- Kedy sa vrátime? Keď bude desať hodín?
- Áno, môžeme sa vrátiť o desiatej.

- Kedy budeme počúvať správy? Keď bude
sedem hodín?
- Áno, môžeme počúvať správy o siedmej.

- Kedy vypneme varič? Keď bude dvanásť
hodín?
- Áno, môžeme vypnúť varič o dvanástej.

● ● ● **TO UŽ VIEME!** ●

- Ráno idem do školy, potom do parku, večer pôjdem do klubovne alebo do divadla.

- Poď do reštaurácie!

- Musím ísť do továrne.

- Predtým pracoval ako predavač, teraz je vedúcim veľkého kníhkupectva.

VŠIMNITE SI!

Podstatné mená / 2. pád – jednotné číslo
(substantíva) / (genitív) – (singulár)

Vedľa KOHO stojíte? / Vedľa ČOHO stojíte?

			Stojím vedľa	(Mž)
To je muž			muža otca dedka učiteľa	~ -a
futbalista			futbalistu traktoristu tenistu turistu zástupcu	-a | -u
To je dom/hotel			Stojím vedľa (Mn) domu/hotela parku stromu lesa	~ -u / ~ -a
To je škola			Stojím vedľa (F) školy banky steny matky	= -y
skriňa			skrine tabule knižnice továrne jedálne	˘ -e
miestnosť			Stojím vedľa miestnosti (...od bolesti) (...od kosti) (bez starosti)	-sť | -i
To je okno			Stojím vedľa (N) okna kina poľa námestia	~ -a

POZOR!

● (Mn) – **najčastejšie používame príponu** (sufix) **-u** (z domu)
   niekedy používame príponu (sufix)   **-a** (z dreva)
   niektoré slová môžu mať -u aj **-a**   (z kanála/z kanálu)
                   (z roka/z roku)

Nemáme presné pravidlo, kedy používame -u alebo -a!

● (F) – **všetky „mäkké" podstatné mená** (substantíva) **majú** ≅ **-e!**
   Napríklad: tabuľa – vedľa tabule
         čitáreň – vedľa čitárne
         klubovňa – vedľa klubovne
         kancelária – vedľa kancelárie

● **Len niektoré substantíva majú -i** (ako „miestnosť"):
   Napríklad: noc – Pracoval až do noci.
         soľ – Polievka bola bez soli.

KEDY POUŽÍVAME GENITÍV? POZRITE SA!

Genitív používame po predložkách (prepozíciách): VEDĽA / BEZ / OD / DO / OKREM / U / Z (ZO) / MIMO / OKOLO / UPROSTRED / POZDĹŽ a iné.

Príklady

Vedľa triedy je zborovňa a vedľa zborovne je riaditeľňa.
Nechoďte von bez čiapky a bez šálu. Je zima.
Od rána do večera som pracoval.
Dostal som list od matky.
Pôjdeme do divadla alebo do kina?
Dnes boli v triede všetci okrem Ivana Horáka.
V auguste som sa vrátil z Prahy, v septembri znova pôjdem do Prahy.
Je tvoj prsteň zo zlata?
Musíme ísť okolo parku. Sedeli sme okolo stola.
Uprostred miestnosti stál veľký stôl.

Cvičenia

17, 18, 19, 20, 21

S. – Budeme čakať na Petra alebo pôjdeme? R. – Už nebudeme čakať. Pôjdeme bez Petra.

S. – Stojí vaša škola v meste? R. – Áno, stojí presne uprostred mesta.

– Budeme čakať na Evu alebo začneme hrať?
– Už nebudeme čakať. Začneme hrať bez Evy.

– Budeme čakať na otca alebo sa naobedujeme?
– Už nebudeme čakať. Naobedujeme sa bez otca.

– Budeme čakať na profesora alebo budeme počítať príklady?
– Už nebudeme čakať. Budeme počítať príklady bez profesora.

– Budeme čakať na riaditeľa alebo začneme pracovať?
– Už nebudeme čakať. Začneme pracovať bez riaditeľa.

– Je kino v dedine?
– Áno, je presne uprostred dediny.

– Stojí autobus na námestí?
– Áno, stojí presne uprostred námestia.

– Je lavica v záhrade?
– Áno, je presne uprostred záhrady.

– Je jedáleň v budove?
– Áno, je presne uprostred budovy.

S. – Pozrite sa na ten prsteň! Myslíte, že je to zlato?
R. – Áno, to je prsteň zo zlata.

– Pozrite sa na ten sveter! Myslíte, že je to vlna?
– Áno, to je sveter z vlny.

– Pozrite sa na tú košeľu! Myslíte, že je to bavlna?
– Áno, to je košeľa z bavlny.

– Pozrite sa na to jedlo! Myslíte, že je to mäso?
– Áno, to je jedlo z mäsa.

– Pozrite sa na tú šťavu! Myslíte, že je to ovocie?
– Áno, to je šťava z ovocia.

S. – Je to africký študent či nie?
R. – Áno, niekto hovoril, že je z Afriky.

– Je to indická študentka či nie?
– Áno, niekto hovoril, že je z Indie.

– Je to bratislavský chlieb či nie?
– Áno, niekto hovoril, že je z Bratislavy.

– Je to slovenský kroj či nie?
– Áno, niekto hovoril, že je zo Slovenska.

– Je to nemecký televízny program či nie?
– Áno, niekto hovoril, že je z Nemecka.

S. – Tu je divadlo. Pôjdeme okolo?
R. – Dobre, môžeme ísť okolo divadla.

S. – Tu je rieka. Pôjdeme pozdĺž?
R. – Dobre, môžeme ísť pozdĺž rieky.

S. – Tu je otec. Postavíme sa vedľa?
R. – Dobre, môžeme sa postaviť vedľa otca.

– Tu je park. Pôjdeme okolo?
– Dobre, môžeme ísť okolo parku.

– Tu je búdka. Postavíme sa vedľa?
– Dobre, môžeme sa postaviť vedľa búdky.

– Tu je plot. Pôjdeme pozdĺž?
– Dobre, môžeme ísť pozdĺž plota.

VŠIMNITE SI!

Prídavné mená / **2. pád** – **jednotné číslo** (Mž / Mn / N)
(adjektíva) / (genitív) – (singulár)

ten		to		Stojím vedľa.../uprostred **toho**	
jeden		jedno		jedného	
mladý		mladé		mladého	
krásny		krásne		krásneho	muža
cudzí	muž	cudzie	mesto	cudzieho	domu
	(dom)		(okno)		
môj		moje		môjho	mesta
tvoj		tvoje		tvojho	okna
náš		naše		nášho	
váš		vaše		vášho	

– -ého
´- -eho
˘- -ieho

Pýtali sme sa HO (bez predložky / prepozície)
Stojím vedľa NEHO (s predložkou / prepozíciou)

Príklady

Uprostred nášho hlavného mesta vybudovali nový hotel.
Dostal som list od jedného cudzieho muža.
Cestovali sme vlakom okolo Čierneho mora.
Stratil som pero, asi vypadlo z môjho pravého vrecka.

Okrem toho starého pána išli všetci na exkurziu.
Pozdĺž celého ľavého brehu rieky stáli pekné nové domy.
Môžem sedieť vedľa môjho kamaráta?
Prečo si nebol u zubného lekára?

 Cvičenie

22

> S. – Kde je Slovenské národné múzeum?
> R. – Počkaj! O chvíľu prídeme do Slovenského národného múzea.

– Kde je ten nový hotel?
– Počkaj! O chvíľu prídeme do toho nového hotela.

– Kde je vysokoškolský internát?
– Počkaj! O chvíľu prídeme do vysokoškolského internátu.

– Kde je to nové espreso?
– Počkaj! O chvíľu prídeme do toho nového espresa.

– Kde je najväčší obchodný dom?
– Počkaj! O chvíľu prídeme do najväčšieho obchodného domu.

– Kde je hlavné mesto?
– Počkaj! O chvíľu prídeme do hlavného mesta.

– Kde je váš dom?
– Počkaj! O chvíľu prídeme do nášho domu.

– Kde je poštový úrad?
– Počkaj! O chvíľu prídeme do poštového úradu.

 VŠIMNITE SI!   **Prídavné mená / 2. pád   – jednotné číslo (F)**
(adjektíva)   / (genitív) – (singulár)

tá		Stojí vedľa **tej**		
jedna nová krásna	budova	jednej novej krásnej	budovy	
staršia	(žena)	staršej	ženy	~ **-ej**
moja tvoja naša vaša	(klubovňa)	mojej tvojej našej vašej	klubovne	
Pýtal som sa JEJ (bez predložky / prepozície) Stojím vedľa NEJ (s predložkou / prepozíciou)				

Príklady

Už mesiac som nedostal list od mojej starej matky.
Dnes pôjdeme obedovať do našej školskej jedálne.
Je tu veľký hluk. Okolo našej školskej budovy chodia autá.

Stôl stojí uprostred našej obývacej izby.
Naša cesta viedla pozdĺž najdlhšej slovenskej rieky.
Nedávajte mäso do našej chladničky, je pokazená!
Eva nebola ani u jednej, ani u druhej kamarátky.

Cvičenie

23

> S. – Stará mama tu ešte nie je. Musíme čakať.
> R. – To je fakt. Nemôžeme odísť bez starej ma-
> my. Nikdy neodchádzame bez nej.

– Jeho manželka tu ešte nie je. Musíme čakať.
– To je fakt. Nemôžeme odísť bez jeho manželky. Nikdy neodchádzame bez nej.

– Naša triedna profesorka tu ešte nie je. Musíme čakať.
– To je fakt. Nemôžeme odísť bez našej triednej profesorky. Nikdy neodchádzame bez nej.

– Moja priateľka tu ešte nie je. Musíme čakať.
– To je fakt. Nemôžeme odísť bez tvojej priateľky. Nikdy neodchádzame bez nej.

– Naša zdravotná sestra tu ešte nie je. Musíme čakať.
– To je fakt. Nemôžeme odísť bez našej zdravotnej sestry. Nikdy neodchádzame bez nej.

AKO ČO PÍŠEME? – I.

Nie je list ako list...

1. list

Ahoj, Milan! Zvolen 14. 11. 19...

Iste si prekvapený, prečo už dva týždne nechodím do školy na prednášky. Vieš, že už v internáte mi bolo zle. Keď som pricestoval domov do Zvolena, vracal som a mal som horúčku. Mama zavolala v noci lekára, ktorý ma poslal do nemocnice. Tam ma ihneď operovali. Mal som zápal slepého čreva. Skoro celý týždeň som bol v nemocnici. Teraz sa cítim dobre, ale som slabý a niekedy ma bolí rana. Do Bratislavy pricestujem až koncom novembra alebo začiatkom decembra.
Vieš, že mám v decembri skúšku a potrebujem knihu Jozef Jánsky: Elektronika. Ty si urobil skúšku z elektroniky už minulý rok a myslím, že tú knihu máš. Prosím Ťa, Milan, pošli mi ju rýchlo! Ďakujem Ti. Pozdravujem kamošov z nášho ročníka. Srdečný pozdrav Tebe, Tvojmu otcovi a mame. Už sa teším na Vás.

Miro

P. S.: Ak nemáš tú knihu, vezmi ju od nášho profesora. Už som mu napísal.

2. list

Vážený pán profesor, Zvolen 12. 11. 19...

prepáčte, že Vás obťažujem, ale mám k Vám veľkú prosbu. Mohli by ste mi do decembra požičať knihu Jozef Jánsky: Elektronika? Knihu potrebujem, pretože sa už musím začať učiť na skúšku.
Som po operácii slepého čreva, a preto nemôžem prísť k Vám osobne. Po knihu k Vám príde môj priateľ Milan Starý.
Ďakujem Vám za láskavosť. S pozdravom

Váš študent Miroslav Tomek

3. list

Kníhkupectvo KOMPLEX
(zásielková služba)
Horná ul. 45
Žilina

Vec: Objednávka   Zvolen 14. 11. 19...

Objednávam u Vás knihu JOZEF JÁNSKY: ELEKTRONIKA
Objednanú knihu pošlite, prosím, na dobierku na moju adresu.
Ďakujem Vám vopred.

                                                                 Miroslav Tomek

Moja adresa:
M. Tomek
Štúrova ul. 64
960 01 Zvolen

AKO ČO PÍŠEME? – II.

...aj pohľadnice sú rozličné.

Martin 25.10.1992

Srdečné pozdravy z exkurzie!
Počasie je krásne, program
výborný. Škoda, že tu nie si.
Vrátime sa vo štvrtok.

ahoj!

                    Ivan
mária, žuzka, Peter, Eva ...

Martin 25.10.1992

Posielame Vám srdečné
pozdravy z našej
exkurzie po strednom
Slovensku.
Vaši študenti

Peter Nový   Ivan Pravdík
Ján Mojko Eva Pešková
Miroslav Tomek
Žuzka Lobošková

POZRITE SA, AKO PÍŠEME...

a) adresu

Peter Vilím
Vinárska ul. 5
900 01 MODRA

Vážený pán
Karol Petrík
Štefánikovo nám. 12
ŽILINA

O10 01 |||

b) miesto a dátum

V Nitre dňa 26. júna 19...
Bratislava 27. marca 19...
Košice 15. 12. 19...

c) oslovenie

Milý Peter!   Drahý otecko!   Vážený pán Nový!
Milá Eva!   Drahá mamička!   Vážená pani Nová!
Milý ujo!   Drahí rodičia!   Vážená slečna Nová!
Milá teta!   Drahí priatelia!   Vážené dámy a páni!

d) začiatok listu

Ďakujem srdečne za Váš list.
Ďakujem Ti za pohľadnicu. Veľmi som sa tešil, že si mi napísal.
Odpovedám na Váš list zo dňa 21. apríla t. r. (tohto roku).
Prepáčte, že som tak dlho nepísal, ale...
Nehnevaj sa, že som Ti nenapísal skôr, ale...

e) koniec listu

So srdečným pozdravom Váš...
Srdečne Ťa (Vás) pozdravuje Tvoj (Váš)...
S úctou...
Očakávam Vašu skorú odpoveď...
Ďakujem vopred za...

POZOR!

- **Slová** TY / VY, TVOJ / VÁŠ, TVOJA / VAŠA, TEBA, ŤA / VÁS, VÁM, S VAMI, O TEBE atď. **píšeme v liste vždy s veľkým písmenom** T **a** V!

- **Keď píšeme, často používame skratky.**
  Napríklad:

  - p.   = pán; sl. = slečna;
  - ul.   = ulica; nám. = námestie; č. alebo čís. = číslo; / okr. = okres; bl. = blok; posch. = poscho-
           die;
  - ŠD   = študentský domov (internát)
  - PSČ = poštové smerové číslo; tel. = telefón
  - t. m. = tento mesiac (tohto mesiaca); t. r. = tento rok (tohto roku)

 POČÚVAJTE, ČO HOVORÍME!   **2. pád   – jednotné číslo / bez predložky – I.**
                                          (genitív) – (singulár)   / (bez prepozície)

ČÍ / ČIA / ČIE je...?   (= Komu patrí?)

– To je váš dom?
– Nie, to nie je náš dom.
– A čí je ten dom?
  (= Komu patrí ten dom?)
– To je dom môjho starého otca.
  (= Dom patrí môjmu starému otcovi.)

– To je pekná váza. Čia je?
  (= Komu patrí váza?)
– To je váza mojej sestry.
  (= Váza patrí mojej sestre.)

– Je to jeho auto alebo nie?
  (= Patrí mu to auto alebo nie?)
– Nie, to nie je jeho auto. To je auto nášho kamaráta.
  (= Nie, to auto mu nepatrí. Patrí nášmu kamarátovi.)

– To sú vaše deti?
– Nie, to sú deti môjho staršieho brata.

– To sú tvoje knihy?
  (= Patria tie knihy tebe?)
– Nie, to sú knihy našej triednej profesorky.
  (= Nie. Knihy patria našej triednej profesorke.)

Cvičenia

24, 25, 26

S. – Komu patrí tá kniha? Tvojmu bratovi?
R. – Áno, to je kniha môjho brata.

S. – To je kniha môjho brata.
R. – Tvojho brata? Nevedel som, že patrí
        tvojmu bratovi.

– Komu patrí to pero? Tvojmu otcovi?
– Áno, to je pero môjho otca.

– Komu patrí tá izba? Tvojej sestre?
– Áno, to je izba mojej sestry.

– Komu patrí tá záhrada? Vášmu susedovi?
– Áno, to je záhrada môjho suseda.

– Komu patrí ten písací stroj?
  Tej mladej úradníčke?
– Áno, to je písací stroj tej mladej úradníčky.

– Komu patrí to auto? Nášmu riaditeľovi?
– Áno, to je auto nášho riaditeľa.

– To je zošit nášho nového študenta.
– Nášho nového študenta? Nevedel som,
  že patrí nášmu novému študentovi.

– To je slovník nášho triedneho profesora.
– Nášho triedneho profesora? Nevedel som,
  že patrí nášmu triednemu profesorovi.

– To je posteľ toho nového pacienta.
– Toho nového pacienta? Nevedel som,
  že patrí tomu novému pacientovi.

– To je auto inžiniera Petra Kováča.
– Inžiniera Petra Kováča? Nevedel som,
  že patrí inžinierovi Petrovi Kováčovi.

S. – Naša univerzita má nové laboratóriá.
R. – Naozaj? To sú laboratóriá našej
univerzity?

– Náš internát má nové ihrisko.
– Naozaj? To je ihrisko nášho internátu?

– Lekárska fakulta má novú knižnicu.
– Naozaj? To je knižnica lekárskej fakulty?

– Ich trieda má nový videorekordér.
– Naozaj? To je videorekordér ich triedy?

– Náš úrad má nového riaditeľa.
– Naozaj? To je riaditeľ nášho úradu?

– Naše hlavné mesto má nového primátora.
– Naozaj? To je primátor nášho hlavného mesta?

– Tá africká krajina má novú zástavu.
– Naozaj? To je zástava tej africkej krajiny?

 POČÚVAJTE, ČO HOVORÍME! **2. pád** **– jednotné číslo** / **bez predložky – II.**
(genitív) – (singulár) / (bez prepozície)

Slovesá (verbá), **ktoré musia mať genitív:**

– Prečo si taký nervózny? Čoho sa bojíš? – Bojím sa písomnej skúšky z fyziky. – Nemusíš sa báť. Nie je veľmi ťažká.	BÁŤ SA
– Nerozumiem tomu príkladu. Koho sa môžem opýtať? – Opýtaj sa našej profesorky. Ja sa jej vždy pýtam, keď niečomu nerozumiem.	(O)PÝTAŤ SA
– Nechceš ovocie? Je dobré. – Teraz nemôžem jesť ovocie. Pred chvíľou som sa napil studeného mlieka.	NAPIŤ SA
– Budeš obedovať teraz alebo neskôr? – Neskôr. Nie som teraz hladný, najedol som sa zeleninovej polievky, mäsa a ryže.	NAJESŤ SA
– Čo sa ti stalo? Prečo si bola u lekára? – Ráno som sa veľmi ponáhľala. Žehlila som a dotkla som sa horúcej žehličky. – Keď som minulý mesiac varil kávu, dotkol som sa horúceho hrnca. Dva týždne to bolelo.	DOTKNÚŤ SA
– Včera boli konzultácie. Prečo si neprišiel? – Mali sme rodinnú oslavu. Dedko sa dožil krásneho veku – 100 rokov.	DOŽIŤ SA

a iné slovesá (verbá).

NA ÚRADE A V KANCELÁRII

Eva potrebuje potvrdenie, že je študentka. Musí ísť na dekanát, na študijné oddelenie. V pondelok mala prednášky, v utorok musela ísť na laboratórne cvičenia. Dnes je streda. Konečne má Eva voľno a môže ísť na dekanát. Na chodbe je ticho a Eva sa teší:
– To je dobre. Nebudem musieť dlho čakať.

Keď prišla k okienku, uvidela na stene tabuľku:

STRÁNKOVÉ DNI	ÚRADNÉ HODINY
pondelok	8–12, 15–18 h
utorok	8–12 h
streda	voľný deň
štvrtok	8–12 h
piatok	8–10 h

– Práve dnes, keď mám voľno, nie je stránkový deň. Ak zajtra nepôjdem na prednášku, môžem prísť sem. Aj tak sa už otec bude hnevať, že nemám potvrdenie o štúdiu.

Pred dverami s nápisom „Oddelenie pasov a víz" stojí asi dvadsať ľudí. Peter stojí na konci radu a čaká. Jeho pas je platný len do konca mesiaca. Musí si dať predĺžiť platnosť pasu. Potrebuje aj nejaké informácie o ceste do cudziny.

Prichádza jedna stará pani. Najprv ide k pultu a berie si formuláre. Potom chce čítať papier s informáciami, ktorý visí na stene, ale nevidí dobre. Pýta sa Petra:
– Mladý pán, môžete mi pomôcť? Zabudla som si okuliare a neviem, čo potrebujem, keď chcem cestovať do cudziny.
– Najprv musíte vyplniť tento formulár, – hovorí Peter. – To je žiadosť o cestovný pas. Tam musíte napísať meno, dátum a miesto narodenia a bydlisko. Potom štát, do ktorého chcete cestovať atď. Ak chcete, vypíšem vám formulár. Máte občiansky preukaz?
Peter sa pozerá na tabuľku na stene a pokračuje:
– Potrebujete aj fotografie a kolok.

– To je škoda. Nemám tu ani fotografie, ani kolok. Musím prísť na budúci týždeň. Kedy sú stránkové dni?
– Každý deň okrem štvrtka. V pondelok pracujú aj poobede.
– Môžete mi ešte povedať, kde dostanem kolok?
– Kolok si môžete kúpiť v novinovom stánku, v predajni tabaku alebo na každom poštovom úrade.
– Ďakujem vám, ste veľmi milý.
– Dovidenia!
Z kancelárie práve vyšiel jeden muž a celý rad ide o krok dopredu.
– No, to budem čakať ešte aspoň hodinu! Keby som mal noviny alebo knihu, mohol by som čítať.

KOĽKO JE HODÍN?   minút?   sekúnd?

| `01:00` | `13:00` | `01:01` | `01:01` `01` |

Je jedna hodina   ...jedna minúta   ...jedna sekunda

| `02:00` | `14:00` | `02:02` | `02:02` `02` |

Sú dve hodiny   ...dve minúty   ...dve sekundy
tri hodiny   ...tri minúty   ...tri sekundy
štyri hodiny   ...štyri minúty   ...štyri sekundy

| `05:00` | `17:00` | `05:05` | `05:05` `05` |

Je päť (sedemnásť) hodín   ...päť minút   ...päť sekúnd
šesť (osemnásť) hodín   ...osem minút   ...desať sekúnd

Koľko je hodín?

Je osem hodín,
dvanásť minút a
tridsať sekúnd.

Bolo dvadsaťtri hodín,
deväť minút a
štyridsať sekúnd.

Kedy...? o + 6. pád (lokál)

...o ôsmej hodine,
dvanástej minúte a
tridsiatej sekunde.

...o dvadsiatej tretej hodine,
deviatej minúte a
štyridsiatej sekunde.

Príklady

Kedy odchádza expresný autobus do Martina?
Prvý autobus odchádza o piatej hodine, druhý o piatej hodine a dvadsiatej minúte.

Kedy štartovalo lietadlo z Moskvy?
Lietadlo štartovalo o štrnástej hodine a desiatej minúte.

Kedy budú správy?
Správy budú o devätnástej hodine a tridsiatej minúte. Nočné správy budú o dvadsiatej druhej hodine.

Koľko je hodín? Kedy...?

 Je ......, 15/ štvrť
Je štvrť / O štvrť
na jednu
na dve
na tri
na jedenásť
na dvanásť

 ......, 30/pol
Je pol / O pol
jednej
druhej
tretej
jedenástej
dvanástej

 ......, 45/trištvrte
Je trištvrte / O trištvrte
na jednu
na dve
na tri
na jedenásť
na dvanásť

`07:15` Je štvrť na **osem**.

`07:30` Je pol **ôsmej**.

`07:45` Je trištvrte na **osem**.

 ## POČÚVAJTE, ČO HOVORÍME! SA = jeden druhého **4. pád**
jedna druhú (akuz.)

KOHO stretáva Ivan často?

KOHO stretáva Peter často?

Ivan často stretáva Petra.

Peter často stretáva Ivana.

IVAN A PETER **SA STRETÁVAJÚ** ČASTO.

Príklady

Eva často navštevuje Máriu.
Mária často navštevuje Evu.
} Eva a Mária sa navštevujú často.

Karol často vidí Dušana.
Dušan často vidí Karola.
} Karol a Dušan sa vidia často.

Peter drží Evu za ruku.
Eva drží Petra za ruku.
} Peter a Eva sa držia za ruky.

Dcéra pobozkala matku.
Matka pobozkala dcéru.
} Dcéra a matka sa pobozkali.

 ## POČÚVAJTE, ČO HOVORÍME! SI = jeden druhému **3. pád**
jedna druhej (datív)

KOMU dáva Ivan dar?

KOMU dáva Mária dar?

Ivan dáva dar Márii.

Mária dáva dar Ivanovi.

IVAN A MÁRIA **SI DÁVAJÚ** DARY.

Príklady

Syn píše otcovi list.
Otec píše synovi list.
} Syn a otec si píšu listy.

Eva telefonuje Katke.
Katka telefonuje Eve.
} Eva a Katka si telefonujú.

Ján podáva ruku Jozefovi.
Jozef podáva ruku Jánovi.
} Ján a Jozef si podávajú ruky.

Miro mi posiela pohľadnice.
Ja posielam Mirovi pohľadnice.
} Posielame si pohľadnice.

VŠIMNITE SI! Predložky s dvomi pádmi – 4. pád   a 6. pád – I.
(akuzatív) a (lokál)

KAM chodí Eva?

KDE študuje Eva?   **NA**

Eva chodí na univerzitu.

Eva študuje na univerzite.

KAM pôjdeš so mnou?

KDE sa budeme prechádzať?   **PO**

Pôjdem s tebou po park.

Budeme sa prechádzať po parku.

Príklady

KAM? (akuzatív)
– Kam ideš? Ideš na stanicu?
– Musím ísť na poštu.
– Poďte na futbalový štadión!
– Pôjdete na koncert?
– Mám málo času. Pôjdem s tebou
len po obchodný dom,
– Išli sme spolu po námestie.
– V septembri pricestovali
na Slovensko noví študenti.

KDE? (lokál)
– Budeš dlho na stanici?
– Včera som bol tiež na pošte.
– Na futbalovom štadióne dnes hrajú futbal.
– Dnes nie. Včera som bol na koncerte.

...ale nemôžem s tebou chodiť po obchodnom dome.
– Prechádzal som sa po námestí a čakal som na priateľa.
– Všetci budú študovať na Slovensku.

ZAPAMÄTAJTE SI!

Keby si nepotreboval peniaze, neposielal by si telegram.
Chcel by som taký krásny videorekordér. Chcel by som moped.
Ak vyhrám, kúpim si videorekordér. Ak vyhrám, kúpim si moped.
Ak nepôjdem na prednášku, môžem ísť na študijné oddelenie.
Keby som mal noviny alebo knihu, mohol by som čítať.

VŠIMNITE SI! Predložky s dvomi pádmi – 4. pád a 7. pád – II.
(akuzatív) a (inštrumentál)

KAM dáme obraz?   KDE visí obraz?   **NAD**

– Dáme obraz nad kreslo alebo   – Myslím, že keď visí nad skrinkou, je to krajšie.
  nad skrinku?
– Môžem zavesiť ten obraz nad   – Nie. Nad tabuľou visí obraz prezidenta a štátny znak.
  tabuľu?

KAM dávaš knihu?   KDE je moja kniha?   **POD**

– Dávam knihu pod nohu stola.   – Tvoja kniha je pod nohou stola. Vidíš?
  Stôl stojí krivo.
– Daj tanierik pod šálku!   – Mám tanierik pod šálkou. Pozri!
– Sadnime si pod ten strom.   – Dobre. Pod stromom je voľná lavica.

KAM príde taxík?   KDE čaká taxík?   **PRED**

– Taxík práve prichádza pred   – Taxík už je tu. Čaká pred našou školou. Ponáhľajte sa!
  našu školu.
  Povedal som kamarátovi:
– Príď pred hlavnú stanicu!   – A prišiel?
                                  – Áno. Čakal pred hlavnou stanicou.

KAM si musí sadnúť Zuzka?   KDE sedí Zuzka?   **MEDZI**

– Zuzka, sadni si medzi otecka
  a mamičku!

– To je pekná fotografia. Kto sedí medzi oteckom a mamičkou?
  Zuzka?

– Môžem postaviť vázu medzi
  rádio a televízor?

– Nie, nedávaj ju tam!
  Medzi rádiom a televízorom je málo miesta.

– Môžem prísť autom medzi
  školu a kino?

– Nie. Medzi školou a kinom nemôžete parkovať!

VŠIMNITE SI!   **Predložka ZA s tromi pádmi – 4. pád, 7. pád, 2. pád – III.**
                     (akuz.), (inštr.), (gen.)

KAM sa idú chlapci skryť?   KDE sú chlapci?   **ZA**

Ivan sa ide skryť za lavicu,
Miško sa ide skryť za dom,
Paľo sa ide skryť za strom,
Jožko sa ide skryť za auto,
Jarko sa ide skryť za garáž.

– ...deväť, desať, hotovo! Idem.

Aha, už vás vidím.
Ivan je za lavicou,
Miško je za domom,
Paľo je za stromom,
Jožko je za autom,
Jarko je za garážou!

– Nemôžem nájsť mapu.
  Kam ju dal Peter?
– Peter ju včera dal za skriňu.

– Naozaj. Mapa je tu za skriňou.

– Kam dáme stôl a stoličky?
  Pred dom alebo za dom?

– Myslím, že je lepšie sedieť za domom. Tam je tichšie.

– Kam si postavil bicykel?
– Postavil som ho za náš dom.

– Už som ti hovoril, že bicykel nemôže stáť za naším domom.
  Daj ho na dvor!

KEDY...? ZA + 2. pád (genitív)

– Môj starý otec býval v Prahe **za druhej svetovej vojny.**
– Naozaj? Aj môj starý otec býval v Prahe, **keď bola druhá svetová vojna.**

– **Za môjho štúdia** sme mali skúšku z fyziky v 1. ročníku.
– **Keď som ja študoval,** bola skúška až v 2. ročníku.

– **Za nášho detstva** ešte neboli farebné televízory.
– To je pravda. **Keď sme boli deti,** boli len čierno-biele televízory.

– Čo vybudovali v Prahe **za kráľa Karla IV.** (štvrtého)?
– **Keď žil** (vládol) **kráľ Karol IV.** (štvrtý), vybudovali v Prahe most a univerzitu.

POZOR!

- **Predložky** (prepozície) NA / PO / NAD / POD / PRED / MEDZI / ZA **majú vždy 4. pád** (akuzatív), **keď sa pýtame** KAM...?
- **Keď sa pýtame** KDE...?, **používame 6. pád** (lokál) **alebo 7. pád** (inštrumentál).
- **Predložka** (prepozícia) ZA + **2. pád** (genitív) **hovorí vždy o čase, nie o mieste. Odpovedá na otázku** KEDY...?

V NOVOM SUPERMARKETE

Text

Na sídlisku postavili nový veľký obchod. Ľudia sa tešia, že nebudú musieť nakupovať v malých obchodoch alebo prinášať všetko z centra mesta. Teraz budú môcť kúpiť všetko na jednom mieste. V novom obchode budú predávať potraviny: mlieko, maslo, chlieb a pečivo, múku, ryžu, cukor, mäso, syry, zeleninu a ovocie. Obchod bude otvorený denne od šiestej ráno do siedmej večer, v sobotu do druhej poobede. Na budúci mesiac otvoria za rohom ešte bufet a obchod s lahôdkami.

– Kedy otvoria obchod?
– Už zajtra ráno. Už priviezli tovar.

Skoro ráno som šiel nakupovať. Potrebovali sme... Samozrejme, zasa som zabudol lístok, na ktorý manželka napísala všetko, čo potrebujeme.
Už sa pamätám: potrebujeme mlieko, maslo, chlieb, syr, olej a vajíčka. Ale koľko?
Pri vchode som si vzal vozík a chodil som po obchode. Dal som do vozíka dve vrecká mlieka, pol masla, kilo chleba, fľašu oleja a desať vajíčok. Ale kde je syr? Aha, tam vzadu! Tam je pult, kde predávajú syry.

Potom som šiel k pokladnici. Zaplatil som a ponáhľal som sa domov.
– Tak rýchlo si sa vrátil? – čudovala sa manželka. – Nezabudol si nič? Veď si doma nechal lístok.

Mladá žena robí veľký nákup. Nakupuje všetko pre rodinu na celý mesiac. Už kúpila tri kilá múky, tri kilá kryštálového a dve kilá kockového cukru, dve fľaše oleja, dve fľaše vína, desať deka kávy...
Vozík je už skoro plný, ale ešte potrebuje nejaké konzervy, kompót, keksy a čokoládu. Kúpila tiež bonboniéru pre svoju matku.
Pokladníčka počíta a počíta a hovorí:
– Máte veľký nákup. To všetko neodnesiete.
– To nič. Vonku čaká manžel s autom. Prosím vás, môžete mi zabaliť
bonboniéru? Potrebujem ju ako dar. A prosím, môžete mi zomlieť kávu?
– Tam vľavo sú elektrické mlynčeky. Nech sa páči, zomeľte si kávu a ja vám zatiaľ zabalím bonboniéru.

– Prosím si 10 deka salámy.

– Jedno trvanlivé mlieko a syr.

– Zeleninu do polievky, prosím!

– Vcelku alebo pokrájať?
– Prosím si pokrájanú salámu.

– Stačí taký kus?
– Áno, to stačí.
– Prajete si ešte niečo?

– Vezmite si ešte mrazené jahody. Pozrite, aké sú krásne!

POČÚVAJTE, ČO HOVORÍME! 2.pád / bez predložky – III.
(genitív) / (bez prepozície)

Máme (chlieb)?

Je tu (chlieb)?

– Janko, pozri sa, či máme
 chlieb!

– V komore nie je chlieb,

...v kuchyni tiež nie je chlieb.

Koľko (chleba) máme?

– Mami, v zásuvke je celý chlieb. Je to dosť chleba? A v košíku je tiež
 kus chleba.
– Dobre, na dnes máme dosť. Ale zajtra je nedeľa, to bude málo chle-
 ba. Prinesiem ešte dve kilá chleba a pečivo.

...ale tu je chlieb!
V zásuvke je celý chlieb.

KOĽKO...?

Na stole je peceň
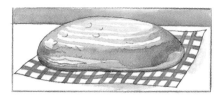
chleba.

V košíku je polovica

chleba.

Na tanieri je krajec

chleba.

Na zemi leží kus

chleba.

Prosím si kilo

chleba.

Ráno je v obchode veľa chleba.

Večer je v obchode už málo chleba.

Máme… / Je tu…

…kockový cukor?

Máme… / Je tu… trochu

…kockového cukru.

Máme… / Je tu…

…kryštálový cukor?

Máme… / Je tu… málo

…kryštálového cukru.

Máme… / Je tu…

…práškový cukor?

Máme… / Je tu… dosť

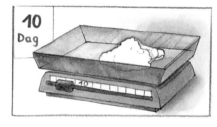

…práškového cukru.

KOĽKO…?

Prosím si lyžičku

kryštálového cukru.

Vezmem si dve kocky

kockového cukru.

Potrebujem 10 deka

práškového cukru.

POZOR!

- **Vždy, keď odpovedáme na otázku** KOĽKO?
  (keď hovoríme množstvo), **používame 2. pád** (genitív)!

- **Slová, ktoré nemôžeme počítať** (nepočítateľné slová),
  používame v 2. páde jednotného čísla
  (v genitíve singuláru)!
  Napríklad: cukor, olej, ryža, mäso...

- **Slová, ktoré môžeme počítať** (počítateľné slová),
  používame v 2. páde množného čísla
  (v genitíve plurálu)!

Príklady

– Nechceš mlieko? Je tam v chladničke.
– Ďakujem, už som sa napil.
– Vypil si celé mlieko?
– Nie. Vypil som iba dva poháre mlieka.

– Prosíte si kávu?
– Ďakujem, nie. Práve som vypil šálku kávy.

– Máme doma nejaké ovocie?
– Áno, na stole je celá misa ovocia a v chladničke
  je tiež vrecko ovocia. Máme naozaj dosť ovocia.

– Večer prídu hostia. Máme nejaké víno?
– Myslím, že v komore je ešte fľaša bieleho vína,
  ale prinesiem ešte fľašu červeného (vína),
  dobre?

– Rád by som jedol niečo sladké. Máme niečo?
– Pravdaže. Od včera zostala ešte polovica ovoc-
  nej torty.

– Je polievka dobrá?
– Je výborná, ale myslím, že do nej treba dať tro-
  chu soli.

– Môžem si vziať ešte jeden tanier zeleninovej
  polievky?
– Samozrejme. Máme jej dosť. Na variči je ešte
  celý hrniec zeleninovej polievky.

– Stará mama mi upletie nový sveter.
– Máš už vlnu?
– Nie. Musím kúpiť štyridsať deka nejakej peknej
  čistej vlny.

Cvičenie

Predavač: – Čo si želáte?
Zákazník: – Prosím si chlieb.
Predavač: – Aký chlieb si želáte?
Zákazník: – Prosím si biely chlieb.
Predavač: – Koľko chleba si želáte?
Zákazník: – Dajte mi kilo bieleho chleba.

Do dialógu doplňte:

biely chlieb / čierny chlieb	– polovica
svetlé pivo / tmavé pivo	– fľaša
biele víno / červené víno	– liter
mäkký syr / tvrdý syr	– 10 deka
pomarančová šťava / citrónová šťava	– pohár
kockový cukor / kryštálový cukor	– pol kila
čerešňový kompót / jahodový džem	– pohár

ZAPAMÄTAJTE SI!

Žena prosí predavačku: – „Zabaľte mi, prosím, bonboniéru!"
Žena prosí predavačku, aby jej zabalila bonboniéru.

Žena prosí pokladníčku: „Zomeľte mi, prosím, kávu!"
Žena prosí pokladníčku, aby jej zomlela kávu.

KUPUJEM, KUPUJEŠ, KUPUJE... (v obchodoch)

Už zasa mám pokazené pero, nepíše mi ceruzka, mám málo lepidla a atramentu. Potrebujem zošit, blok, gumu... Pozriem sa do nového papiernictva v susednej ulici. Dúfam, že tam dostanem všetko.
Našťastie tam nie je nikto. Som sám pri pulte.

– Prosím si dva zošity, veľký blok, fľašu atramentu, fľašu lepidla... Predavačka ma však prerušila.
– Počkajte! Školské potreby sú oproti.

– Jana, ja pôjdem tam doprava, tam sú slovníky. Mám kúpiť ten nový slovník aj pre teba?
– Môžeš mi ho kúpiť. Ja zatiaľ pôjdem doľava. Pozriem sa, či už dostali novú učebnicu fyziky.
– Dobre. Potom sa zasa stretneme tam v prostriedku. Pozrieme sa, či majú nejaké zaujímavé knihy...

Mladá žena pri pulte kupuje nejakú kozmetiku. Potrebuje krém, lak na nechty, nový rúž, farbu na obočie... Predavačka jej ukazuje rôzne výrobky a mladá žena sa nevie rozhodnúť. Nakoniec poprosí predavačku:
– Vyberte mi niečo! Neviem sa rozhodnúť, čo by bolo pre mňa najlepšie. Chcem kúpiť niečo kvalitné, ale nie príliš drahé.

– Môžete mi ukázať tie ružové šaty?
– Nech sa páči, ale myslím, že budú pre vás veľké. Menšie číslo už nemáme.
– To je škoda. Aké sú tie zelené? Máte moje číslo?
– Áno, nech sa páči. Máme aj vašu veľkosť.
– Ach, nie. Tie sú bez rukávov. Máte niečo iné?
– Skúste si tieto ružové. Dostali sme ich iba včera. Choďte tam do kabínky a vyskúšajte si ich. Sú krásne.

Už zasa neviem, aké číslo topánok potrebujem. Potrebujem dvadsaťsedmičky alebo dvadsaťosmičky? Musím si nejaké vyskúšať. Ale ktoré?
Tie sivé poltopánky sú pekné, ale prichádza zima a sú veľmi tenké. Aj tie sandále sú pekné, ale nemám toľko peňazí. Teraz potrebujem čižmy na zimu.

– Aké krásne veci sú tu! Čerstvá zelenina, čerstvé ovocie a tie krásne kvety! Najradšej by som kúpila všetko. Ale pozriem sa, čo potrebujeme doma. Vezmem jedno kura, potom zväzok zeleniny do polievky. Ovocia máme ešte dosť. Ale vezmem si kyticu kvetov do mojej novej vázy.

VŠIMNITE SI!

Nepravidelné skloňovanie – PANI – I.
(iregulárna deklinácia)

samostatne

s menom / s titulom

Na lavičke sedí jedna stará pani.

Na lavičke sedí pani Horová / pani doktorka.

To je vnučka tej starej panej.

To je vnučka pani Horovej / pani doktorky.

Poď, pomôžeme tej starej panej.

Poď, pomôžeme pani Horovej / pani doktorke.

Poznáš tú starú paniu?

Poznáš pani Horovú / pani doktorku?

Budem sedieť pri tej starej panej.

Budem sedieť pri pani Horovej / pani doktorke.

Poď! Musím hovoriť s tou starou paňou.

Poď! Musím hovoriť s pani Horovou / s pani doktorkou.

Cvičenie

11

> S. – Pani profesorka tu nie je. Chceli ste hovoriť s ňou?
> R. – To je škoda. Kedy budem môcť hovoriť s pani profesorkou?

– Pani doktorka tu nie je. Chceli ste ísť k nej?
– To je škoda. Kedy budem môcť ísť k pani doktorke?

– Pani vedúca tu nie je. Chceli ste telefonovať s ňou?
– To je škoda. Kedy budem môcť telefonovať s pani vedúcou?

– Pani asistentka tu nie je. Chceli ste ju poprosiť o konzultáciu?
– To je škoda. Kedy budem môcť pani asistentku poprosiť o konzultáciu?

 VŠIMNITE SI!

Nepravidelné skloňovanie – stredný rod – II.
(iregulárna deklinácia)   (neutrá)

| To je pekné malé | dieťa | dievča | zviera |

| Stojím vedľa pekného malého | dieťa**ťa** | dievča**ťa** | zviera**ťa** |

| Idem k peknému malému | dieťa**ťu** | dievča**ťu** | zviera**ťu** |

| Pozrite sa na to pekné malé | dieťa | dievča | zviera |

Sedím pri tom peknom malom   dieť**ati**   dievč**ati**   zviera**ti**

Hrám sa s pekným malým   dieťa**ťom**   dievča**ťom**   zviera**ťom**

POZOR!

- **Tieto slová** (neutrá na -a/-ä) **obyčajne označujú malé a mladé zvieratá** (niekedy aj rastliny a iné).
  Napríklad:

kura / kurča	= mladá sliepka	kvieťa = malý kvet
teľa	= mladá krava	žieňa = malá / mladá žena
psíča	= malý / mladý pes	vnúča = malý vnuk
holúbä	= malý / mladý holub	atď.

- **Tieto podstatné mená** (substantíva) **majú formy:**

  dieťa
  dievča   }   + **-ť** + **-a/-u/-i/-om** (ako slovo „pole")
  mača

ZAPAMÄTAJTE SI!

Pani Kováčová sa pýta: „Janko, máme chlieb?"
Pani Kováčová sa pýta, či majú chlieb.

VŠIMNITE SI!   **Slovesné predpony – význam**
(verbálne prefixy)

(Nd)   **PRI-**   (D)
PRICHÁDZAŤ   PRÍSŤ
prichádzal   prišiel
prichádza   –
bude prichádzať   príde

– Kto prišiel? Peter alebo Eva?
– Eva ešte neprišla. Peter prišiel.
– Tak skoro? Peter obyčajne prichádza neskôr.

ODCHÁDZAŤ odchádzal odchádza bude odchádzať	**OD-**		**ODÍSŤ** odišiel – odíde	

– Neodchádzajte ešte! Riaditeľ chce hovoriť s vami!
– Prepáčte, ale dvaja študenti už odišli.

PRECHÁDZAŤ prechádzal prechádza bude prechádzať	**PRE-**		**PREJSŤ** prešiel – prejde

– Celá trieda prechádza cez križovatku, ale nevidím Janka. Kde je?
– Tam, na druhej strane. Janko už prešiel.

VYCHÁDZAŤ vychádzal vychádza bude vychádzať	**VY-**		**VYJSŤ** vyšiel – vyjde

Film sa skončil. Všetci ľudia vychádzajú z kina.
Výťah nefungoval. Keď sme vyšli na dvanáste poschodie, boli sme unavení.

VCHÁDZAŤ vchádzal vchádza bude vchádzať	**V-/VO-**		**VOJSŤ** vošiel – vojde

– Prosím, vchádzajte rýchlejšie! O chvíľu sa začne film. Potom už nikto nemôže vojsť.

SCHÁDZAŤ – / (sa) schádzal schádza bude schádzať	**S-/Z-**		**ZÍSŤ – / (sa)** zišiel – zíde

– Zuzka, dávaj pozor! Schádzaj pomaly po schodoch!
– A Janko už zišiel.
– V klubovni sa schádzajú mladí ľudia. O chvíľu sa začne diskotéka.

OBCHÁDZAŤ   **OB-**
   obchádzal
   obchádza
  bude obchádzať

OBÍSŤ
  obišiel
  –
  obíde

– Nemôžeme prejsť priamo cez námestie. Musíme ho obísť.
– Viem. Už niekoľko dní obchádzame námestie (= okolo námestia).

• • • TO UŽ VIEME! • • • • • • • • • • • • • •

Predpony s inými slovesami pohybu
(prefixy)

Čo hovorila Šírín? Počúvajte!
– Odcestovala som do Prahy.
– Musela som odletieť dvadsiateho, lebo…
– Do Bagdadu priletelo lietadlo presne.
– Otecko ma odviezol autom domov.
– V Káhire som musela prestupovať.
– Ráno som z Prahy odcestovala autobusom.
– …precestovala som východné Čechy a Moravu.
– Okolo obeda som pricestovala do Bratislavy.

NA NÁVŠTEVE

Pani Horáková pozvala svojich priateľov Kováčovcov na návštevu. Chcela im ukázať nový dom, ktorý si postavili na dedine. Kováčovci prišli v nedeľu poobede vlakom. Pani Horáková ich chcela čakať na stanici, ale Janko povedal:
– Netreba, už som tu bol. Poznám cestu. Nie je to ďaleko.

Zo stanice išli najprv rovno, prešli cez malé námestie a zabočili doprava. Janko povedal:
– Vidíte, ideme dobre. Tam hore pred nami je hrad, o ktorom som vám rozprával. Ešte kúsok a sme tam.
Išli a išli už aspoň štvrť hodiny a stále ešte neboli u Horákovcov.
  Otec povedal:
– Janko, myslím, že už ideme príliš dlho. Vždy si hovoril, že to nie je ďaleko. Ideme správnou cestou? Tam ide jeden pán, opýtam sa ho.

– Prepáčte, prosím, kde je Poľná ulica?
– To nejdete dobre, – povedal pán. – Musíte sa vrátiť o tri ulice späť a potom pri obchode zabočiť doľava. Poďte so mnou. Idem tiež tým smerom. Ku komu idete, ak sa smiem opýtať?
– K pánu Horákovi.
– Výborne. Som sused pána Horáka.
A o chvíľu boli na mieste.

Uvideli pekný dom. Horákovci ich už čakali.
– Vitajte! Už dlho vás čakáme. Prečo idete tak neskoro? Meškal vlak?
– Nie, – povedal pán Kováč, – Janko zablúdil. Váš sused nás priviedol sem.
Pán Horák sa zasmial a povedal:
– Keď som bol po prvýkrát u vás v meste, tiež som zablúdil. No poďte, ukážem vám náš dom.
Pani Kováčová priniesla peknú vázu ako dar. Pani Horáková sa tešila, ale hovorila:
– To ste skutočne nemali. Načo si robíte starosti?

Dom bol pekný, moderný. Aj záhrada okolo neho bola krásna a plná kvetov, stromov a zeleniny. Hore bola veľká terasa, pod ňou garáž, ale pán Horák povedal, že ešte nemajú auto.

Pani Horáková pripravila malé občerstvenie. Všetci jedli obložené chlebíčky, koláče a pili kávu a limonádu. Potom sedeli v záhrade. Muži hrali karty a ženy sa rozprávali. Zuzka sa hrala a trhala kvety. Katka s Evou boli v izbe a počúvali nové platne a kazety.
Bolo to príjemné popoludnie a všetci ľutovali, že tak rýchlo ubehlo.

VŠIMNITE SI!   Tvrdé a mäkké prídavné mená
(adjektíva)

tvrdé	mužský rod (maskulína)		mäkké
To je môj malý brat	= -ý	≃ -í	môj starší brat
Mám list od môjho malého brata	= -ého	≃ -ieho	môjho staršieho brata
Idem k môjmu malému bratovi	= -ému	≃ -iemu	môjmu staršiemu bratovi
Stretol som môjho malého brata	= -ého	≃ -ieho	môjho staršieho brata
Hovorím o mojom malom bratovi	= -om	≃ -om	mojom staršom bratovi
Rozprávam sa s mojím malým bratom	= -ým	≃ -ím	mojím starším bratom

ženský rod
(feminína)

To je moja malá sestra	= -á	ˇ= -ia	moja staršia sestra
Mám list od mojej malej sestry	= -ej	ˇ= -ej	mojej staršej sestry
Idem k mojej malej sestre	= -ej	ˇ= -ej	mojej staršej sestre
Stretol som moju malú sestru	= -ú	ˇ= -iu	moju staršiu sestru
Hovorím o mojej malej sestre	= -ej	ˇ= -ej	mojej staršej sestre
Rozprávam sa s mojou malou sestrou	= -ou	ˇ= -ou	mojou staršou sestrou

stredný rod
(neutrá)

To je malé okno	= -é	ˇ= -ie	väčšie okno
Sedím vedľa malého okna	= -ého	ˇ= -ieho	väčšieho okna
Sedím oproti malému oknu	= -ému	ˇ= -iemu	väčšiemu oknu
Pozerám sa cez malé okno	= -é	ˇ= -ie	väčšie okno
Stojím pri malom okne	= -om	ˇ= -om	väčšom okne
Stojím pred malým oknom	= -ým	ˇ= -ím	väčším oknom

POZOR!

- **Mäkké prídavné mená** (adjektíva) **majú pred koncovkou mäkkú spoluhlásku** (mäkký konsonant)! tretí, -ia, -ie / cudzí, -ia, -ie / vyšší, -ia, -ie atď.

- **Krátke koncovky sú pri tvrdých a mäkkých prídavných menách** (adjektívach) **rovnaké:**
  malom – väčšom, peknou – krajšou, starej – staršej.

- **Dlhé koncovky sa menia takto:**
  -á – -ia / -é – -ie / -ú – -iu / -ý – -í / -ého – -ieho / -ému – -iemu.

VŠIMNITE SI!

Privlastňovacie prídavné mená (Mž) -ov / -ova / -ovo – I.
(posesívne adjektíva)

ČÍ je (dom)?	To je	OTCOV	(dom).	-ov (Mž/Mn)
ČIA je (kniha)?	To je	OTCOVA	(kniha).	-ova (F)
ČIE je (auto)?	To je	OTCOVO	(auto).	-ovo (N)
KOMU PATRÍ oblek? Bratovi.	To je	BRATOV	oblek.	
košeľa? Bratovi.		BRATOVA	košeľa.	
sako? Bratovi.		BRATOVO	sako.	

Príklady

– Kde má Janko zošit?
– Jankov zošit je v aktovke.

– Bývate v dome vášho otca?
– Áno, bývame v otcovom dome.

– Má Jozef brata?
– Áno, ale nepoznám Jozefovho brata.

– To je kreslo, ktoré patrí dedkovi, pravda?
– Áno, to je jeho kreslo. Rád sedím v dedkovom kresle.

– Prečo píšeš perom tvojho kamaráta?
– Píšem kamarátovým perom, pretože moje je pokazené.

– Aká krásna záhrada je tu vedľa!
– Ešte si nevidel susedovu záhradu? Je skutočne pekná.

– To je tvoje mydlo?
– Nie, ja tu nemám mydlo. To mydlo patrí Ivanovi.
– Môžem sa tiež umyť Ivanovým mydlom?

– Môžem zapnúť magnetofón, ktorý si kúpil tvoj kolega?
– Nie, nezapínaj kolegov magnetofón. Bude sa hnevať.

– Kde sú dnešné noviny?
– Niekde som ich videl. Pozri sa v otcovej alebo v Petrovej izbe.

– Už ste sa učili Archimedov zákon?
– Áno, už sme sa ho učili. Aj Pytagorovu vetu sme sa učili.

– Čo sa učíš? Fyziku?
– Áno, musím sa naučiť Newtonove zákony.

– Kde bývate? Na Jakubovom námestí?
– Nie, už sme sa odsťahovali z Jakubovho námestia. Teraz bývame na Štúrovej ulici.

– Tvoj kamarát študuje v Košiciach?
– Nie, študuje v Prahe. Na Karlovej univerzite.

VŠIMNITE SI!

Privlastňovacie prídavné mená (F) -in / -ina / -ino – II.
(posesívne adjektíva)

ČÍ je (dom)?	To je	MATKIN	(dom).	-in (Mž/Mn)
ČIA je (kniha)?	To je	MATKINA	(kniha).	-ina (F)
ČIE je (auto)?	To je	MATKINO	(auto).	-ino (N)
KOMU PATRÍ časopis? Sestre.	To je	SESTRIN	časopis.	
taška? Sestre.		SESTRINA	taška.	
rádio? Sestre.		SESTRINO	rádio.	

Príklady

– Včera sme boli v záhrade mojej tety.
– Často chodíte do tetinej záhrady?

– Musím ísť do kancelárie našej triednej
profesorky.
– Čo budeš robiť v profesorkinej kancelárii?

– Eva si včera kúpila knihu. Je pekná?
– Neviem, ešte som nevidel Evinu knihu.

– Včera som vás videla v izbe, kde býva Jana.
– Áno, niekedy sa učíme v Janinej izbe.

– Vaša stará mama často pečie, pravda?
– Áno. Babkin koláč a babkina torta sú najlepšie
na svete.

– Mami, môžem počúvať Evino rádio?
– Áno, ale dávaj pozor! Nepokaz ho!

– Poznáš manžela našej novej kolegyne?
– Áno. Včera som hovorila s kolegyniným
manželom.

– Prečo ste volali políciu?
– Predstavte si, niekto ukradol manželkin
bicykel!

– Kto ti to povedal? S kým si sa rozprával?
– Rozprával som sa s riaditeľkinou sekretárkou.

– To je Máriin slovník?
– Nie Máriin. To je Vierin slovník.

▼ **POZOR!**

- **Privlastňovacie prídavné mená** (posesívne adjektíva)
môžeme tvoriť zo substantív, ktoré označujú osoby.
Nemôžeme napríklad utvoriť taký tvar zo slova „Kováčová",
pretože to je prídavné meno (adjektívum)!

- **Privlastňovacie prídavné mená** (posesívne adjektíva)
tvoria len substantíva (Mž) **a** (F)!
Napríklad: slovo „dieťa", „dievča" musíme použiť v genitíve!

- **Privlastňovacie prídavné meno** (posesívne adjektívum)
tvorí len jedno slovo!
Muž má auto. – To je **mužovo** auto.
Mladý muž má auto.   – To je auto **mladého muža.** (gen.)

- **Privlastňovacie prídavné mená** (posesívne adjektíva)
majú rovnaké formy ako privlastňovacie zámená
(posesívne prononimá) – to je „môj / tvoj / náš / váš"!
...z náš**ho** domu...   – ...z otcov**ho** domu...
...v naš**om** dome...   – ...v otcov**om** dome...
...k náš**mu** domu...   – ...k matkin**mu** domu...
...v naš**ej** izbe...   – ...v matkin**ej** izbe...

🐘 **POČÚVAJTE, ČO HOVORÍME!** Zmena vidu aj významu slovesa
(aspektu)   (verba)

vypísal som	(nové slová z textu)
prepísal som	(text z knihy do zošita)
odpísal som	(na jeho list = odpovedal som listom)
opísal som	(čo sme videli na exkurzii)
podpísal som	(list a pohľadnicu)

Písal som dlho. Keď **som napísal** všetko, išiel som do kina.
(Nd)   (D)

POZOR!

- **Všetky slovesá** (verbá) **hovoria, že som** PÍSAL!

- **Rozdiel medzi** PÍSAL SOM **a** NAPÍSAL SOM
  je len vo vide (aspekte), **ale význam je rovnaký!**

- **Rozdiel medzi** PÍSAL SOM **a** VYPÍSAL SOM
                                PREPÍSAL SOM
                                ODPÍSAL SOM
                                OPÍSAL SOM
                                PODPÍSAL SOM atď.
  je vo vide (aspekte), **ale aj vo význame!**
  Každé nové dokonavé sloveso (D-verbum) **má aj nový,
  presnejší význam!**

- **Vidíme, že** písať – napísať   (Nd) → (D) (ale rovnaký význam)
                   písať – prepísať (Nd) → (D) (ale nový význam)
                            vypísať
                            odpísať
                            opísať
                            podpísať
                            atď.

Príklady

REZAŤ (režem)

Odrezal som
kus chleba.

Vyrezal som
z jablka jadrovník.

Rozrezal som
chlieb (mám dve polovice).

Prerezal som
motúz a otvoril som balík.

LIAŤ (lejem)

Prelial som
mlieko z veľkého pohára
do malého.

Rozlial som
atrament po obruse.

Vylial som
špinavú vodu do umývadla.

Odlejte
trocha vody, potrebujeme len
1 liter.

Cvičenia   Opakujeme jednotné číslo (singulár)

12, 13, 14, 15, 16, 17

S. – Boli ste v novom parku?
R. – Áno, teraz sme sa vrátili z nového parku.

S. – Boli ste v školskej jedálni?
R. – Áno, teraz sme sa vrátili zo školskej
    jedálne.

– Boli ste na školskej exkurzii?
– Áno, teraz sme sa vrátili zo školskej
  exkurzie.

– Boli ste na lekárskej fakulte?
– Áno, teraz sme sa vrátili z lekárskej fakulty.

– Boli ste v jazykovom laboratóriu?
– Áno, teraz sme sa vrátili z jazykového
  laboratória.

S. – Pozri, môj brat mi napísal list.
R. – Počula som, že si dostal list od tvojho
    brata.

S. – Pozri, moja sestra mi napísala list.
R. – Počula som, že si dostal list od tvojej
    sestry.

– Pozri, náš triedny profesor mi napísal list.
– Počula som, že si dostal list od nášho
  triedneho profesora.

– Pozri, naša susedka mi napísala list.
– Počula som, že si dostal list od našej
  susedky.

– Pozri, tá pekná slečna z Prahy mi
  napísala list.
– Počula som, že si dostal list od tej peknej
  slečny z Prahy.

S. – Idem na poštu. Poď so mnou!
R. – Pôjdem s tebou až k pošte, ale potom sa
    musím vrátiť.

– Idem do obchodného domu. Poď so mnou!
– Pôjdem s tebou až k obchodnému domu,
  ale potom sa musím vrátiť.

– Idem do Univerzitnej knižnice. Poď so mnou!
– Pôjdem s tebou až k Univerzitnej knižnici,
  ale potom sa musím vrátiť.

– Idem na hlavnú stanicu. Poď so mnou!
– Pôjdem s tebou až k hlavnej stanici,
  ale potom sa musím vrátiť.

S. – Tá váza nemôže stáť na malom stole!
R. – Neviem, kto ju dal na malý stôl. Ja nie!

S. – Ten kufor nemôže byť pod tvojou
    váľandou!
R. – Neviem, kto ho dal pod moju váľandu.
    Ja nie!

– Tá mapa nemôže byť za tabuľou!
– Neviem, kto ju dal za tabuľu. Ja nie!

– To pero nemôže ležať na bielom obruse!
– Neviem, kto ho dal na biely obrus. Ja nie!

– Tá mačka nemôže ležať na našom novom
  koberci!
– Neviem, kto ju dal na náš nový koberec.
  Ja nie!

S. – Tak čo poviete? Je naše hlavné mesto
    pekné?
R. – Včera som chodil po hlavnom meste.
    Je naozaj pekné.

– Tak čo poviete? Je náš nový most dlhý?
– Včera som chodil po novom moste.
  Je naozaj dlhý.

– Tak čo poviete? Je ten obchodný dom
  elegantný?
– Včera som chodil po obchodnom dome.
  Je naozaj elegantný.

– Tak čo poviete? Je zoologická záhrada
  zaujímavá?
– Včera som chodil po zoologickej záhrade.
  Je naozaj zaujímavá.

S. – Tvoj brat je už inžinier?
R. – Áno. Minulý rok sa stal inžinierom.

S. – Eva je už detská lekárka?
R. – Áno. Minulý rok sa stala detskou
    lekárkou.

– Naša susedka je speváčka v opere?
– Áno. Minulý rok sa stala speváčkou
  v opere.

– Pán Kováč je už starý otec?
– Áno. Minulý rok sa stal starým otcom.

– Náš sused je už vdovec?
– Áno. Minulý rok sa stal vdovcom.

TABUĽKA SKLOŇOVANIA (DEKLINÁCIE) – JEDNOTNÉ ČÍSLO (singulár)

PÁD (číslo)(názov)	OTÁZKA	MASKULÍNUM (životné) Adjektívum	MASKULÍNUM (životné) Substantívum	MASKULÍNUM (neživotné) Adjektívum	MASKULÍNUM (neživotné) Substantívum	FEMINÍNUM Adjektívum	FEMINÍNUM Substantívum	NEUTRUM Adjektívum	NEUTRUM Substantívum
1. NOMINATÍV	KTO? / ČO?	-ý / -y / ≃í — ON	1 = / 2 -o / 3 -a	-ý / -y / ≃í — ON	1 = / 2 ≃	-á / -a / ≃ia — ONA	1 =a / ≃a / ≃ia / 3 -áreň / 4 -sť, ≃	-é / -é / ≃ie — ONO	1 -o / 2 -e (-a) / 3 -um / 4 -ie
2. GENITÍV	KOHO? / ČOHO?	-ého / -eho / ≃ieho — NEHO/HO	1 -a / 2 -u / -a?	-ého / -eho / ≃ieho — NEHO/HO	-u / -a?	-ej — NEJ/JEJ	1 -y / ≃e (≃e)	-ého / -eho / ≃ieho — NEHO/HO	1 -a / 2 -a / 3 -ia
3. DATÍV	KOMU? / ČOMU?	-ému / -emu / ≃iemu — NEMU/MU	-ovi	-ému / -emu / ≃iemu — NEMU/MU	-u	-ej — NEJ/JEJ	1 -e / ≃i	-ému / -emu / ≃iemu — NEMU/MU	1 -u / 2 -u / 3 -iu
4. AKUZATÍV	KOHO? / ČO?	= Gen. — NEHO/HO	= Genitív	= Nom. — NEHO/HO	= Nominatív	-ú / -u / ≃iu — ŇU/JU	1 -u / 2 -u / 3 = Nom.	= Nom. — NEHO/HO	= Nominatív
6. LOKÁL	(o) KOM? / (o) ČOM?	-om — ŇOM	-ovi	-om — ŇOM	1 -e / 2 ≃i (k/g/h/ch + -u)	-ej — NEJ	1 ≃e / 2 ≃i	-om — ŇOM	1 -e / 2 -i / 3 → (ko/go/io/um + -u)
7. INŠTRUMENTÁL	KÝM? / ČÍM?	-ým / -ym / ≃ím — NÍM	-om	-ým / -ym / ≃ím — NÍM	-om	-ou — ŇOU	-ou	-ým / -ym / ≃ím — NÍM	1 -om / 2 -om / 4 -im

🎞 NA STANICI
Text

Naše mesto má veľkú modernú železničnú stanicu. V hale je po celý deň mnoho ľudí. Osobné vlaky, rýchliky, medzinárodné expresy po celý deň prichádzajú a odchádzajú. Pred stanicou stoja autobusy, električky a taxíky.

Ľudia, ktorí práve pricestovali, odchádzajú do mesta. Niektorí ľudia si kupujú lístky a miestenky a o chvíľu odcestujú. Niektorí sa prišli rozlúčiť so svojimi priateľmi alebo príbuznými, alebo ich prišli privítať. Cez halu beží jeden muž s kufrom. Pozerá sa na hodiny. „Neskoro!" hnevá sa muž. „Teraz musím čakať." Ide do čakárne.

Pozrime sa, čo tu všetko je! Vpravo je cestovný poriadok a pokladnice, vzadu je bufet a reštaurácia, čakárne a veľké tabule, ktoré ukazujú príchody a odchody vlakov. Vľavo je informačná kancelária.

– Prosím vás, ako mám cestovať do Plzne?
– Teraz odišiel váš vlak. 15.55 ide rýchlik do Prahy. Tam prestúpite, ale budete musieť čakať.
– Nemám priamy rýchlik do Plzne?
– Nie, najlepšie bude, ak pôjdete nočným vlakom. Vezmite si lôžko, vyspíte sa a ráno ste v Prahe. Doobeda okolo jedenástej budete v Plzni.

– Prosím si lístok do Košíc, druhú triedu. Je to miestenkový vlak?
– Áno. Musíte mať aj miestenku.
– Áno, tak si prosím aj miestenku. Do nefajčiarskeho vozňa, prosím.
– V poriadku. Chcete sedieť pri okne?
– Áno, a ak to bude možné, v smere jazdy. Keď sedím chrbtom, je mi niekedy zle.
– Nech sa páči!
– Ďakujem. Prepáčte, nepomýlili ste sa? Ten lístok sa mi zdá byť veľmi drahý!
– Áno, viem. To je rýchlik intercity, a preto je lístok drahší.

Muž, ktorý zmeškal vlak, má teraz štyri hodiny času. Už sa rozhodol. Pôjde do mesta. Vezme si len tašku. Kufor môže nechať na stanici. Pozerá sa, ale všetky skrinky sú obsadené. To nič. Môže si dať kufor do úschovne batožín.
– Kedy si môžem prísť po kufor? – pýta sa.
– Kedy chcete. Úschovňa je otvorená celý deň a celú noc.

Čas v meste rýchlo ubehol. Muž si prezrel nový obchodný dom, vypil si kávu a kúpil si noviny a časopisy na cestu. Jeho vlak je už na štvrtom nástupišti pripravený na odchod. „Dúfam, že vo vlaku je jedálny vozeň," myslí si muž. „Už som hladný ako vlk."

– Osobný vlak do Břeclavi a Brna je na druhom nástupišti priprave-
ný na odchod. Nastúpte! – hlási rozhlas.
– Prepáčte, – pýta sa starý pán, – čo hlásili?
– Staničný rozhlas hlásil, že vlak do Brna je na druhom nástupišti
pripravený na odchod. Rozhlas tiež hlásil, aby ľudia nastúpili.

Stará pani nevidí dobre, čo je napísané na tabuli:
– Prosím vás, môžete mi prečítať, čo je tam napísané?
– Na tabuli je napísané, že rýchlik do Berlína cez Brno a Prahu, kto-
rý má odchod o desiatej hodine a štyridsiatej minúte, mešká dvad-
sať minút.

ZAPAMÄTAJTE SI!

Staničný rozhlas hlásil: „Vlak do Brna je na druhom nástupišti."
Staničný rozhlas hlásil, že vlak do Brna je na druhom nástupišti.
Čo je napísané na tabuli?
Na tabuli je napísané, že rýchlik do Berlína mešká 20 minút.

● ● ●TO UŽ VIEME! Osobné zámená – (Mž / Mn / N) – I.
(personálne pronominá)

s predložkou (s prepozíciou)	**bez predložky** (bez prepozície)
	Je to tvoj starý otec? Áno, to je **ON**.
–	
Bol si u star**ého** otca? Áno, bol som **U NEHO**.	Pýtal si sa star**ého** otca? Áno, pýtal som sa **HO**.
Ideš k star**ému** otcovi? Áno, idem **K NEMU**.	Pomáhaš star**ému** otcovi? Áno, pomáham **MU**.
To je list pre star**ého** otca? Áno, to je list **PRE NEHO**.	Navštívil si star**ého** otca? Áno, navštívil som **HO**.
Hovoríš o star**om** otcovi? Áno, hovorím **O ŇOM**.	–
Pôjdeš so star**ým** otcom? Áno, pôjdem **S NÍM**.	Cestoval si už nov**ým** vlakom? Áno, cestoval som **NÍM**.

POZOR!

● (Mž / Mn / N) **majú rovnaké formy!**

● **Po predložke** (prepozícii) **používame vždy formu s** n-! neho / nemu / ňom / ním

● **Krátke formy** mu, ho **nikdy nie sú na začiatku vety!**

POČÚVAJTE, ČO HOVORÍME! Spojenie predložky a zámena
(prepozície) a (pronomina)

Všimnite si, že používame hlavne spojené formy! Len (Mž / Mn / N)!

To je náš autobus. Môžeme doňho/doň nastúpiť?	(= do neho)
Bol si u Petra? Nie, ešte som nebol uňho nikdy.	(= u neho)
Bol to krásny obraz. Dlho som sa naňho/naň pozeral.	(= na neho)
Brat má narodeniny. Kúpil som preňho/preň pekný dar.	(= pre neho)
Potok je hlboký, neprejdeme cezeň.	(= cez neho)
Koľko si zaplatil za ten kabát? Dal som zaňho/zaň 2 000 Sk.	(= za neho)
Otec je veľmi chorý, musím sa starať oňho/oň.	(= o neho)
Rádio je už opravené. Pôjdeš poňho/poň?	(= po neho)

POČÚVAJTE, ČO HOVORÍME! Osobné zámená / Dôrazové formy – (Mž / N)
(personálne pronominá)

– Opýtal si sa ho?
– Jeho? Samozrejme, jeho som sa opýtal už včera.

2. pád
(genitív)

– Bojím sa nášho nového profesora matematiky.
– Jeho? Jeho sa nemusíš báť. Je prísny, ale nie je zlý.

– Všimol si si toho mladého muža?
– Jeho? Áno, jeho som si všimol hneď, keď vošiel.

– Poslal si pozvánku každému členovi?
– Áno, poslal som pozvánku každému.
– Aj Ivanovi?
– Jemu nie. Nevedel som jeho adresu. Jemu dám pozvánku osobne, keď príde.

3. pád
(datív)

– Tlieskali ľudia každému hráčovi? Aj Lacovi?
– Samozrejme. Jemu tlieskali najviac, pretože bol najlepší.

– Nezabudli ste gratulovať riaditeľovi? V nedeľu mal narodeniny.
– Nie, nezabudli sme. Jemu sme gratulovali hneď v pondelok ráno.

– Dnes zavolal profesor každého študenta.
– A prečo nezavolal tvojho brata?
– Jeho nezavolal, pretože s ním hovoril už včera.

4. pád
(akuzatív)

– Počul si, čo hovoril?
– Nie. Jeho nikdy nepočujem. Hovorí veľmi ticho.

– Prečo nebol Karol na exkurzii? Videli sme také krásne mestá, hory, rieky.
– Vieš, jeho nezaujímajú mestá ani príroda.
  Jeho zaujíma len futbal.

POZOR!

● JEHO (gen. a akuz.) **a** JEMU (dat.) **používame obyčajne na začiatku vety alebo ako samostatné slovo!**

● **Tieto formy používame len pre osoby, nie pre veci! V neutrách pre slová** „dieťa", „dievča" **a pre zvieratá!**

● **6. a 7. pád** (lokál a inštrumentál) **nemajú osobitné formy, majú len jednu formu** ŇOM / NÍM.

● ● ● ●TO UŽ VIEME!
Osobné zámená – (F) – II.
(personálne pronominá)

s predložkou (s prepozíciou)	bez predložky (bez prepozície)
–	Je to tvoja stará matka? Áno, to je **ONA.**
Bol si u star**ej** matky? Áno, bol som **U NEJ.**	Pýtal si sa star**ej** matky? Áno, pýtal som sa **JEJ.**
Ideš k star**ej** matke? Áno, idem **K NEJ.**	Pomáhaš star**ej** matke? Áno, pomáham **JEJ.**
To je list pre star**ú** matku? Áno, to je list **PRE ŇU.**	Navštívil si star**ú** matku? Áno, navštívil som **JU.**
Hovoríš o star**ej** matke? Áno, hovorím **O NEJ.**	–
Pôjdeš so star**ou** matkou? Áno, pôjdem **S ŇOU.**	Cestoval si nov**ou** električkou? Áno, cestoval som **ŇOU.**

POZOR!

● (F) **má len dve formy** NEJ / ŇU (po predložke) **a** JEJ / JU (bez predložky a na začiatku)!

● (F) **nemá spojené tvary ako** (M/N) (ako napr. doňho)!

Cvičenie
11

S. – Kto hovoril s naším riaditeľom?
R. – Ja som s ním hovoril.

S. – Kto telefonoval starej mame?
R. – Ja som jej telefonoval.

– Kto sedel vedľa mojej sestry?
– Ja som sedel vedľa nej.

– Kto sa pýtal toho pána?
– Ja som sa ho pýtal.

– Kto dal kvety našej novej kolegyni?
– Ja som jej dal kvety.

– Kto pomohol starému mužovi?
– Ja som mu pomohol.

– Kto videl ten nový film?
– Ja som ho videl.

– Kto pripravil obed pre nášho otca?
– Ja som pre neho pripravil obed.

– Kto písal na tom novom stroji?
– Ja som na ňom písal.

– Kto zaparkoval pred našou školou?
– Ja som zaparkoval pred ňou.

POČÚVAJTE, ČO HOVORÍME! Niektoré podstatné mená na ꞊ / = sú – (F) – I.
(substantíva)

– Ako ste cestovali do Komárna? – Loďou. Cesta bola príjemná, je to moderná loď a nebolo na nej veľa ľudí.	LOĎ, -e
– Mamička, nechcem ležať v mojej posteli, môžem ísť do tvojej? – Nie, Zuzka. Musíš ležať vo svojej posteli.	POSTEĽ, -e
– Počúval si predpoveď počasia? Aká bola? – Dobrá. Podľa predpovede bude zajtra pekne.	PREDPOVEĎ, -e
– To je krásna pieseň. Škoda, že nerozumiem slovám. – V tej piesni sa spieva o láske.	PIESEŇ, piesne
– V lete som bol na jednomesačnej praxi v továrni. – Bola zaujímavá? Aj ja pôjdem v lete na prax.	PRAX, -e
– Veľká časť našej Zeme je pokrytá vodou. – Južné Slovensko má dobrú, úrodnú zem (= pôdu).	ZEM, -e
– Učil som sa skoro celú noc. – Ja sa v noci nemôžem učiť.	NOC, -i
– Na Slovensku sú veľké továrne na výrobu obuvi. – Viem, v mnohých krajinách poznajú našu obuv.	OBUV, -i

Ďalšie slová: VEC, -i, MOC, -i, POMOC, -i, SOĽ, -i, MEĎ, -i, PÚŠŤ, -e, SÚŤAŽ, -e, MLÁDEŽ, -e, KRÁDEŽ, -e a iné.

(F) sú napr. aj slová na -áž (pôvodne francúzske):
napríklad: garáž, -e, reportáž, -e, špionáž, -e, masáž, -e, guráž, -e...

 VŠIMNITE SI! **4. pád – množné číslo – (Mn/F/N) – I.**
(akuzatív) – (plurál)

(Mn)	(F)	(N)

– V novinách píšu, že v galérii sú nové obrazy. – Viem. Včera som tie nové obrazy videl.	– Na stole ležia nejaké tri nové knihy. – Áno. Tie tri nové knihy som si kúpil dnes ráno.	– Aké čisté sú okná v obývacej izbe! – Eva včera umyla všetky tri okná.

POZOR! (Mn/F/N)

● **1. pád množného čísla = 4. pád množného čísla**
  (nominatív plurálu)   = (akuzatív plurálu)

Cvičenia
12, 13

S. – Kde sú moje dve šálky? V kuchyni?
R. – V kuchyni som videl dve šálky. Možno sú tvoje.

– Kde sú otcove listy? Na stole?
– Na stole som videl listy. Možno sú otcove.

– Kde sú susedove deti? V parku?
– V parku som videl deti. Možno sú susedove.

– Kde sú tie dve nové študentky? V klubovni?
– V klubovni som videl dve študentky. Možno sú to tie nové.

– Kde sú naše dva autobusy? Pred školou?
– Pred školou som videl dva autobusy. Možno sú naše.

– Kde sú kolegynine kvety? Vo váze?
– Vo váze som videl kvety. Možno sú kolegynine.

– Kde sú naše polievkové taniere? V skrinke?
– V skrinke som videl polievkové taniere. Možno sú vaše.

– Kde sú tie dve trojkorunové známky? V obálke?
– V obálke som videl dve známky. Možno sú trojkorunové.

– Kde sú tie dva čerstvé rožky? V košíku?
– V košíku som videl dva rožky. Možno sú čerstvé.

S. – To sú nové šaty, Eva?
R. – Áno, včera som si kúpila tie nové šaty.

S. – To sú nové pneumatiky, Peter?
R. – Áno, včera som si kúpil tie nové pneumatiky.

S. – To sú tvoje biele rukavice, Jana?
R. – Áno, včera som si kúpila tie biele rukavice.

– To sú tvoje čierne topánky, mama?
– Áno, včera som si kúpila tie čierne topánky.

– To sú nové baterky, Viera?
– Áno, včera som si kúpila tie nové baterky.

– To sú tvoje hnedé nohavice, otecko?
– Áno, včera som si kúpil tie hnedé nohavice.

CESTA

Kováčovci chodia každý rok v zime na dovolenku. Brat pani Kováčovej má pekný dom v malej dedine pod horami. Tam bývajú, oddychujú a lyžujú sa v krásnom okolí dediny.
Všetci sa už dlho tešili na dovolenku a prázdniny. Konečne prišiel ten dlho očakávaný čas. Pani Kováčová celý týždeň pripravovala veci, ktoré potrebovali. Pán Kováč prezeral lyže a topánky a opravil, čo bolo treba. Ešte bolo treba kúpiť novú vetrovku pre Janka a nohavice pre otca. Stará mama uplietla Zuzke nový sveter, šál a rukavice.

Včera poobede zabalila pani Kováčová do kufra veci pre seba, pre manžela, pre Janka a Zuzku. Do druhého kufra dala veci pre Petra. Pán Kováč medzitým kúpil lístky a miestenky a Peter poslal lyže poštou. Eva mala včera poslednú skúšku v zimnom semestri – našťastie ju urobila dobre.

Ráno boli všetci pripravení na cestu...,
...ale Eva, ako obyčajne, ešte nebola hotová. Ráno dlho spala a potom začala baliť.
Aj teraz ešte stojí v izbe a rozmýšľa, ktoré šaty, ktoré topánky si má vziať, ktorý sveter je najkrajší...
Pán Kováč sa už skutočne nahneval:
– Eva, ak nebudeš o päť minút hotová, odídeme bez teba.
A naozaj! O niekoľko minút pred domom zatrúbil taxík. Eva rýchlo nahádzala všetko do kufra. O chvíľu už sedeli vo vlaku.

Peter ich odprevadil na stanicu. Dnes ešte nemôže cestovať. Pozajtra príde za nimi autobusom. Pani Kováčová mu cez okno vagóna ešte hovorí:
– Nezabudni zhasnúť svetlo! Vypni rádio! Zavri vodu a plyn!
– Neboj sa, mami, – hovorí Peter. – Stará mama má kľúč a príde sa každý deň pozrieť do bytu. Tak šťastnú cestu!

Asi o dvanástej sa všetci v jedálnom vozni naobedovali. Cez okno už videli krásne hory a lesy. Všade ležal čistý biely sneh.
Pani Kováčová zaspala, lebo bola veľmi unavená. Zuzka tiež bola ospalá, ale pozerala sa s Jankom cez okno. Eva niečo čítala a pán Kováč na chodbe fajčil.
Kováčovci cestovali priamym rýchlikom a nemuseli prestupovať. Krátky zimný deň sa už končil, keď prišli do cieľa.

Pred stanicou ich čakal brat pani Kováčovej. Srdečne sa zvítali – veď sa nevideli od leta.
– Kde je Peter? – pýtal sa ujo.
– Ešte má nejakú prácu. Pozajtra príde za nami autobusom.
– Tak nastúpte a ideme domov. Anka nás už čaká s večerou.
Po dobrej večeri všetci rýchlo zaspali. A zajtra? Zajtra sa môžu začať polročné prázdniny.

VŠIMNITE SI!

Podstatné mená II. – 4. pád – množné číslo – (Mž)
(substantíva)   (akuzatív) – (plurál)

KTO je to?		KOHO ste stretli?		~ **-ov**
To sú	muži	Stretol som	mužov	
	bratia		bratov	
	synovia		synov	

VŠIMNITE SI! **Prídavné mená – 4. pád – množné číslo – (Mž)**
(adjektíva) – (akuzatív) – (plurál)

		KOHO (ste stretli)?		
	tí	Stretol som **tých**		
dvaja		dvoch		**= -ých**
traja		troch		
štyria		štyroch		
mladí	muži	mladých	mužov	´= -ych
krásni	(bratia)	krásnych	bratov	ˇ -ich
cudzí	(synovia)	cudzích	synov	
moji		mojich		
tvoji		tvojich		
naši		našich		
vaši		vašich		
otcovi		otcových		
matkini		matkiných		
	Stretol som ICH	(bez predložky)		
	Kúpil som lístky pre NICH	(s predložkou)		

POZOR!

- ICH **používame pre všetky podstatné mená** (substantíva) (Mž/Mn/F/N)!

- **Po predložke hovoríme** NICH **len pre** (Mž).
  Pre (Mn/F/N) **používame formu** NE!

Príklady

Mám dvoch bratov.   Kúpil som pre nich knihy.
Mám dve sestry.   Kúpil som pre ne kvety.
Mám tri deti.   Kúpil som pre ne čokoládu.

Tieto dvere sú zamknuté. Nemôžem prejsť cez ne.

– Pamätáš sa na našich spolužiakov?   – Samozrejme, že sa na nich pamätám.
– A pamätáš sa aj na naše spolužiačky? – Pamätám sa. Nezabudol som na ne.

Boli sme v kaviarni a pili sme kávu.
Moji kamaráti zabudli doma peniaze. Musel som zaplatiť za nich.

Večer ideme tancovať, ale najprv pôjdeme po dievčatá. Vždy chodíme po ne.

Cvičenia

14, 15

> S. – Má Ivan len jedného brata?
> R. – Nie, určite má dvoch alebo troch bratov.

– Má pán Nový len jedného syna?
– Nie, určite má dvoch alebo troch synov.

– Majú Horákovci len jedného nového suseda?
– Nie, určite majú dvoch alebo troch nových susedov.

– Má Peter len jedného nového kolegu?
– Nie, určite má dvoch alebo troch nových kolegov.

– Má riaditeľ továrne len jedného zástupcu?
– Nie, určite má dvoch alebo troch zástupcov.

– Máme v triede len jedného výborného študenta?
– Nie, určite máme v triede dvoch alebo troch výborných študentov.

– Má tvoj brat len jedného malého psa?
– Nie, určite má dvoch alebo troch malých psov.

– Má náš predseda len jedného tajomníka?
– Nie, určite má dvoch alebo troch tajomníkov.

> S. – Opravil som všetky úlohy.
> R. – Ale čo! A kedy si ich opravil?
>
> S. – Pripravil som obed pre mojich priateľov.
> R. – Ale čo! A kedy si pre nich pripravil obed?

– Prečítal som tie dve nové knihy.
– Ale čo! A kedy si ich prečítal?

– Urobil som dve ťažké skúšky.
– Ale čo! A kedy si ich urobil?

– Navštívil som mojich chorých priateľov.
– Ale čo! A kedy si ich navštívil?

– Zaplatil som za naše obedy.
– Ale čo! A kedy si za ne zaplatil?

– Videl som dve zaujímavé výstavy.
– Ale čo! A kedy si ich videl?

– Stretol som mojich kamarátov a moje kamarátky.
– Ale čo! A kedy si ich stretol?

– Naučil som sa všetky texty.
– Ale čo! A kedy si sa ich naučil?

POZOR!

Podstatné mená / nepravidelný 1. pád a 4. pád
(substantíva) / (iregulárny nominatív a akuzatív)

● **I. (človek)**
– Kto je ten človek?
– Neviem. Nepoznám toho človeka.

– Kto sú tí ľudia?
– Neviem. Nepoznám tých ľudí.

● **II. (hosť)**
– Kto je ten pán? To je tvoj hosť?
– Áno. Celý týždeň tu budem mať hosťa.

– Kto je to? To sú tvoji hostia?
– Áno. Tento týždeň tu mám hostí/hosťov.

● **III. (peniaz)**
Minca je kovový peniaz, bankovka je papierový peniaz.
Našiel som akýsi starý peniaz.

Staré príslovie hovorí: „Čas sú peniaze."
Stratil som všetky moje peniaze.

● **IV. (deň)**
– Dnes je skutočne krásny deň.
– Som rád, že máme taký krásny deň.

V zime sú dni krátke, v lete sú dlhé.
Ľudia majú radšej dlhé letné dni.

POČÚVAJTE, ČO HOVORÍME! mnohí / niekoľkí – (Mž)

mnohé / niekoľké – (Mn/F/N)

| PRIŠLI VŠETCI (hostia)? | Nie, neprišli všetci, ale mnohí. | (Mž – nom.) |
| | Nie, neprišli všetci, len niekoľkí. | |

POZNÁŠ VŠETKÝCH (spolupracovníkov)? — Nie, nepoznám všetkých, ale mnohých. (Mž – akuz.)
Nie, nepoznám všetkých, len niekoľkých.

SÚ VŠETKY (domy/knihy/autá) nové? — Nie, všetky nie, ale mnohé. (Mn/F/N – nom.)
Nie, všetky nie, len niekoľké.

VIDEL SI VŠETKY (domy/knihy/autá)? — Nie, všetky nie, ale mnohé. (Mn/F/N – akuz.)
Nie, všetky nie, len niekoľké.

Príklady

– Všetci sa už vrátili z mesta?
– Mnohí sa už vrátili, ale niekoľkí sú ešte v meste.

– Vyskúšal už profesor všetkých študentov?
– Mnohých už vyskúšal, ale niekoľkých bude skúšať zajtra.

– Rozumiete všetkým vetám v texte?
– Mnohým už rozumiem, ale všetkým ešte nie.

– Ako sa vám páčili nové piesne?
– Niektoré z nich boli celkom pekné, ale nie všetky.

HOVORÍ PETER KOVÁČ

„Práve pristálo lietadlo ČSA, linky OK 215 z Prahy..."
Najnetrpezlivejšia je Zuzka:
– Aha, tam je Peter, už ho vidím! Čo mi priniesol? Peter! Peter! Poď ku mne! Rozprávaj mi všetko!
– Nekrič, Zuzka! Peter ťa nepočuje. Musí si vziať svoj kufor a potom príde k tebe. Všetko ti povie.
Konečne má Peter svoj kufor a prichádza.
– Som rád, že som doma. Bola to zaujímavá cesta, let bol príjemný, ale „všade dobre, doma najlepšie"!

– Moja cesta sa nezačala najlepšie. Autobus sa pokazil, musel som čakať na druhý, električka tiež dlho nechodila a tak som pribehol k autobusu, ktorý ide na letisko, v poslednom momente. Šofér videl, ako utekám a počkal ma.
Na letisku v Bratislave išlo všetko dosť rýchlo. Skontrolovali naše letenky a pasy, odovzdali sme kufor a už sme leteli do Prahy.

V Prahe bola pasová a colná kontrola. Už sme mysleli, že budeme letieť ďalej, ale počasie sa zhoršilo, prišla hmla a tak sme sedeli a čakali. Kolega a ja sme sa navečerali a potom nás konečne zavolali do lietadla. Už bolo skoro tma, keď sme odleteli. Počasie sa zlepšilo a pohľad na zem bol krásny. Všade svietili svetlá. Mestá, dediny a cesty, všetko bolo ako hračky.

V lietadle bolo príjemne. Letuška nám priniesla jedlo a nápoje. Potom sme pili kávu a čas tak rýchlo prešiel, že sme nechceli ani veriť, že už sme nad morom a blížime sa k Londýnu.
– A nebál si sa tak vysoko nad zemou? – pýtala sa Zuzka. – Ja by som sa bála.
– Nie, let bol pokojný a tichý. Len jedna pani sa necítila dobre. Ale potom nám povedala, že neznáša ani cestu autobusom.

V Londýne sme mali rezervovanú izbu v peknom hoteli. Kolega a ja sme bývali v dvojlôžkovej izbe, riaditeľ mal jednolôžkovú izbu. V recepcii sme sa museli zapísať do knihy, potom sme si vzali kľúč a išli sme do izby. Boli sme unavení, ale ešte dlho do noci sme sa rozprávali.

Náš program bol bohatý. Mali sme vedeckú konferenciu, navštívili sme niekoľko chemických tovární a výstavu nových výrobkov. Stretol som mnohých zaujímavých ľudí. V Londýne som po prvýkrát cestoval poschodovým autobusom a vždy len vľavo. Niekedy sa mi krútila hlava. Ale videli sme naozaj krásne veci.
Do Prahy sme išli vlakom a videli sme Francúzsko a Nemecko. No a teraz som doma. Taký som unavený, že budem spať celý víkend.

VŠIMNITE SI!

Osobné zámená – JA / TY – **s predložkou – I.**
(personálne pronominá)   (s prepozíciou)

TY

– Haló, to si **ty,** Miro?

– Ivan hovoril, že máš dva lístky do kina. Je **vedľa teba** voľné miesto?

JA

– Áno, **ja.** Ahoj! Čo nové?

– Áno, **vedľa mňa** je voľné miesto. Chceš ten lístok? Chceš ísť do kina?

– Áno, jasne! Ešte som ten film nevidel. Mám prísť **k tebe?**

– Nie, nechoď **ku mne!** Budem poobede v škole a stretneme sa pred kinom. Dobre?

– Kedy? O šiestej? Dobre. A ešte niečo: už mám **pre teba** tú knihu.

– Prosím? Čo máš **pre mňa?** Nepočujem dobre. Aha, knihu! Ďakujem. Prines ju do kina!

– Tu máš knihu! Prečítaj ju rýchlo! **Po tebe** ju chce ešte Zdeno.

– Dobre. Pozajtra ju dám Zdenovi. Viem, kde býva. Zdeno býva **pri mne.**

– To bol pekný film! Som rád, že som bol **s tebou.** Poď ešte na zmrzlinu!

– Dobre, ale najprv poď **so mnou** na poštu! Musím podať telegram.

Príklady

– Poď ku mne! Už dávno si nebol u mňa. Mám nové kazety.
– Dnes nemôžem. Ale zajtra k tebe prídem. Môžem?

– Ideš do mesta? Kúp jeden Večerník aj pre mňa.

– Včera som stretol Vieru. Hovorila, že bola s tebou v jedálni. Hovorila tiež, že sedela oproti tebe pri stole, že sedí za tebou v škole, že chcela prísť k tebe, ale nemala čas. Celý večer hovorila len o tebe. Myslím, že ťa má rada.

– Prosím ťa, sadni si ku mne! Musím s tebou hovoriť!

– Dostal si odo mňa pohľadnicu?
– Áno, ďakujem. Veľmi som sa tešil, že si nezabudol na mňa.

– Včera si sedel vedľa mňa. Prečo sedíš dnes za mnou?
– Myslel som, že miesto vedľa teba je obsadené. Ak chceš, sadnem si k tebe.

VŠIMNITE SI!

Osobné zámená – JA / TY – bez predložky – II.
(personálne pronominá) – (bez prepozície)

TY

– Hej, Miro! Čo je? Spíš? Už som sa **ťa** dvakrát pýtal, čo budeš robiť zajtra.

– Chcel som **ti** povedať, že zajtra pôjdem do Brna. Nechceš ísť so mnou?

– To je škoda! Kedy **ťa** uvidím? Prídeš pozajtra na prednášky?

JA

– Prepáč! Nepočúval som. Čo si sa **ma** pýtal? Čo budem robiť zajtra? Prečo?

– Nemôžem. Otec **mi** telefonoval, že príde. Musím ísť s ním do mesta.

– Asi nie. Otec **ma** prosil, aby som s ním išiel k tete, k jeho sestre.

POZOR!

● **Na začiatku vety** (dôrazová forma) **používame rovnaké tvary ako po predložke** (po prepozícii).

Napríklad:
MŇA sa nič nepýtali.
MNE nikto nič nedal.
MŇA nikto nečakal.

TEBA sa niečo pýtali?
A TEBE? Tebe niečo dali?
TEBA čakal niekto na stanici?

ZOPAKUJME SI!

	TY		JA
– Bol Peter včera	u TEBA?		
		– Áno, bol	u MŇA.
– Chodí Peter často	k TEBE?		
		– Nie, nechodí veľmi často	ku MNE.
– Mám kúpiť lístok	pre TEBA?		
		– Áno, prosím, kúp lístok aj	pre MŇA.
– Hovoril profesor včera	o TEBE?		
		– Nie, včera nehovoril	o MNE.
– Môžem ísť do kina	s TEBOU?		
		– Áno, samozrejme, že môžeš ísť	so MNOU.

– Čo sa ŤA pýtal Ivan?	– Pýtal sa	MA, kam idem.
– Čo TI priniesol?	– Priniesol	MI učebnicu.
– Často ŤA navštevuje?	– Áno, často	MA navštevuje.

Cvičenie

16

S. – Kedy si odišiel odo mňa?
R. – Bolo asi šesť hodín, keď som odišiel
od teba.

– Kedy si prišiel ku mne?
– Bolo asi šesť hodín, keď som prišiel k tebe.

– Kedy si telefonoval so mnou?
– Bolo asi šesť hodín, keď som telefonoval
s tebou.

– Kedy si bol u mňa?
– Bolo asi šesť hodín, keď som bol u teba.

– Kedy si s ním hovoril o mne?
– Bolo asi šesť hodín, keď som s ním hovoril
o tebe.

POZOR!

● **Pred zámenami** MŇA / MNE / MNOU **obyčajne hovoríme takto:**

od	teba	ale	ODO	MŇA
k	tebe	ale	KU	MNE
s	tebou	ale	SO	MNOU
pred	tebou	ale	PREDO	MNOU
nad	tebou	ale	NADO	MNOU atď.

 Cvičenie

17

S. – Zatelefonuješ mi potom?
R. – Ak budem mať čas, zatelefonujem ti.

S. – Navštíviš ma potom?
R. – Ak budem mať čas, navštívim ťa.

– Počkáš ma potom pred školou?
– Ak budem mať čas, počkám ťa pred školou.

– Prinesieš mi potom slovník?
– Ak budem mať čas, prinesiem ti slovník.

– Vysvetlíš mi potom ten príklad?
– Ak budem mať čas, vysvetlím ti ten príklad.

 POČÚVAJTE, ČO HOVORÍME! Zámeno SVOJ
(pronomen)

SEDÍ JANKO NA SVOJOM MIESTE?   NIE, SEDÍ NA IVANOVOM MIESTE.

– Dobré ráno! Kto chýba? Janko Kováč chýba?
– Nie. Janko nechýba, je tam vzadu. Ivan Horák chýba.
– Janko, prečo sedíš na Ivanovom mieste? Prečo nesedíš na svojom mieste?
– Prosím, Ivan je chorý, nie je v škole. Môžem sedieť na jeho mieste?
– Nie, Janko. Sadni si na svoje miesto. Každý žiak musí sedieť na svojom mieste.

PREČO PLAČE ZUZKA?   PRETOŽE NEMÁ SVOJU BÁBIKU.

– Prečo plačeš, Zuzka?
– Mamička, Danka má moju bábiku a nechce mi ju dať. A ja chcem svoju bábiku!
– Danka, kde je tvoja bábika? Prečo sa nehráš so svojou bábikou?
– Viete, teta Kováčová, ja som požičala svoju bábiku Vierke. Vierka má moju bábiku a ja mám Zuzkinu bábiku. Dám Zuzke jej bábiku a ja si vezmem svoju bábiku. Dobre?
– Dobre. Ty si dobré dievčatko, Danka. A ty, Zuzka, neplač! Včera ti Danka požičala svoj kočík, prečo jej dnes nepožičiaš svoju bábiku?

MÔJ MAGNETOFÓN JE POKAZENÝ.   POŽIČIAŠ MI SVOJ MAGNETOFÓN?

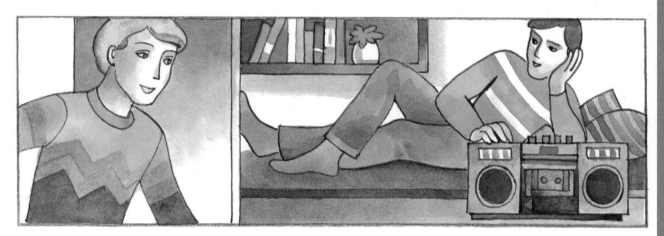

– Ahoj, Zdeno. Taký som nahnevaný! Zajtra mám narodeniny, chcem pozvať teba aj svojich kamarátov a môj magnetofón je pokazený. Prosím ťa, je tvoj magnetofón dobrý?
– Ďakujem za pozvanie, samozrejme, že prídem. Ak máš kazety, prinesiem svoj magnetofón.
– Mám svoje kazety, Igor tiež prinesie svoje kazety. Ak máš nejakú peknú hudbu, prines aj ty svoje kazety!
– A kde budeš? Vo svojej izbe?
– Áno, jasné, budem vo svojej izbe. Igorova izba je väčšia, ale jeho spolubývajúci sa učí na skúšku. Preto budeme v mojej izbe. Tak ahoj! A ďakujem!

VŠIMNITE SI! Zámeno SVOJ
(pronomen)

Miro má izbu číslo 62,	Zdeno má izbu číslo 63.	Mirova izba má číslo 62,	Zdenova izba má číslo 63.

Miro ide do Zdenovej izby...	...a Zdeno ide do Mirovej izby.	Miro ide do svojej izby...	...a Zdeno ide tiež do svojej izby.

A teraz? Každý ide do svojej izby.

POZRITE SA! Kedy používame zámeno SVOJ?
(pronomen)

(ja – moja izba)	Tu je moja izba. Idem do mojej izby.	Idem do svojej izby.
(ja – môj priateľ)	Vlado je môj priateľ. Idem k môjmu priateľovi.	Idem k svojmu priateľovi.
(ja – môj otec)	Na koho čakáš? Čakám na môjho otca.	Čakám na svojho otca.
(ja – moje mesto)	O čom si písal? Písal som o mojom meste.	Písal som o svojom meste.
(ja – moje auto)	Mám nové auto. Cestujem mojím autom.	Cestujem svojím autom.

a tiež:

(ty – tvoja sestra)	Čakáš na tvoju sestru?	Čakáš na svoju sestru?
(ty – tvoja vlasť)	Rozprávaj mi o tvojej vlasti!	Rozprávaj mi o svojej vlasti!
(ty – tvoj slovník)	Podaj mi, prosím ťa, tvoj slovník!	Podaj mi, prosím ťa, svoj slovník!
(my – náš dom)	Bývame v našom dome už tri roky.	Bývame vo svojom dome už tri roky.
(my – náš vlak)	Nenastupujte všetci do nášho vlaku!	Najprv my nastúpime do svojho vlaku.
(vy – vaša práca)	Kedy ste skončili vašu prácu?	Kedy ste skončili svoju prácu?
(vy – váš otec)	Myslím, že máte list od vášho otca.	Myslím, že máte list od svojho otca.

ale: **SVOJ v 3. osobe**

– To je Mirova zmrzlina?   – To je Jozefova zmrzlina?
– Áno, to je jeho zmrzlina.   – Áno, to je jeho zmrzlina.

JEHO
Miro zjedol   zmrzlinu.
SVOJU

– To je Evin písací stroj?   – To je Martin písací stroj?
– Áno, to je jej stroj.   – Áno, to je jej stroj.

JEJ
Eva píše na   písacom stroji.
SVOJOM

– Kováčovci majú deti.   – Horákovci majú deti.
– Ich deti veľa čítajú.   – Ich deti veľa čítajú.

ICH
Kováčovci kupujú knihy pre deti.
SVOJE

POZOR!

- **Zámeno** (pronomen) SVOJ / SVOJA / SVOJE **nikdy nemá 1. pád** (nominatív)!

- **Ostatné formy sú rovnaké ako v slovách** MÔJ / TVOJ / NÁŠ / VÁŠ!

- SVOJ **používame pre všetky osoby** (ja / ty / on / ona / my...),
  pre všetky rody (Mž / Mn / F / N)
  pre jednotné a množné číslo (singulár a plurál).

- **Medzi** MÔJ / TVOJ / NÁŠ / VÁŠ **alebo** SVOJ... **nie je veľký rozdiel,**
  ale
  medzi JEHO / JEJ / ICH **a** SVOJ... **je veľký rozdiel a musíme používať slovo** SVOJ,
  aby sme presne rozumeli, čo sa hovorí!

Príklady

– Môžem si požičať tvoje pero? Zabudol som si svoje pero doma.

– Riaditeľ volá inžiniera Nováka. Neviete, kde je?
– Pozriem sa. A nie je vo svojej kancelárii?
– Nie, vo svojej kancelárii nie je. Tam som ho už hľadal.

– Pozri, aké krásne kvety! Niektoré som dal do svojej vázy, ale už nemám miesto. Môžem dať kvety aj do tvojej vázy?

– Vlado, nepozeraj sa do susedovho zošita! Keď píšeme písomnú skúšku, pozeraj sa do svojho zošita! Každý sa pozerá len do svojho zošita! A nerozprávajte sa so svojím susedom!

Cvičenia
18, 19

S. – Peter je hrozný! Vždy používa moju
    lampu.
R. – Taká drzosť! Prečo nepoužíva svoju
    lampu?

S. – Mária je hrozná! Vždy sedí na mojom
    mieste.
R. – Taká drzosť! Prečo nesedí na svojom
    mieste?

– Môj kolega je hrozný! Vždy píše mojím
  perom.
– Taká drzosť! Prečo nepíše svojím perom?

– Naša susedka je hrozná! Vždy chodí
  cez našu záhradu.
– Taká drzosť! Prečo nechodí cez svoju
  záhradu?

– Môj spolubývajúci je hrozný! Vždy berie
  moje známky.
– Taká drzosť! Prečo neberie svoje známky?

– Jožo je hrozný! Vždy leží na mojej posteli.
– Taká drzosť! Prečo neleží na svojej posteli?

– Marta je hrozná! Vždy trhá papier
  z môjho zošita.
– Taká drzosť! Prečo netrhá papier
  zo svojho zošita?

– Róbert je hrozný! Vždy dáva kôš
  k môjmu stolu.
– Taká drzosť! Prečo nedáva kôš k svojmu
  stolu?

– Môj brat je hrozný! Vždy fajčí moje cigarety.
– Taká drzosť! Prečo nefajčí svoje cigarety?

S. – Prosím vás, odneste môj balík na poštu!
R. – Dobre. Ale najprv odnesiem svoj balík
    na poštu.

– Prosím vás, umyte tieto taniere!
– Dobre. Ale najprv umyjem svoje taniere.

– Prosím vás, napíšte tento list na stroji!
– Dobre. Ale najprv napíšem svoj list.

– Prosím vás, odložte naše knihy do skrinky!
– Dobre. Ale najprv odložím svoje knihy
  do skrinky.

– Prosím vás, usteľte matkinu posteľ!
– Dobre. Ale najprv usteliem svoju posteľ.

– Prosím vás, zatelefonujte mojej profesorke!
– Dobre. Ale najprv zatelefonujem svojej
  profesorke.

– Prosím vás, porozprávajte niečo o ich
  krajine!
– Dobre. Ale najprv porozprávam niečo
  o svojej krajine.

– Prosím vás, choďte do našej triedy
  a zavolajte predsedu!
– Dobre. Ale najprv pôjdem do svojej triedy
  a zavolám predsedu.

ČO ROBIEVATE (obyčajne/pravidelne/často...)?

ČO ROBIEVAŠ VEČER?

– Večer sa učievam. Pred skúškou sa učievam aj v noci. Niekedy myslievam aj na to, čo budem robiť
  po štúdiu. Asi budem pracovať v nemocnici, budem vyšetrovať pacientov, predpisovať lieky, dávať
  injekcie.

Dúfam, že budem dostávať pekný plat. Potom budem veľa cestovať po svete. Chcem poznávať nové kraje, cudzie mestá, iných ľudí.

Hovorím dosť dobre po rusky a teraz sa učím hovoriť po anglicky. So svojou priateľkou niekedy hovorievam po anglicky. Možno sa raz naučím po francúzsky. Chcem sa dorozumievať s ľuďmi na celom svete.

ČO ROBIEVA PANI HORNÁ PO PRÁCI?

 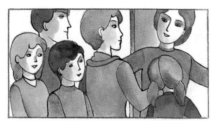 

Pani Horná je predavačkou a celý týždeň pracuje v obchode. Predáva látky na šaty, na obleky, záclony...

Poobede máva často návštevu. Niekedy k nej chodievajú synovia so ženami a deťmi, niekedy prichádza jej dcéra s rodinou. Pani Horná sa rada hráva s vnukmi a vnučkami.

Deti sa skrývajú po celom byte: za kreslami, za záclonami, za skriňami, za dverami. Stará mama ich hľadá a rozdáva im čokoládu a cukríky. Deti k nej rady chodievajú.

ČO ROBIEVATE VO VOĽNOM ČASE?

– Na jeseň a v zime dlho spávam a vstávam veľmi neskoro. Rád chodievam do prírody. Ak je sneh, obúvam si lyžiarske topánky a chodievam sa lyžovať.

Na jar bývam v záhrade vždy, keď je pekné počasie a keď mám voľno. Polievam kvety a zeleninu.

V lete, keď dozrieva ovocie, oberám ovocie zo stromu alebo zbieram ovocie, ktoré opadáva zo stromu. Moja žena varieva výborné kompóty a džemy. Niekedy robieva ovocný koláč. Všetci ho radi jedávame.

ČO ROBIEVAJÚ VAŠI STARÍ RODIČIA?

– Moji starí rodičia už nepracujú. Vždy radi chodievali do mesta. Aj teraz v nedeľu chodievajú do mesta a prezerajú si výklady.

Poobede často sedávajú v parku pred svojím domom. Rozprávajú sa so svojimi susedmi a susedkami. Starý otec niekedy čítava noviny.

Keď je zima, ostávajú doma a hrávajú karty. Starý otec si nalieva už tretiu šálku kávy a potom stará mama hovorieva: „Nepi toľko kávy, potom zle spávaš!"

POČÚVAJTE, ČO HOVORÍME!

	Príbuzné slová -Nd -ovať (verbá)

– Čo si robil včera? Pracoval si?
– Áno, mám stále veľa práce. Aj dnes pracujem už od rána a budem pracovať asi do večera.
– A čo zajtra?
– Dúfam, že dnes dokončím prácu. Zajtra môžeme ísť do kina.

PRÁCA
PRAC**OVAŤ**

I.

Podstatné mená – slovesá
(substantíva) – (verbá)

– Prosím vás, už bola pasová a colná kontrola?
– Ešte nie. Pasy a batožinu kontrolujú vždy až na hraniciach.

KONTROLA
KONTROL**OVAŤ**

– Boli sme na trojdennej exkurzii.
– Kde ste nocovali?
– Prvú noc sme boli v Tatrách a druhú noc sme strávili v Žiline.

NOC
NOC**OVAŤ**

– Včera sme robili zaujímavý experiment.
– Aký experiment to bol?
– Experimentovali sme s novou plastickou látkou.

EXPERIMENT
EXPERIMENT**OVAŤ**

– Poďte so mnou na obed!
– Ďakujem, už som obedoval.

OBED
OBED**OVAŤ**

– Je štúdium na elektrotechnickej fakulte ťažké?
– Áno, je to ťažké štúdium. Po celý čas treba skutočne usilovne študovať.

ŠTÚD**IUM**
ŠTUD**OVAŤ**

II.

Prídavné mená – slovesá
(adjektíva) – (verbá)

– Táto fotografia je veľmi malá. Potrebujem väčšiu fotografiu. Neviete, kde zväčšujú fotografie?

(veľký)
VÄČŠÍ
ZVÄČŠ**OVAŤ**

– Videli ste tie televízory a rádiá? Sú lacné.
– Áno, sú lacnejšie ako predtým. Minulý mesiac zlacňovali niektoré elektrické prístroje.

LAC**NÝ**
ZLACŇ**OVAŤ**

– Čo robia robotníci na našej ulici?
– Rozširujú ju. Bude to pekná široká ulica.

ŠIR**OKÝ**
ROZŠIR**OVAŤ**

POZOR!

● **Slovesá** (verbá) **s príponou** (sufixom) **-OVAŤ sú skoro vždy nedokonavé, ale s predponou** (prefixom) **sa môžu zmeniť na dokonavé:**

Študoval som 5 rokov na fakulte.	(trvanie – Nd)
Keď som vyštudoval, pracoval som v továrni.	(dokončenie – D)
Colníci kontrolovali batožinu.	(trvanie – Nd)
Keď všetko skontrolovali, pokračovali sme v ceste.	(dokončenie – D)

🐘 POČÚVAJTE, ČO HOVORÍME! Nd-verbá

niektoré prípony (sufixy) **zdôrazňujú, že niečo robíme často, pravidelne, obyčajne**

I. -avať / -ávať

V októbri a novembri **opadáva** lístie zo stromov.

– Pôjdem k doktorovi. Veľmi mi **vypadávajú** vlasy. Myslíš, že mi dá nejaký liek?

– Minulý rok sme **mávali** matematiku v pondelok a v stredu, teraz ju máme iba v utorok.

– Na križovatke pred naším domom sa zrazili dve autá.
– Viem. Na tejto križovatke **sa** často **stávajú** nešťastia.

Štipendium **dostávame** vždy na začiatku mesiaca.

Obedy sa **vydávajú** len do druhej hodiny.

– **Kúpavate sa** v rieke?
– Nie, voda v rieke je veľmi studená.

Iné príklady:
získavať, sedávať, očakávať, mávať, objednávať, vykonávať, poznávať, spávať, schovávať, vídavať atď.

II. -ievať

– V stredu ráno **chodievame** do laboratória.

– Už dávno nepršalo a zem je veľmi suchá. Každý deň musíme **polievať** záhradu.

Prvé ovocie u nás sú čerešne. **Dozrievajú** už v máji.

Nevylievajte čaj a kávu do umývadla!

Iné príklady: nalievať, dorozumievať sa, hovorievať atď.

III. -úvať (zriedka)

V tejto továrni **spracúvajú** ovocie a zeleninu na konzervy. (spracúvať = spracovať)

IV. -ívať / -ývať

Tento slovník **používam** najčastejšie.

Každý rok sme ho **pozývali,** ale nikdy neprišiel.

Iné príklady:
užívať, ozývať sa, skrývať (sa), vyplývať, dobývať atď.

❗ ZAPAMÄTAJTE SI!

■ Chceme sa dorozumievať s ľuďmi na celom svete.
■ K pani Hornej chodievajú synovia so ženami a s deťmi.
■ Pani Horná sa hráva s vnukmi a vnučkami.
■ Starí rodičia sa rozprávajú so svojimi susedmi a susedkami.

▣ ČO DNES DÁVAJÚ V DIVADLE?
Text

Divadlo má na svete dlhú tradíciu. Do celej Európy sa rozšírilo zo starého Grécka a Ríma. Najprv sa hrávalo v školách a kláštoroch. Divadlá nachádzame na Slovensku skoro vo všetkých mestách a na niektorých dedinách. V malých mestách obyčajne hrajú amatéri, v mestách sú veľké profesionálne súbory. Vo veľkých mestách existujú krásne veľké budovy divadiel, ktoré majú každý večer predstavenia.

Divadlo sa menilo a v súčasnosti má rôzne formy. Činohry hrajú drámy, tragédie a komédie. Operné divadlá hrajú opery a balety. V niektorých divadlách hrajú operety a muzikály, ktoré sú veľmi obľúbené. Menšie divadlá hrajú komorné hry, v sobotu a v nedeľu predobedom sú v mnohých divadlách detské predstavenia.

Skoro vo všetkých novinách nájdeme každý deň program kín, divadiel, koncertov a mnohých iných kultúrnych programov. Môžeme si vybrať nové filmy, môžeme navštíviť múzeá, galérie a výstavy, nájdeme tu programy pre deti v rôznych kultúrnych strediskách, športové zápasy, výlety atď. Vo veľkom meste sa naozaj nemusíme nikdy nudiť!

Poďte s nami dnes, napríklad, do Slovenského národného divadla v Bratislave!

V predpredaji si kúpime lístky. Predstavenia sa začínajú o 19. hodine. V divadle si dáme do šatne kabát a kúpime si program. Tam si prečítame, kto dnes hrá alebo spieva, kto je režisér, dirigent atď. Jemný zvuk gongu nás o chvíľu zavolá do hľadiska. Opona je ešte dole. Potom zazvoní, svetlá zhasnú a predstavenie sa začína.

Po prvom dejstve je prestávka. Ľudia idú na chodbu, do fajčiarne alebo do bufetu a tam niečo jedia alebo pijú.

Máme veľmi dobré miesta, sedíme v druhom rade na prízemí a výborne vidíme a počujeme. Dnes je na programe talianska opera, speváci spievajú po taliansky, ale nad javiskom môžeme čítať slovenský preklad.

Opera bola krásna. Mnohí ľudia idú po predstavení ešte do neďalekej kaviarne a tam sa rozprávajú o predstavení. Bol to naozaj príjemný večer!

 VŠIMNITE SI!

Podstatné mená -Mž / Mn- I. / 2. pád – množné číslo
(substantíva)   / (genitív) – (plurál)

To sú muži

Stojím vedľa   (Mž/Mn)

mužov
kamarátov
chlapcov
bratov

stromy

stromov
domov
autobusov
strojov
stolov

~ **-ov**

POZOR!

● (Mž) **a** (Mn) **majú rovnaké formy pre 2. pád množného čísla** (genitív plurálu).

● (Mž) – **2. pád = 4. pád množného čísla** (genitív plurálu = akuzatív plurálu).

Cvičenia
11, 12

S. – Pozrite sa! Písali mi rodičia.
R. – Áno? Aj včera ste mali list od rodičov.

– Pozrite sa! Písali mi bratia.
– Áno? Aj včera ste mali list od bratov.

– Pozrite sa! Písali mi kamaráti.
– Áno? Aj včera ste mali list od kamarátov.

– Pozrite sa! Písali mi susedia.
– Áno? Aj včera ste mali list od susedov.

– Pozrite sa! Písali mi spolužiaci.
– Áno? Aj včera ste mali list od spolužiakov.

– Pozrite sa! Písali mi kolegovia.
– Áno? Aj včera ste mali list od kolegov.

– Pozrite sa! Písali mi spolupracovníci.
– Áno? Aj včera ste mali list
od spolupracovníkov.

S. – Janko nepriniesol zošity.
R. – Janko, ty si prišiel bez zošitov? Prečo?

S. – Eva zabudla listy.
R. – Eva, ty si prišla bez listov? Prečo?

S. – Dievčatá si nevzali pasy.
R. – Dievčatá, vy ste prišli bez pasov? Prečo?

– Chlapci si nevzali bicykle.
– Chlapci, vy ste prišli bez bicyklov? Prečo?

– Dušan si nevzal papiere.
– Dušan, ty si prišiel bez papierov? Prečo?

– Milan nepriviedol kolegov.
– Milan, ty si prišiel bez kolegov? Prečo?

– Miro a Zdeno si nepriniesli fotoaparáty.
– Miro a Zdeno, vy ste prišli bez
fotoaparátov? Prečo?

VŠIMNITE SI!

Podstatné mená -F / N- II. / 2. pád – množné číslo
(substantíva) / (genitív) – (plurál)

(F)

– Prosím vás, kde je reštaurácia?
– Ktorá? Tu je niekoľko reštaurácií.

~ **-ia**

– To je riaditeľova miestnosť?
– Neviem presne. Tu je mnoho miestností.

~ **-sť**

– Ktorá lekáreň má nočnú službu?
– Myslím, že jedna z lekární v centre.

~ **-áreň**

– Pôjdeme do klubovne?
– Do ktorej? Tu je viac klubovní.

= **-ňa**

– Je v internáte ešte voľná posteľ?
– Áno, na prvom poschodí je dosť postelí.

= / ̆

~ **-í**

(N)

– Sú chlapci ešte na poli?
– Nie. Pred chvíľou sa vrátili z polí.

~ **-e**

– To je vaše najväčšie námestie?
– Nie, ale jedno z najkrajších námestí.

~ **-ie**

– To sú pekné rádiá, pravda?
– Áno, chcem si kúpiť jedno z rádií.

~ **-io**

– Pracuje Peter v laboratóriu číslo 5 či 6?
– Pracuje v jednom z laboratórií, ale neviem v ktorom.

~ **-um**

 ### Cvičenie

13

> S. – Boli ste už v múzeu?
> R. – Pravdaže. Často chodievame do múzeí.

– Boli ste už v továrni?
– Pravdaže. Často chodievame do tovární.

– Boli ste už v jedálni?
– Pravdaže. Často chodievame do jedální.

– Boli ste už v klubovni?
– Pravdaže. Často chodievame do klubovní.

– Boli ste už v reštaurácii?
– Pravdaže. Často chodievame
do reštaurácií.

– Boli ste už v cukrárni?
– Pravdaže. Často chodievame do cukrární.

VŠIMNITE SI!

Prídavné mená / 2. pád – množné číslo
(adjektíva) / (genitív) – (plurál)

tí/tie	Stojím vedľa **tých**		(Mž) (Mn) (F) (N)
dvaja/dva/dve traja/tri štyria/štyri	dvoch troch štyroch		
mladí/mladé krásni/krásne cudzí/cudzie	mladých krásnych cudzích		– -**ých** ⌐ -**ych** ≞ -**ich**
moji/moje tvoji/tvoje naši/naše vaši/vaše	mojich tvojich našich vašich	mužov domov čitární polí	
otcovi/otcove matkini/matkine	otcových matkiných		
piati/päť šiesti/šesť atď.	piatich šiestich atď.		
	Pýtam sa ICH Stojím vedľa NICH	(bez predložky) (s predložkou)	

POZOR!

● **Všetky formy** (Mž) **sú rovnaké ako 4. pád** (genitív = akuzatív)!

● **V 2. páde množného čísla** (genitív plurálu) **ich používame pre všetky rody** (Mž / Mn / F / N)!

Príklady

– Koľko internátov je vo vašom meste?
– Je tu dvanásť stredoškolských a päť vysokoškolských internátov. A niekoľko robotníckych internátov.

– Ktoré sú tvoje okná? Na prízemí alebo na poschodí?
– Moje okná sú na prízemí. Na poschodí sú okná mojich rodičov.

Je november. Zo všetkých stromov opadávajú listy.

– Kde si bol? Hľadal som ťa u tvojich kamarátov, u našich spolužiakov. Nikto nevedel, kde si.
– Bol som u svojich starých rodičov. Nepovedal som, že tam pôjdem?

Je prestávka. Zo všetkých posluchární a laboratórií vychádzajú študenti.

– Keď som bol malý chlapec, pohrýzol ma pes. Teraz sa bojím všetkých psov, veľkých aj malých.

– Na umývadle som našiel hodinky. Opýtajte sa všetkých kamarátov, či niekto nestratil hodinky!

Cvičenie
14

> S. – Kto pestuje také krásne kvety? Vaši
> susedia?
> R. – Áno, to sú kvety našich susedov.

– Kto číta také zaujímavé knihy? Tvoji starí
rodičia?
– Áno, to sú knihy mojich starých rodičov.

– Kto má také pekné hračky? Jeho malí
bratia?
– Áno, to sú hračky jeho malých bratov.

– Kto vyrába také moderné stroje? Slovenské
továrne?
– Áno, to sú stroje slovenských tovární.

– Kto dosiahol také dobré výsledky? Naši
kolegovia?
– Áno, to sú výsledky našich kolegov.

– Kto užíva také silné lieky? Tí dvaja pacienti?
– Áno, to sú lieky tých dvoch pacientov.

– Kto namaľoval tie krásne obrazy? Súčasní
maliari?
– Áno, to sú obrazy súčasných maliarov.

NEDEĽA

Nedeľu využívajú ľudia rôznym spôsobom. V lete trávia voľné chvíle pri vode, v zime sa venujú zimným športom. Ale na jar a na jeseň je často zlé počasie. Čo potom?

V meste je skutočne dosť možností: mnohí chodia do múzeí a galérií. Tu v Mestskom múzeu sú zaujímavé oddelenia. Deti sa rady pozerajú na zvieratá vo vitrínach – sú naozaj ako živé! Aj ostatné oddelenia sú zaujímavé. Je tu historické oddelenie, v ktorom vidíme, ako žili naši predkovia. Je tu oddelenie folklóru, kde sú krásne kroje a iné ľudovoumelecké výrobky.

V novom kine v centre mesta hrajú nový film. Už niekoľko týždňov je vypredané, ale na popoludňajšie predstavenie ešte mali v predpredaji pár lístkov.

Všetky kritiky v novinách sú dobré, film dostal niekoľko vyznamenaní a cien na festivaloch. Keď ľudia po predstavení vychádzali z kina, počuli sme hovoriť mladých ľudí: „To bolo fantastické! Vynikajúci film!" Starší ľudia hovorili: „Ja neviem, všetky tieto nové filmy sú bláznivé! Keď sme my boli mladí, to boli filmy...!"

Nedávno obnovili v Bratislave korzo. To sú ulice Starého mesta: od Michalskej brány až k Národnému divadlu. Skoro všetky staré stredoveké budovy sú už opravené. Sú tu cestovné kancelárie, elegantné obchody, kaviarne a cukrárne. Ľudia sa tu poobede a večer radi prechádzajú alebo sedia pred kaviarňami, bufetmi, piváňami. Obdivujú krásne staré domy, prezerajú si módny tovar vo výkladoch, stretávajú známych. Skoro na každom rohu hrajú hudobníci.

Mnohí ľudia sa tiež prechádzajú pri Dunaji. Pri rieke je ticho a príjemne.

Popoludnie tu veľmi rýchlo utečie, blíži sa večer a treba sa ponáhľať domov: o chvíľu sa začne v televízii ďalšia časť obľúbeného televízneho seriálu.

POČÚVAJTE, ČO HOVORÍME!

JEDNA / JEDNO

MNOHO (veľa) / NIEKOĽKO

 Pri tabuli visí
(jedna) **malá mapa.**

 V atlase je mnoho
malých máp.

 Pred domom stojí
(jedno) **nové auto.**

 Po ulici ide mnoho
nových áut.

 V parku sedí
(jedna) **mladá žena.**

 Pred telefónnou búdkou
čaká niekoľko **mladých žien.**

 Pri našom meste je
(jedno) **veľké jazero.**

 Vo Fínsku je niekoľko tisíc
veľkých jazier.

 Na stole leží
(jedna) **nová kniha.**

 V knižnici je veľa
nových kníh.

 Na stole stojí
(jedno) **svetlé pivo.**

 V chladničke je niekoľko
svetlých pív.

 Za cestou je
(jedna) **vysoká hora.**

 Na Slovensku je veľa
vysokých hôr.

 Na stole stojí
(jedna) **prázdna fľaša.**

 Na polici stojí veľa
prázdnych fliaš.

Otázka bola ťažká, zdvihla sa len jedna **ruka.**

Otázka bola ľahká, zdvihlo sa mnoho **rúk.**

Vo vode pláva (jedna) **veľká ryba.**

V mori pláva mnoho **veľkých rýb.**

a tiež:

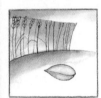

To je **zrno.**

V klase je veľa **zŕn.**

Na mori bola len jedna **vlna.**

Bol vietor a na mori bolo veľa **vĺn**.

VŠIMNITE SI!

Podstatné mená – III. – F ~ a/N ~ o / 2. pád – množné číslo
(substantíva)   / (genitív) – (plurál)

(F)	veľa	(N)	veľa
jedna		jedno	

kniha   **kníh**   **pivo**   **pív**

Tu je mnoho   Tu je mnoho

kravát	= -a =	= -á =		sák	= -a =	= -á =
žien	= -e =	= -ie =		mien	= -e =	= -ie =
kníh	= -i =	= -í =		kín	= -i =	= -í =
hôr	= -o =	= -ô =		atď.		
fliaš	ˇ -a =	ˇ -ia =				
rúk	= -u =	= -ú =				
rýb	= -y =	= -ý =				

POZOR!

- **Ak je „r" alebo „l" medzi spoluhláskami** (konsonantmi), **mení sa na** „ŕ" **alebo** „ĺ" (zrno – zŕn, vlna – vĺn, jablko – jabĺk...).

- **Dlhá samohláska** (vokál) **alebo dvojhláska** (diftong) **sa v slove nemenia:** (rieka – riek, miesto – miest, víno – vín, vláda – vlád...).

- **V niektorých slovách sa samohláska** (vokál) **nepredlžuje:** (slovo – slov, budova – budov a iné).

Príklady

– Potrebujeme niekoľko prázdnych škatúľ.

– Myslím, že veľa fajčíš a piješ mnoho kávy.
– Ale nie, nevyfajčím viac ako desať cigariet a nevypijem viac ako tri kávy.
– Nehovor! Už dnes si vypil päť káv!

– Koľko je hodín? Máte presný čas?
– Áno, je osem hodín, dvadsaťdva minút a desať sekúnd.

– Bývaš vo veľkom dome?
– Áno. V našom dome žije viac ako dvadsať rodín.

– Na sídlisku je mnoho nových ulíc, ktoré nepoznám.

– Už je poriadok v izbe. Dal som všetko do skríň.

– Pozajtra mám skúšku a musím sa naučiť ešte dvesto strán.

Cvičenia

15, 16

> S. – Prosím ťa, podaj mi tú knihu!
> R. – Ktorú? Tu je viac kníh.

– Prosím ťa, podaj mi tú vázu!
– Ktorú? Tu je viac váz.

– Prosím ťa, podaj mi tú mapu!
– Ktorú? Tu je viac máp.

– Prosím ťa, podaj mi tú gumu!
– Ktorú? Tu je viac gúm.

– Prosím ťa, podaj mi tú čistú košeľu!
– Ktorú? Tu je viac čistých košieľ.

– Prosím ťa, podaj mi tú malú kefu!
– Ktorú? Tu je viac malých kief.

– Prosím ťa, podaj mi tú zubnú pastu!
– Ktorú? Tu je viac zubných pást.

– Prosím ťa, podaj mi tie noviny!
– Ktoré? Tu je viac novín.

– Prosím ťa, podaj mi tie nožnice!
– Ktoré? Tu je viac nožníc.

– Prosím ťa, podaj mi tie nohavice!
– Ktoré? Tu je viac nohavíc.

> S. – Je vo vašej krajine nejaké miliónové mesto?
> R. – No pravda. Tu je mnoho miliónových miest.

– Je v meste nejaké nové kino?
– No pravda. Tu je mnoho nových kín.

– Je na ceste nejaké nákladné auto?
– No pravda. Tu je mnoho nákladných áut.

– Je v okolí nejaké prírodné jazero?
– No pravda. Tu je mnoho prírodných jazier.

– Je v košíku nejaké čerstvé pečivo?
– No pravda. Tu je mnoho čerstvých pečív.

– Je na tvojom stole nejaké červené pero?
– No pravda. Tu je mnoho červených pier.

– Je v reštaurácii nejaké voľné miesto?
– No pravda. Tu je mnoho voľných miest.

– Je v texte nejaké cudzie slovo?
– No pravda. Tu je mnoho cudzích slov.

POZRITE SA! KEDY POUŽÍVAME 2. PÁD MNOŽNÉHO ČÍSLA (GENITÍV PLURÁLU)?

1. S predložkami (prepozíciami), napr. od, do, u, vedľa, bez...:

– Pôjdeš sám do kina?
– Nie. Bez mojich kamarátov nepôjdem do kina.

– Čo robievate cez prázdniny?
– Chodievame do hôr a do lesov, cestujeme do rôznych miest,
  ale keď nie je pekné počasie, chodievame do kín, do múzeí a do galérií.

2. So slovesami (verbami), napr. pýtať sa, báť sa, napiť sa...:

– Opýtal si sa Ivana, či našiel tvoje pero?
– Samozrejme. Opýtal som sa všetkých mojich kamarátov,
  ale nikto ho nenašiel.

3. Keď sa pýtame ČÍ / ČIA / ČIE:

– Čia je tá krásna záhrada?
– To je záhrada našich starých rodičov.

– Aké (= čie) obrazy a sochy sú na výstave?
– Na výstave sú obrazy a sochy slovenských
  i cudzích maliarov a sochárov.

4. Keď sa pýtame KOĽKO (veci, ktoré možno spočítať):

a) – Čo si želáte?
   – Prosím si kilo zemiakov, pol kila rajčín a kilo jabĺk.

   – Ideš do trafiky? Prines mi, prosím ťa, škatuľku cigariet!
   – Akých?
   – Škatuľku spárt alebo dalíl. Sparty alebo dalily fajčím najradšej.

   (Pamätáte sa:
   – kilo múky, cukru, ryže – sg.
   – škatuľka čaju, kávy – sg.)

b) po všetkých číslach nad 5:

   – Aké veľké je vaše hlavné mesto?
   – Má skoro dva milióny obyvateľov.

   – Samozrejme, že Karol zasa nemá peniaze!
     Tento mesiac si kúpil asi osem nových kníh,
     šesť gramofónových platní a najmenej päť magnetofónových kaziet.

   – Na našom sídlisku je sedem nových stredných škôl a päť klubovní.

c) po slovách „mnoho (veľa) / málo / niekoľko / dosť / viac..."

   – Koľko študentov tu býva?
   – Neviem presne, ale najviac je afrických študentov,
     menej je arabských študentov a len málo európskych študentov.

   – V obchode majú niekoľko nových rádií, magnetofónov
     a videorekordérov, ale nemám dosť peňazí, aby som si niečo kúpil.

   (Pamätáte sa:
   – veľa času, práce – sg.,
   – málo chleba, kávy – sg.)

POZOR!

● So slovom „trocha" používame jednotné číslo (singulár)!

● So slovom „niekoľko" používame množné číslo (plurál)!

Napríklad:
Potrebujem trocha cukru, čaju, teplej vody, lepidla...
Potrebujem niekoľko pier, gombíkov, malých tanierov...

● ● ● TO UŽ VIEME! ●

Koľko je hodín? (teraz)	**Koľko bolo hodín?** (včera)	**Koľko bude hodín?** (zajtra, potom, keď...)
Je jedna hodina.	Bola jedna hodina.	Bude jedna hodina.
Sú dve/tri/štyri hodiny.	Boli dve/tri/štyri hodiny.	Budú dve/tri/štyri hodiny.
Je päť/šesť... hodín.	Bolo päť/šesť... hodín.	Bude päť/šesť hodín.

 VŠIMNITE SI! **Čo používame po otázke koľko?**

– 1 – (nom. sg.)	– 2/3/4 – (nom. pl.)	– 5/6... / veľa... (gen. pl.)
TERAZ/DNES		
V triede je jeden študent.	V triede sú dvaja študenti.	V triede je päť/veľa študentov.
Na stole leží jedna kniha.	Na stole ležia dve knihy.	Na stole leží päť/veľa kníh.
Pri stole sedí jedna žena.	Pri stole sedia tri ženy.	Pri stole sedí päť/veľa žien.
VČERA		**– sloveso** (verbum) **vždy neutrum!**
Pred domom stál jeden strom.	Pred domom stáli dva stromy.	Pred domom stálo päť/veľa stromov.
V dome bývala jedna rodina.	V dome bývali tri rodiny.	V dome bývalo päť/veľa rodín.
Pred školou čakalo jedno auto.	Pred školou čakali dve autá.	Pred školou čakalo päť/veľa áut.
ZAJTRA		
Tam bude pracovať jeden muž.	Tam budú pracovať traja muži.	Tam bude pracovať päť/veľa mužov.
Tu bude visieť jedna lampa.	Tu budú visieť tri lampy.	Tu bude visieť päť/veľa lámp.
Na námestí bude stáť jedna budova.	Na námestí budú stáť dve budovy.	Na námestí bude stáť päť/veľa budov.

HOVORÍ KATKA HORÁKOVÁ

Eva: – Povedz, Katka, nenudíš sa niekedy doma na dedine? Nie je tam život strašne jednotvárny? Čo robievate večer alebo cez víkend?

Katka: – Vieš, Eva, keď som bola malá – a to nie je ani tak veľmi dávno – naozaj, vždy som chcela žiť v meste. Život bol tichý, pokojný, a najmä na jeseň a v zime nudný.

Pamätám sa, že v kine hrali len dvakrát týždenne a obyčajne dávali staré filmy. A okrem kina tu nebolo nič. Starí ľudia sedeli večer pred domami a rozprávali sa. Mladí sa stretávali na námestí a často v hostinci. Sem-tam bola nejaká zábava, raz či dvakrát ročne prišiel malý lunapark s kolotočom a so strelnicou.

No a to bolo všetko.

Večer sme počúvali rádio a niekedy sme sledovali televízny program. Chodievali sme spať veľmi skoro. Ľudia skutočne chodili spať „so sliepkami". Ako som závidela kamarátkam z mesta!

V posledných rokoch sa život aj u nás na dedine zmenil. Pozri sa na tieto fotky! Na námestí je nové nákupné stredisko, kde možno kúpiť prakticky všetko, čo potrebujeme. Oproti je nový kultúrny dom. Je veľmi pekný a moderný. Je tu kino, v ktorom hrajú niektoré filmy ešte skôr ako v meste. Kinosála má tiež javisko, kde hrajú divadlá alebo vystupujú rôzne tanečné alebo spevácke súbory. Máme bohatú knižnicu a čitáreň. Tu sa organizujú besedy so spisovateľmi, s hercami a inými zaujímavými ľuďmi.

Aj mládež má dobré podmienky na prácu. V kultúrnom dome je klub mládeže, v ktorom je veľa možností venovať sa svojej záľube. Je tu fotokrúžok, spevácky a tanečný súbor, no a náš divadelný súbor si už videla. Minulý rok sme vyhrali prvú cenu. Je tu tiež pekná cukráreň a kaviareň. Teraz stavajú nový amfiteáter.

Áno, aj teraz je tu život tichší a pokojnejší ako v meste. Diaľnica je ďalej za dedinou, cez dedinu neprechádza veľa áut, nie sú tu továrne, vzduch je tu čistý a máme pekné okolie. Vieš koľko ľudí z mesta si tu stavia nové domy alebo chaty? Utekajú pred hlukom a nervozitou mesta.

Mesto, pravda, ponúka viac: koncerty, divadlá, opery, balety, operety, výstavy, športové preteky, krásne obchody a kaviarne a veľa iných atrakcií. No ale je to problém? Autobusy a vlaky chodia veľmi často. Teraz bývam na dedine naozaj rada.

Eva: – Myslím, že máš pravdu, ale dnes budeš musieť zostať spať u nás.
Katka: – Prečo? Už je toľko hodín? Preboha, už mi ušiel posledný vlak i posledný autobus! Eva, môžem zavolať domov, že neprídem?

 ## POČÚVAJTE, ČO HOVORÍME!

– Prosíte si kávu s cukrom alebo bez cukru?
– S cukrom, prosím!
– Koľko kociek si dáte?
– Jednu veľkú kocku alebo dve malé kocky.
– Eva, pôjdeš večer do kina?

– Nie, som strašne unavená. Od rána som umývala okná.
– Koľko okien si umyla?
– Veľa okien. V kuchyni jedno okno, v obývačke dve okná, v Jankovej a v mojej izbe tiež dve okná... Päť! Päť veľkých okien!

 ## VŠIMNITE SI!

Podstatné mená – IVa. – (F) – = = a / (N) – = = o **/ 2. pád** – **množné číslo**
(substantíva)   / (genitív) – (plurál)

Tu je jedna kocka.   Tu je päť kociek.   Tu je jedno okno.   Tu je päť okien.

kocka   **kociek**   **okno**   **okien**

kociek | – = ie = | **okien**

Príklady

– Môj otec pochádza z veľkej rodiny. Má troch bratov a šesť sestier.

– Koľko lietadiel prilieta do Prahy denne?
– Neviem presne, ale veľa lietadiel. Praha má jedno z najväčších medzinárodných letísk v strednej Európe.

– Už sú všetky izby zariadené?
– Ešte nie. Máme päť izieb a potrebujeme veľa nábytku. Potrebujeme ešte niekoľko stoličiek, kresiel a skriniek.

Minulý rok bolo v internáte veľa afrických študentov, ale len niekoľko afrických študentiek.

– Poznáte už Tatry?
– Bohužiaľ, ešte nie. Ale v máji pôjdeme na exkurziu a myslím, že pôjdeme aj do Nízkych a do Vysokých Tatier.

– Prosím si zápalky.
– Koľko?
– Dajte mi, prosím, šesť škatuliek!

– Kde budeš bývať v Bratislave? V hoteli?
– Nie, u niektorej z mojich priateliek.

– Janko, nedávaj si kľúče do vreciek! Pozri sa, v každom vrecku máš dieru!

POČÚVAJTE, ČO HOVORÍME!

– To je jedna z najväčších tovární v meste. Pracuje tu niekoľko sto robotníčok.
– Pracujú tu aj muži?
– Áno, ale je tu viac robotníčok ako robotníkov.

– Rozumieš tomuto textu?
– Nie celkom. Je tu ešte niekoľko nových slovíčok.
– Daj mi slovník, pomôžem ti nájsť tie slovíčka.

 ## VŠIMNITE SI!

Podstatné mená – IVb. F $\acute{}$ = = a / N $\acute{}$ = = o / **2. pád – množné číslo**
(substantíva)   / (genitív) – (plurál)

To je pekná látka.

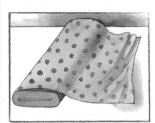

látka

Tu je veľa pekných látok.

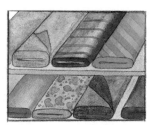

látok

Aké krásne jabĺčko!

jabĺčko

Koľko krásnych jabĺčok!

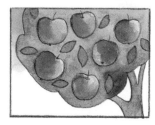

jabĺčok

látok | $\acute{}$ = o = | **jabĺčok**

Príklady

– Môžeš mi požičať sto korún? Musím kúpiť päť lepiacich pások, ale nemám dosť peňazí.

– V triede na stole leží niekoľko pravítok a gúm. Nevieš, čie sú?

– Ten príklad bol veľmi ťažký. Nemohol som ho vypočítať.
– Ani ja. Opýtal som sa všetkých spolužiakov a spolužiačok, ale nikto nerozumel tomu príkladu.

– Ideš do obchodu? Prines mi, prosím ťa, desať vajíčok!

– Má Jana vždy toľko listov?
– Nie, iba dnes. Má narodeniny a dostala listy od všetkých kamarátok a spolužiačok.

– Kto vám povedal, že potrebujete fotografiu?
– Jedna z úradníčok v kancelárii mi to povedala.

POZOR!

● **Niektoré podstatné mená** (substantíva) **na** -um **tvoria 2. pád** (genitív) **takto:**

laboratórií, múzeí, gymnázií...	– um
antibiotík, toxík...	= um
centier...	= = um

podľa toho, čo sa nachádza pred koncovkou -um!

● **Vsuvky** (infixy) = ie = / = o = **nedávame, ak slovo možno ľahko vysloviť.**

Napríklad:
lampa – lámp, ihrisko – ihrísk, ústa – do úst, mesto alebo miesto – miest, lopta – lôpt atď.

VŠIMNITE SI!   Prevod priamej reči na nepriamu / oznamovacie vety – I.

Profesor hovorí:
„Zajtra pôjdeme na exkurziu.“

– Čo hovoril profesor?

– Profesor hovoril, že zajtra
   pôjdeme na exkurziu.

: „.“ ⟶ ..., že...

Cvičenie

17

S1. – Janko napísal: „Praha je krásne
       mesto.“
S2. – Čo napísal Janko?
R. – Janko napísal, že Praha je krásne
       mesto.

– Otec povedal: „Musím ísť k lekárovi.“
– Čo povedal otec?
– Otec povedal, že musí ísť k lekárovi.

– Eva telefonovala: „Nemôžem prísť.“
– Čo telefonovala Eva?
– Eva telefonovala, že nemôže prísť.

– Rádio hlásilo: „Zajtra bude pršať.“
– Čo hlásilo rádio?
– Rádio hlásilo, že zajtra bude pršať.

– Rozhodol som sa: „Budem lekárom.“
– Čo si sa rozhodol byť?
– Rozhodol som sa, že budem lekárom.

VŠIMNITE SI!   Prevod priamej reči na nepriamu / rozkazovacie vety – II.

Otec hovorí (synovi):
„Zatvor okno!"

– Čo hovorí otec?
(– Čo hovorí otec synovi?)

– Otec hovorí (synovi), aby
zatvoril okno.
(– Otec hovorí synovi, nech
zatvorí okno.)

```
: „...!" ──────────▶  , aby...     l, la, lo, li
                      , nech...
```

  ### Cvičenie

18

> S1. – Profesor povedal: „Čítajte pomaly!"
> S2. – Čo povedal profesor?
> R. – Profesor povedal, aby sme čítali pomaly.

– Matka povedala synovi: „Pomáhaj
  starému otcovi!"
– Čo povedala matka synovi?
– Matka povedala synovi, aby pomáhal
  starému otcovi.

– Lekár radil pacientovi: „Ležte a berte lieky!"
– Čo radil lekár pacientovi?
– Lekár radil pacientovi, aby ležal a bral
  lieky.

– Chlapec prosí kamarátku: „Príď o piatej!"
– Čo prosí chlapec kamarátku?
– Chlapec prosí kamarátku, aby prišla
  o piatej.

– Strážnik hovorí chodcovi: „Choďte
  po chodníku!"
– Čo hovorí strážnik chodcovi?
– Strážnik hovorí chodcovi, aby chodil
  po chodníku.

▽ POZOR!

- **Sloveso** (verbum) **po slove** „aby" **má formu minulého času,
  ale nie je to minulý čas!**

- **Po slove** „nech" **má verbum formu prítomného času.
  Toto slovo používame menej ako slovo** „aby"
  a obyčajne len v 3. osobe.

Napríklad:
Povedz mu, aby sa učil/nech sa učí.

● ● ● TO UŽ VIEME! ● ● ● ● ● ● ● ● ● ●

Pani Kováčová sa pýta: „Janko, máme chlieb?"
Pani Kováčová sa pýta, či majú chlieb.

VŠIMNITE SI! Prevod priamej reči na nepriamu / opytovacie vety – III.

Cudzinec sa pýtal:
„Hovoríte po anglicky?"

– Čo sa pýtal ten cudzinec?

– Cudzinec sa pýtal, či hovorím po anglicky.

```
:  „?" ———————▶  ..., či...
```

——————————— ale ———————————

Eva sa pýta: „Kto telefonuje?"

– Čo si sa pýtala, Eva?

– Pýtala som sa, kto telefonuje.

Ivan sa pýta: „Kde je slovník?"

– Čo sa pýta Ivan?

– Ivan sa pýta, kde je slovník.

Janko sa pýtal: „Kam cestujete?"

– Čo sa pýtal Janko?

a tak ďalej.

– Janko sa pýtal, kam cestujeme.

POZOR!

- **Keď je v priamej otázke na začiatku sloveso** (verbum),
je v nepriamej reči spojka (konjunkcia) „či"!

- **Keď na začiatku opytovacej vety stojí opytovacie zámeno,**
napr. „kto / čo / kde / kam / aký / ktorý/ koľko...,"
veta sa v nepriamej reči nemení
a nikdy nepoužívame spojku „či"!

Cvičenia

19, 20

S1. – Každý deň mu hovorím: „Uč sa!"
S2. – Čo mu hovoríte každý deň?
R. – Každý deň mu hovorím, aby sa učil.
(– Každý deň mu hovorím, nech sa učí.)

– Včera som ju prosil: „Zavolaj lekára!"
– Čo ste ju včera prosili?
– Včera som ju prosil, aby zavolala lekára.
(– Včera som ju prosil, nech zavolá lekára.)

– Napísali mi: „Príďte na študijné oddelenie!"
– Čo vám napísali?
– Napísali mi, aby som prišiel na študijné oddelenie.
(– Napísali mi, nech prídem na študijné oddelenie.)

– Staničný rozhlas hlási: „Nastúpte na rýchlik do Prahy!"
– Čo hlási staničný rozhlas?
– Staničný rozhlas hlási, aby sme nastúpili na rýchlik do Prahy.
(– Staničný rozhlas hlási, nech nastúpime na rýchlik do Prahy.)

S1. – Kamarát sa pýtal: „Môžeš mi pomôcť?"
S2. – Čo sa pýtal kamarát?
R. – Kamarát sa pýtal, či mu môžem pomôcť.

S1. – Eva sa pýta: „Čo mám teraz robiť?"
S2. – Čo sa pýta Eva?
R. – Eva sa pýta, čo má teraz robiť.

– Opýtal som sa pokladníčky: „Máte ešte lístky?"
– Čo si sa opýtal pokladníčky?
– Opýtal som sa pokladníčky, či ešte majú lístky.

– Mama sa pýtala: „Ako dlho budete na exkurzii?"
– Čo sa pýtala mama?
– Mama sa pýtala, ako dlho budeme na exkurzii.

– Chcem sa ho opýtať: „Odkiaľ je tá krásna pohľadnica?"
– Čo sa ho chceš opýtať?
– Chcem sa ho opýtať, odkiaľ je tá krásna pohľadnica.

– Opýtali sme sa jej: „Prečo si neprišla?"
– Čo ste sa jej opýtali?
– Opýtali sme sa jej, prečo neprišla.

AKTUALITY

Janko: – Mami! Už boli televízne noviny? Čo hlásili?

„Do Bratislavy priletel prezident Rakúskej republiky. Na letisku ho privítal slovenský prezident."

Matka: – Hlásili, že do Bratislavy priletel prezident Rakúskej republiky a že náš prezident ho privítal na letisku.

„Bratislavský závod VOLKSWAGEN začal vyrábať nový typ auta."

– Ďalej hlásili, že bratislavský závod VOLKSWAGEN začal vyrábať nový typ auta.

„Náš reportér sa pýtal inžiniera Holého:
– Bude nový hotel do júna hotový? Ako sa bude volať?"

– Reportér sa pýtal, či bude hotel do júna hotový. Potom sa pýtal, ako sa bude hotel volať.

„Nový hráč z Košíc, Petrík, dal včera tri góly a Košice sú majstrom."

– Potom hlásili, že nejaký nový hráč z Košíc dal tri góly a že Košice sú majstrom.

„Zajtra bude na Slovensku premenlivé počasie, večer búrky. Denné teploty budú 22 až 26 stupňov."

– Meteorológ hovoril, že bude premenlivé počasie, že na Slovensku budú búrky. A že denné teploty budú 22 až 26 stupňov.

„Doktor Starý hovoril:
– Pite viac mlieka! Jedzte viac syrov a ovocia! Športujte a, samozrejme, nefajčite!"

– Doktor hovoril, aby sme pili viac mlieka. Potom hovoril, aby sme jedli viac syrov a ovocia, aby sme športovali a nefajčili.

„Naša reklama: – Deti! Čistite si zuby po každom jedle! Používajte novú zubnú pastu ABC!"

– Potom bola reklama na novú zubnú pastu pre deti. Zubná pasta sa volá ABC.
– Hej, Janko, kam utekáš?

– To už viem! Aj ty mi každý deň hovoríš, aby som si čistil zuby po každom jedle a aby som používal zubnú pastu...

DIVADLÁ NA SLOVENSKU

Divadlo má v mnohých krajinách na svete dlhú tradíciu. Mnohí ľudia poznajú staré čínske a japonské divadlo, v mnohých mestách v Európe ešte môžeme nájsť staré grécke a rímske amfiteátre.

Slovenské divadlo nemá takú dlhú históriu, ale vieme, že i tu hrali divadlo už v stredoveku. V tom čase hrali divadlo obyčajne študenti v školách alebo herci, ktorí chodili z mesta do mesta a hrali divadlo na námestí alebo v hostinci.
Najstaršia budova divadla, v ktorej ešte i teraz hrajú, je divadlo v Trnave z roku 1831.

V Košiciach bolo najprv drevené divadlo, podobne ako v Bratislave. Postavili ho v roku 1789 a stálo na tom istom mieste v centre mesta, kde je teraz Štátne divadlo.

V roku 1776 postavili v Bratislave pekné veľké divadlo. Tu hrali až do roku 1884. Potom vybudovali nové divadlo, ktoré otvorili v roku 1886. Divadlo je na tom istom mieste, kde bolo staré a hrajú tam doteraz. Tu hrá teraz opera a balet Slovenského národného divadla. Divadlo je už malé, a preto pri Dunaji stavajú nové moderné divadlo.

  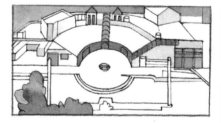

V súčasnosti je na Slovensku už viac divadiel. V Bratislave je osem divadiel a niekoľko divadelných sál v kultúrnych domoch. Najnovšie divadlá sú v Nitre a v Prešove. Divadlá majú aj iné väčšie mestá (Banská Bystrica, Zvolen, Žilina, Martin, Spišská Nová Ves atď.).
Na Slovensku sú aj divadlá pre iné národnosti, ktoré tu žijú. V Prešove je Ukrajinské národné divadlo, kde hrajú v ukrajinskom jazyku. V Komárne je Maďarské oblastné divadlo, kde hrajú po maďarsky.

VŠIMNITE SI!

Osobné zámená my / vy
(personálne pronominá)

VY

MY

- To ste vy, pani Horáková?

– Áno, ja. Dobrý deň, pani Kováčová.

– Včera som telefonovala, ale asi ste neboli doma.

– My? Ale áno, boli sme doma. Ach, už viem, boli sme v záhrade. Tam nepočuť telefón.

- Dostala som **od vás** jablčka a chcem sa poďakovať. Sú krásne!

– Máme **u nás** v záhrade aj iné ovocie, ale tieto jablká sú najkrajšie. Tohto roku je veľa jablk.

- Janko príde v sobotu **k vám** a prinesie **vám** košík. Nepotrebujete ho do soboty?

– Nie. Nemusí **nám** priniesť košík.
Idem zajtra do mesta a vezmem si ho sama.

- To je dobre! Teším sa, že **vás** uvidím. Kedy prídete?

– Prídem hneď po obede. Budete doma? Ale prídem iba na chvíľu.
Naši priatelia Malíkovci **nás** pozvali na návštevu.

- Malíkovci? Aj my ich poznáme! Minulý týždeň sme **o vás** hovorili.

– Aký je svet malý! Pani Malíková je z našej dediny a bývala celkom blízko **pri nás.**

- Viem. Hovorila tiež, že chodila **s vami** do školy. Sú to veľmi milí ľudia.

– Áno. Už dlhé roky sa priatelia **s nami.** Raz sa môžeme stretnúť všetci u nás!

POZOR!

- **MY a VY majú len jednu formu:**
  - **s predložkou** (prepozíciou):   – Mám lístky pre vás.
  - **bez predložky** (prepozície):   – Včera som vás chcel navštíviť.
  - **na začiatku vety:**   – Vás som tu ešte nevidel!

- **VY / VÁS / VÁM / VAMI používame v množnom čísle** (pluráli)
  aj v jednotnom čísle (singulári) – **keď vykáme:**
  - Včera som vás hľadal, ale neboli ste doma.
  - Včera? Už viem, boli sme   – Včera? Už viem, bol som   – Včera? Už viem, bola som
    v meste. (my)   v meste. (ja – muž)   v meste. (ja – žena)

Príklady

- Aké otázky vám dali pri skúške?
- Pýtali sa nás na niečo z biológie, chémie a fyziky. Z matematiky sme neodpovedali, dali nám len tri príklady.

- Vy ste nevedeli, že stará pani Peterková zomrela?
- Ale čo! Kedy? Nikto nám to nepovedal.
(– Ale čo! Kedy? Nikto mi to nepovedal.)

- Je Miro u vás?
- U nás? Teraz nie. Prišiel k nám po vyučovaní. Sedel u nás celé popoludnie a hral s nami karty. Ale už tu nie je.

- Kedy odišiel od vás?
- Iba pred chvíľou odišiel od nás.

Cvičenia

S. – Prepáčte, dnes vás nemôžem navštíviť. R. – To nič. Môžete nás navštíviť zajtra.

- Prepáčte, dnes vám nemôžeme zatelefonovať.
- To nič. Môžete nám zatelefonovať zajtra.

- Prepáčte, dnes s vami nemôžem ísť.
- To nič. Môžete s nami ísť zajtra.

- Prepáčte, dnes vám nemôžem pomôcť.
- To nič. Môžete nám pomôcť zajtra.

- Prepáčte, dnes k vám nemôžem prísť.
- To nič. Môžete k nám prísť zajtra.

- Prepáčte, dnes vám tú knihu nemôžem vrátiť.
- To nič. Môžete nám tú knihu vrátiť zajtra.

S. – Už ste nám to poslali? R. – Nie, ale zajtra vám to pošleme.

- Už ste nám to preložili?
- Nie, ale zajtra vám to preložíme.

- Už ste nám to kúpili?
- Nie, ale zajtra vám to kúpime.

- Už ste nás ospravedlnili u riaditeľa?
- Nie, ale zajtra vás ospravedlníme.

- Už ste u nás boli?
- Nie, ale zajtra u vás budeme.

- Už ste nad nami vyhrali?
- Nie, ale zajtra nad vami vyhráme.

POZRITE SA! Slovesá na -núť / -nuť (D)
(verbá)

Tieto slovesá (verbá) **sú veľmi často dokonavé!**

– To je dôležité slovo. Musím si ho **podčiarknuť.** Vždy si **podčiarkujem** dôležité slová.	PODČIARKNUŤ PODČIARKOVAŤ	(D) (Nd)
– Dnes mi doktor **pichne** poslednú injekciu. Dúfam, že mi už nebude **pichať** iné injekcie.	PICHNÚŤ PICHAŤ	(D) (Nd)
– Neviem, či som **zamkol** dvere, keď som odchádzal. – **Zamykaj** vždy dvere!	ZAMKNÚŤ ZAMYKAŤ	(D) (Nd)
– Ktorý sveter si kúpite? Ten červený alebo ten modrý? – Neviem **sa rozhodnúť,** obidva sú pekné.	ROZHODNÚŤ (sa) ROZHODOVAŤ (sa)	(D) (Nd)
– Počuli ste? Myslím, že niečo **padlo.** – To nič. Zuzke **padla** lyžička na zem.	PADNÚŤ PADAŤ	(D) (Nd)
– Môžem **si sadnúť** tam na tú lavicu? – Ešte **si nesadajte!** Musím ju utrieť... Tak, nech sa páči, teraz **si sadnite!**	SADNÚŤ SI SADAŤ SI	(D) (Nd)
– Už som skončil prácu. Teraz **si** môžem **oddýchnuť.** – Budeš dlho **oddychovať?**	ODDÝCHNUŤ SI ODDYCHOVAŤ	(D) (Nd)

TERAZ SI PREČÍTAJTE ŽART (...a nezabudnite pritom na genitív!)

Malý Jožko dostal nový bicykel.
Otec sa pozerá z okna, ako sa Jožko
bicykluje.

Jožko volá:
– Otecko, pozri! Bez nôh!

O chvíľu Jožko volá:
– Otecko, pozri! Bez rúk!

BUM!!! BÁC!!! TRESK!!!

..a potom Jožko volá:
– Otecko, pozri! Bez zubov!

🔲 ĽUDSKÉ TELO

Text

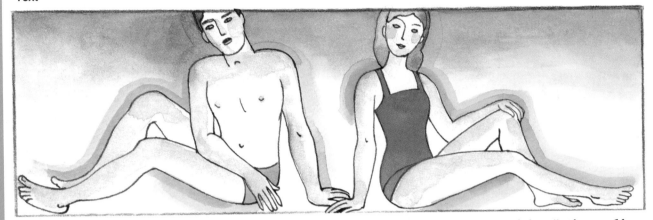

Hlava, krk, trup, horné a dolné končatiny – to sú časti ľudského tela. Hornú končatinu voláme „ruka", dolnú končatinu „noha". Ale také jednoduché to nie je! Ľudské telo má veľa dôležitých častí. Každá má svoju funkciu, ktorú môže vykonávať len vtedy, keď je zdravá.

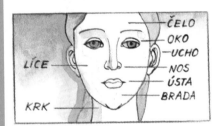
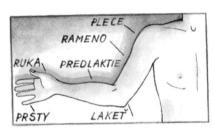
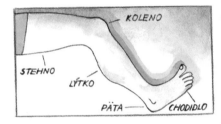

Pozrime sa, napríklad, z čoho sa skladá hlava! Predná časť hlavy sa volá tvár. Horná časť sa volá čelo, pod ním sú oči (pravé a ľavé oko). Keď sú oči zatvorené, vidíme viečka, ktoré chránia oči pred svetlom a prachom. Na každej strane hlavy je ucho. Uši a oči sú dôležité orgány. Uprostred tváre sa nachádza nos a pod ním sú ústa. Dospelý človek má v ústach 32 zubov a jazyk. V hlave je jeden z našich najdôležitejších orgánov – mozog. Keď zatvoríme ústa, vidíme hornú a dolnú peru. Celkom dole je brada.

Horná končatina sa skladá z pleca, ramena, lakťa, predlaktia a ruky. Na ruke je dlaň a päť prstov: palec, ukazovák, prostredník, prstenník a malíček. Ruky sú veľmi dôležité časti ľudského tela – čo by sme robili, keby sme ich nemali!

Veľmi dôležité sú aj nohy, presnejšie – dolné končatiny. Dolnú končatinu tvorí stehno, koleno, lýtko a chodidlo. Zadná časť chodidla je päta. Aj na nohe sú prsty. Na prstoch rúk i nôh máme nechty.

Všimnite si, aké silné svaly majú na horných a dolných končatinách ľudia, ktorí fyzicky pracujú alebo športujú! Svaly nám umožňujú pohybovať sa, zdvíhať, chytať, chodiť, nosiť...

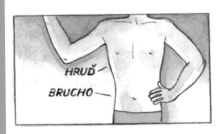
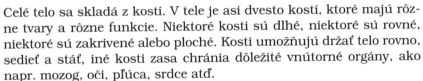

Celé telo sa skladá z kostí. V tele je asi dvesto kostí, ktoré majú rôzne tvary a rôzne funkcie. Niektoré kosti sú dlhé, niektoré sú rovné, niektoré sú zakrivené alebo ploché. Kosti umožňujú držať telo rovno, sedieť a stáť, iné kosti zasa chránia dôležité vnútorné orgány, ako napr. mozog, oči, pľúca, srdce atď.

Prednú časť trupu tvorí hruď a brucho. V trupe sú veľmi dôležité orgány: srdce, pľúca, žalúdok, črevá a obličky. V celom tele sú žily a tepny, v ktorých prúdi krv. Z mozgu vedú do celého tela nervy. Zadná časť trupu sa volá chrbát. Celé naše telo je pokryté kožou. Koža chráni ľudské telo. Na hlave rastú vlasy, na niektorých častiach tela máme chlpy.

Ľudské telo je ako stroj a ak je zdravé, funguje výborne. Ale tak, ako sa v stroji môže pokaziť nejaká súčiastka, aj v tele môže ochorieť nejaký orgán. A potom už musíme vyhľadať lekára...

Práca lekára je veľmi ťažká a zodpovedná: jeho chybu nie je ľahké napraviť, niekedy je to celkom nemožné.

POČÚVAJTE, ČO HOVORÍME!

Nepravidelný 2. pád
(genitív)

– Bol si na futbale?
– Nie, nešiel som, pretože tam bolo veľa ľudí.   (ľudia) – I.

– Sú tu ešte voľné miesta?
– Nie, v našej reštaurácii je vždy veľa hostí/hosťov.   (hostia) – II.

– Kúpil si si ten kabát?
– Nie, nekúpil. Mal som málo peňazí.   (peniaze) – III.

– Aké bolo počasie v Tatrách?
– Pekné. Niekoľko dní bolo chladnejšie, ale mali sme aj veľa pekných dní.   (dni) – IV.

Príklady

– Kto je ten človek? Poznáte ho?   (nom. sg.)
– Kto sú tí ľudia? Poznáte ich?   (nom. pl.)
– Myslím, že nebude miesto pre všetkých ľudí.   (akuz. pl. =
– Na zastávke čakalo asi desať ľudí.   = gen. pl.)

– Posledný hosť odišiel asi o desiatej hodine.   (nom. sg.)
– Prišli už všetci hostia?   (nom. pl.)
– Študenti pripravili program pre hostí/hosťov.   (akuz. pl. =
– Čašník sa pýtal hostí/hosťov, čo si prajú.   = gen. pl.)

– Je to kovový alebo papierový peniaz?   (nom. sg.)
– Čo je v tej skrinke? Sú tam peniaze?   (nom. pl. =
– Áno. Michal tu zabudol všetky peniaze.   = akuz. pl.)
– Koľko peňazí si zarobil v továrni?   (gen. pl.)

– Prvý deň v škole bol najťažší.   (nom. sg.)
– V zime sú dni krátke, v lete sú dlhé.   (nom. pl. =
– Chlapci už rátali dni do konca školského roku.   = akuz. pl.)
– To bola exkurzia! Celých desať dní pršalo!   (gen. pl.)

Cvičenie

11

S. – Sú tu nejaké peniaze?
R. – Áno, neboj sa, je tu dosť peňazí.

S. – Prídu všetci hostia?
R. – Áno, neboj sa, príde dosť hostí (hosťov).

– Máme ešte nejaké voľné dni?
– Áno, neboj sa, máme ešte dosť voľných dní.

– Počuli to všetci ľudia?
– Áno, neboj sa, počulo to dosť ľudí.

– Videli všetci hostia náš program?
– Áno, neboj sa, dosť hostí (hosťov) videlo náš program.

– Zostali nám ešte nejaké peniaze?
– Áno, neboj sa, zostalo nám ešte dosť peňazí.

– Prečítali to nejakí ľudia?
– Áno, neboj sa, prečítalo to dosť ľudí.

● ● ● ● **TO UŽ VIEME!** ●

– Trocha sa porozprávame o hercoch a herečkách.

– Všimnite si, aké silné svaly majú na horných
a dolných končatinách ľudia, ktorí fyzicky pracujú alebo športujú!

– Na prstoch rúk a nôh máme nechty.

● ●

VŠIMNITE SI!

Podstatné mená (Mž/Mn) **/ 6. pád – množné číslo**
(substantíva)   / (lokál) – (plurál)
(o) KOM? / (o) ČOM?

To sú
futbalisti

Čítali sme o   (Mž)

futbalistoch
vedcoch
hercoch
robotníkoch

~ **-och**

obrazy

obrazoch   (Mn)
mostoch
hoteloch
strojoch
bojoch

~ **-och**

Cvičenia

12, 13

S. – Na čom budeme spať? Sú tu nejaké
     gauče?
R. – Áno. Budete spať na gaučoch.

S. – Pri kom budeme sedieť? Sú tu nejakí
     študenti?
R. – Áno. Budete sedieť pri študentoch.

S. – V čom budeme nosiť zemiaky? Sú tu
     nejaké koše?
R. – Áno. Budete nosiť zemiaky v košoch.

S. – Zajtra otvoria nový internát. Študenti
     už prišli.
R. – Viem, aj ja som počul o študentoch.

– Zajtra otvoria novú továreň. Robotníci
  už prišli.
– Viem, aj ja som počul o robotníkoch.

– Zajtra otvoria nový most. Architekti už
  prišli.
– Viem, aj ja som počul o architektoch.

– Zajtra bude premiéra filmu. Herci už prišli.
– Viem, aj ja som počul o hercoch.

– Zajtra sa začnú majstrovstvá. Športovci
  už prišli.
– Viem, aj ja som počul o športovcoch.

– Na čom budeme pracovať? Sú tu
  nejaké stroje?
– Áno. Budete pracovať na strojoch.

– Pri čom budeme pomáhať? Robíte nejaké
  experimenty?
– Áno. Budete pomáhať pri experimentoch.

– V čom budeme hľadať tie slová? Máte
  nejaké slovníky?
– Áno. Budete hľadať tie slová v slovníkoch.

– Na čom budeme kresliť? Sú tu nejaké stoly?
– Áno. Budete kresliť na stoloch.

VŠIMNITE SI! **Podstatné mená** (F/N) **/ 6. pád – množné číslo**
(substantíva) / (lokál) – (plurál)
(o) KOM? / (o) ČOM?

To je kniha			Hovoríme o	(F)
			knihách horách školách univerzitách	**– -ách**
mesto			mestách kinách laboratóriách divadlách múzeách	(N)
To je šálka			Hovoríme o	(F)
			šálkach skúškach známkach piesňach	**– -ach**
víno			vínach jabĺčkach vajíčkach viečkach slovíčkach	(N)
To je učebnica			Hovoríme o	(F)
			učebniciach pohľadniciach miestnostiach lodiach	**– -iach**
vysvedčenie		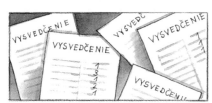	vysvedčeniach poliach moriach srdciach námestiach	(N)

POZOR!

● **Krátku koncovku** -ach **majú aj slová, ktoré sa končia na** -ja/-j!

Napríklad:
aleja – Prechádzame sa v alejach.
koľaj – Vlaky a električky chodia po koľajach.

Cvičenie
14

> S. – Nepoznám tie knihy.
> R. – Ako je to možné? Všetci hovoria o tých knihách.
>
> S. – Nepoznám tie básne.
> R. – Ako je to možné? Všetci hovoria o tých básňach.
>
> S. – Nepoznám tie knižnice.
> R. – Ako je to možné? Všetci hovoria o tých knižniciach.

– Nepoznám tie jazerá.
– Ako je to možné? Všetci hovoria o tých jazerách.

– Nepoznám tie galérie.
– Ako je to možné? Všetci hovoria o tých galériách.

– Nepoznám tie tabletky a injekcie.
– Ako je to možné? Všetci hovoria o tých tabletkách a injekciách.

– Nepoznám tie herečky.
– Ako je to možné? Všetci hovoria o tých herečkách.

 VŠIMNITE SI!

Prídavné mená / 6. pád – množné číslo
(adjektíva) / (lokál) – (plurál)

tí/tie	Hovoríme o **tých**		
dvaja/dva/dve	dvoch		
traja/tri	troch		
štyria/štyri	štyroch		(Mž/Mn/F/N)
		mužoch	
mladí/mladé	mladých	domoch	– -ých
krásni/krásne	krásnych	knihách	
cudzí/cudzie	cudzích	moriach	´ -ych
moji/moje	mojich		ˇ -ích
tvoji/tvoje	tvojich		
naši/naše	našich		
vaši/vaše	vašich		
otcovi/otcove	otcových		
matkini/matkine	matkiných		
piati/päť	piatich		
šiesti/šesť	šiestich		
atď.	atď.		
	Hovoríme o NICH		

Príklady

– Bol krásny teplý večer. Po chodníkoch, uliciach, námestiach a parkoch sa prechádzali ľudia.

– Zajtra bude vyučovanie vo všetkých triedach len do desiatej. Po prvých dvoch hodinách pôjdeme na exkurziu.

– Prečo sú zakázané návštevy vo všetkých nemocniciach?
– Pretože mnohí ľudia majú chrípku.

– Čo ste robili tak dlho v meste?

– Stáli sme pri všetkých výkladoch, boli sme vo všetkých obchodných domoch a sedeli sme v dvoch cukrárňach.

– V niektorých izbách a triedach bol poriadok, ale nie vo všetkých. V niektorých miestnostiach budeme zajtra upratovať.

– Na niektorých stranách boli obrázky, na ostatných stranách boli články. Vo všetkých článkoch boli zaujímavé informácie o rôznych krajinách, o veľkých mestách, o prírodných krásach a bohatstvách, o ľudových tancoch a piesňach.

– Keď sme odchádzali, boli vo všetkých vagónoch ešte voľné miesta, ale na všetkých staniciach nastupovali ľudia, a preto mnohí museli stáť aj na chodbách.

▭ Cvičenia

15, 16

S. – Používaš tie japonské filmy? Čítal si o nich?

R. – Áno, čítal som o tých japonských filmoch, ale nepoužívam ich.

– Berieš tie nové lieky? Vedel si o nich?

– Áno, vedel som o tých nových liekoch, ale neberiem ich.

– Poznáš dobre Vysoké Tatry? Bol si v nich?

– Áno, bol som vo Vysokých Tatrách, ale nepoznám ich dobre.

– Kúpili ste tie písacie stroje? Písali ste na nich?

– Áno, písali sme na tých písacích strojoch, ale nekúpili sme ich.

– Pozvali ste tie dve zahraničné študentky? Včera ste sedeli pri nich?

– Áno, včera sme sedeli pri tých dvoch zahraničných študentkách, ale nepozvali sme ich.

S. – Prečo ste nehovorili o tých nových metódach?

R. – Akože nie? Už sme o nich hovorili.

S. – Prečo nie sú obrusy na tých stoloch vzadu?

R. – Akože nie? Už sú na nich obrusy.

S. – Prečo nebývajú študenti v tých nových izbách?

R. – Akože nie? Už v nich bývajú.

– Prečo nestoja stoličky pri tých stoloch?

– Akože nie? Už pri nich stoja.

– Prečo ste nešli po tých pohyblivých schodoch?

– Akože nie? Už sme po nich išli.

– Prečo nie sú známky na všetkých obálkach?

– Akože nie? Už na nich sú.

– Prečo nevedia žiaci o zmenách v rozvrhu?

– Akože nie? Už o nich vedia.

V NEMOCNICI

Ako obyčajne, išli Kováčovci v nedeľu ráno na výlet do neďalekých hôr. Bolo pekne a teplo, ale pani Kováčová povedala:

– Počasie je teraz veľmi premenlivé. Vezmite si aj nejaké teplé veci a vetrovku alebo plášť do dažďa! Vrátime sa až večer, ktovie, aké bude počasie.

A skutočne! Poobede sa počasie zrazu zmenilo. Začal fúkať chladný vietor a rozpršalo sa. Eva zmokla a triasla sa od zimy, pretože nemala teplé oblečenie.

Už večer, keď sa vrátili domov, sa Eva necítila dobre. Ihneď si ľahla do postele. Kýchala a kašľala celý večer. Matka jej dala horúci čaj s citrónom a tabletku acylpyrínu, aby sa potila.

V noci sa zobudila, pretože mala plný nos a nemohla dýchať. Keď si odmerala teplotu, teplomer ukazoval skoro 39 stupňov.

„Aká som bola hlúpa," myslela si Eva, „že som si nevzala vetrovku. Ak ochoriem, nebudem môcť ísť na diskotéku. A tak som sa tešila!"

Ráno sa cítila veľmi zle. Hoci Eva protestovala, pani Kováčová telefonovala na polikliniku.
– Tu Kováčová. Sestrička, prosím vás, môže pán doktor prísť k nám? Dcéra je chorá. Má vysokú horúčku, kašle a ťažko dýcha. Myslím, že včera prechladla.
– Teraz je pán doktor u jedného pacienta, ale keď sa vráti, určite k vám príde.
O necelú polhodinu doktor zvonil:
– Tak kde máte pacientku? Ako sa má?

Lekár Evu vyšetroval dosť dlho a stále krútil hlavou:
– Viete, hrdlo je v poriadku, ale nepáči sa mi tá horúčka. Myslím, že počujem niečo na pľúcach.
– Pán doktor, – spýtala sa Eva, – budem môcť v sobotu vstať? Chcem ísť na diskotéku.
– To iste nie! Nie som si istý, ale myslím, že je to zápal pľúc. Bude lepšie, keď pôjdete do nemocnice. Pošlem vám sanitku.

Eva sa hnevala na seba, ale nedalo sa nič robiť. Pani Kováčová ešte rýchlo zatelefonovala do školy, že Eva nebude môcť prísť a o chvíľu ich sanitka viezla do nemocnice.

Tam Evu ešte raz vyšetrili a zröntgenovali. Bol to skutočne zápal pľúc. Eva potom užívala antibiotiká, nejaké tabletky a kvapky do nosa a o niekoľko dní sa už prechádzala po chodbe a po izbách. Keď sa vrátila domov, bola ešte slabá, ale cítila sa dobre. Nabudúce sa Eva iste dobre oblečie.

Človek sa učí na vlastných chybách!

ČO BUDETE ROBIŤ, AK...? / ČO UROBÍTE, AK...?

VŠIMNITE SI! **Podmieňovací spôsob budúci**
(kondicionál futúra)

– Čo budete robiť, AK NEDOSTANETE LÍSTKY DO KINA?
– AK NEDOSTANEME LÍSTKY DO KINA, budeme pozerať televíziu.

– Čo urobíte, AK VÁŠ KOLEGA NEPRÍDE?
– AK MÔJ KOLEGA NEPRÍDE, vrátim sa domov.

Cvičenie
17

S. – Myslíš, že príde? Bude zdravý?
R. – Ak bude zdravý, iste príde.

S. – Myslíš, že kúpi to auto? Nebude príliš drahé?
R. – Ak to auto nebude príliš drahé, iste ho kúpi.

– Myslíš, že pôjdeme na exkurziu? Nebude pršať?
– Ak nebude pršať, iste pôjdeme na exkurziu.

– Myslíš, že Miro urobí skúšku? Preštuduje dozajtra všetko?
– Ak Miro dozajtra preštuduje všetko, iste urobí skúšku.

ČO BUDETE ROBIŤ, KEĎ...? / ČO UROBÍTE, KEĎ...?

VŠIMNITE SI! **Časové vety**
(temporálne vety)

- Kedy budeme večerať?
- KEĎ SA OTEC VRÁTI, budeme večerať.

- Kedy odcestujeme?
- KEĎ PETER OPRAVÍ AUTO, odcestujeme.

Príklady

- Kedy napíšeš Milanovi list?
- Keď budem mať čas, napíšem mu.

- Kedy sa začneme učiť?
- Začneme sa učiť, keď bude šesť hodín, dobre?

– Kedy prídeš domov?
– Keď skončím prácu, prídem domov.

POZOR!

● **Niekedy používame spojku** (konjunkciu) „keď"
namiesto „ak", **ale všimnite si, že**
„ak" **vyjadruje podmienku**
a „keď" **vyjadruje čas!**

POČÚVAJTE TIETO ROZHOVORY!

Všimnite si rozdiely medzi podmienkovou a časovou vetou!

– Pôjdete do Prahy autom?
– Ak bude auto opravené, pôjdeme.
(To znamená: ...ale ak nebude auto opravené, nepôjdeme, alebo pôjdeme autobusom, vlakom, lietadlom...)

– Pôjdete do Prahy autom?
– Keď bude auto opravené, pôjdeme.
(To znamená: celkom iste pôjdeme autom, ale nie teraz, až potom, keď bude auto opravené.)

– Kúpiš si ten kabát?
– Ak budem mať dosť peňazí, kúpim si ho.
(To znamená: ...ale ak nebudem mať dosť peňazí, nekúpim si ho, alebo si kúpim iný, lacnejší kabát.)

– Kúpiš si ten kabát?
– Keď budem mať dosť peňazí, kúpim si ho.
(To znamená: celkom iste si kúpim tento kabát, ale nie teraz, až potom, keď budem mať dosť peňazí.)

Cvičenia

18, 19

S. – Chcete urobiť skúšku? Musíte sa učiť!
R. – Ak sa budem učiť, urobím skúšku?

– Chcete byť skoro zdravý? Berte lieky!
– Ak budem brať lieky, budem skoro zdravý?

– Chcete mať jednotku? Musíte vypočítať všetky príklady!
– Ak vypočítam všetky príklady, budem mať jednotku?

– Chcete vidieť niečo pekné? Poďte s nami!
– Ak pôjdem s vami, budem vidieť niečo pekné?

– Chcete vedieť presný čas? Zavolajte číslo 110!
– Ak zavolám číslo 110, budem vedieť presný čas?

S. – Už prišiel profesor? Opýtame sa ho?
R. – Ešte neprišiel. Keď príde, hneď sa ho opýtame.

– Už je tu taxík? Môžeme nastúpiť?
– Ešte tu nie je. Keď tu bude, hneď budeme môcť nastúpiť.

– Už prišli všetci? Začneme hrať?
– Ešte neprišli všetci. Keď prídu, hneď začneme hrať.

– Už máš noviny? Povieš mi, ako sa skončil futbal?
– Ešte nemám noviny. Keď ich budem mať, hneď ti poviem, ako sa skončil futbal.

– Už si zdravý? Pôjdeš so mnou do Prahy?
– Ešte nie som zdravý. Keď budem, hneď pôjdem s tebou do Prahy.

ČO BY SI ROBIL / ROBILA (UROBIL / UROBILA), KEBY...?

ČO BY STE ROBILI (UROBILI), KEBY...?

VŠIMNITE SI!

Podmieňovací spôsob prítomný
(kondicionál prézenta)

– Podávaš športku pravidelne?
– Áno, potrebujem peniaze.

– Čo by si robil, keby si mal
   peniaze?

– Keby som mal peniaze, kúpil by som si auto, letel by som do
   Paríža..., ale doteraz som ešte nevyhral nič!

– Nemôžeš ísť do kina?
– Nemôžem. Mám skúšku. Žiaľ!

– Čo by si robil, keby si nemal
   skúšku?

– Keby som nemal skúšku, išiel by som s tebou do kina, alebo by
   som hral futbal a večer by som išiel na diskotéku.

POZOR!

- **Ak je vo vete slovo „keby" a „by", má sloveso** (verbum)
  vždy formu -l/-la/-lo//-li, **ale nie je to minulý čas!**
  (Je to podobné ako pri slove „aby".)

- **Porovnajte:**
  (včera) – Keby som mal čas, išiel by som s tebou.
  (teraz) – Keby som mal čas, išiel by som s tebou.
  ale
  (zajtra) – Ak budem mať čas, pôjdem s tebou.

Príklady

(Vetu v zátvorke nemusíme opakovať!)
– Čo by ste robili, keby kolega neprišiel do práce?
– (Keby kolega neprišiel do práce), začali by sme bez neho.

– Kam by si šiel, keby si nedostal lístky do kina?
– (Keby som nedostal lístky do kina), šiel by som domov.

– Koho by ste pozvali, keby Horákovci nemohli prísť?
– (Keby Horákovci nemohli prísť), pozvali by sme Čiernych.

– S kým by si sa učil, keby Janko nemal čas?
– (Keby Janko nemal čas), učil by som sa s Mirom.

– Kde by sme bývali, keby sme nedostali hotel?
– (Keby sme nedostali hotel), bývali by sme v kempingu.

– Kedy by si prišiel, keby si zmeškal vlak?
– (Keby som zmeškal vlak), prišiel by som pozajtra.

Cvičenia

20, 21

S. – Prečo nejdeš na exkurziu? Si ešte chorý?
R. – Prirodzene. Keby som nebol chorý, išiel by som.
S. – A na budúci týždeň?
R. – Ak nebudem chorý, pôjdem.

S. – Prečo nejdeš na skúšku? Nevieš ešte všetko?
R. – Prirodzene. Keby som vedel všetko, išiel by som.
S. – A na budúci termín?
R. – Ak budem vedieť všetko, pôjdem.

– Prečo si to nepovedal Mirovi? Nestretol si ho?
– Prirodzene. Keby som ho stretol, povedal by som mu to.
– A zajtra?
– Ak ho stretnem, poviem mu to.

– Prečo si Eva kúpila ten zelený kabát? Nemali iný?
– Prirodzene. Keby mali iný kabát, kúpila by si ho.
– A na budúcu zimu?
– Ak budú mať iný kabát, kúpi si ho.

– Prečo ste dnes neleteli do Prahy? Bola hmla?
– Prirodzene. Keby nebola hmla, leteli by sme dnes.
– A zajtra?
– Ak nebude hmla, budeme letieť zajtra.

– Prečo si nezjedol všetko? Nebol si hladný?
– Prirodzene. Keby som bol hladný, zjedol by som všetko.
– A večer?
– Ak budem hladný, zjem všetko.

S. – Zabudol som si úlohu. Mám sa ospravedlniť profesorovi?
R. – Samozrejme. Keby som si ja zabudol úlohu, ospravedlnil by som sa.

– Urobil som chybu. Mám ju opraviť?
– Samozrejme. Keby som ja urobil chybu, opravil by som ju.

– Pokazil som rádio. Mám to povedať otcovi?
– Samozrejme. Keby som ja pokazil rádio, povedal by som mu to.

– Nevypol som žehličku. Mám zatelefonovať domov?
– Samozrejme. Keby som ja nevypol žehličku, zatelefonoval by som.

– Negratuloval som Mirovi. Mám mu poslať telegram?
– Samozrejme. Keby som mu ja negratuloval, poslal by som mu telegram.

POČÚVAJTE, ČO HOVORÍME! **Poradie dvoch zámen vo vete**
JA / TY / MY / VY

– Mám knihu pre Petra, ale Peter tu nie je. Môžem dať **tú knihu tebe?** (akuz. – dat.)
– Dobre, daj **mi ju!** (dat. – akuz.)

– To je kniha pre Mira.
– Miro tu nie je. Môžeš dať **tú knihu mne?** (akuz. – dat.)
– Dobre, dám **ti ju.** (dat. – akuz.)

– Kto nám priniesol balík?
– Dnes ráno **nám ho** priniesol poštár. (dat. – akuz.)

– Dnes sme dostali vašu pohľadnicu z Prahy. Ďakujeme.
– Dnes? Poslali sme **vám ju** už minulý týždeň! (dat. – akuz.)

POZOR!

- **Pamätáte sa, čo sme hovorili? Keď používame dve zámená, je poradie:** datív – akuzatív!

- **Pozrite sa na dialógy** 1 a 2! **Zámeno** „tebe" **a** „mne" **stojí na konci, kde tiež používame jeho plnú formu.**

 Cvičenie
22

S. – Kto nám poslal ten telegram? Peter?
R. – Áno, Peter nám ho poslal.

S. – Kto ti dal potvrdenie o štúdiu? Úradníčka?
R. – Áno, úradníčka mi ho dala.

S. – Kto vám pomáhal niesť kufor? Ten muž?
R. – Áno, ten muž nám ho pomáhal niesť.

S. – Kto mi môže požičať pero? Janko?
R. – Áno, Janko vám ho môže požičať.

– Kto ti kúpil ten nový atlas? Mama?
– Áno, mama mi ho kúpila.

– Kto nám opraví úlohu? Triedny profesor?
– Áno, triedny profesor nám ju opraví.

– Kto mi prinesie liek? Eva?
– Áno, Eva ti ho prinesie.

– Kto vám tak rýchlo opravil auto? Ten mladý mechanik?
– Áno, ten mladý mechanik nám ho tak rýchlo opravil.

– Kto nám vysvetlí ten ťažký príklad? Profesor matematiky?
– Áno, profesor matematiky nám ho vysvetlí.

ČO ROBÍME / KAM IDEME, KEĎ SME CHORÍ?

V tejto veľkej modernej nemocnici ležala Eva. Eva ju dobre pozná nielen ako pacientka, ale aj preto, že sem chodí na prax. Dnes bola na kontrole. Janko išiel s ňou a stále sa vypytoval:
– Aké je to oddelenie? Akí doktori tu pracujú? Ktorí pacienti prichádzajú na polikliniku a ktorí idú do nemocnice? Kde si ležala?

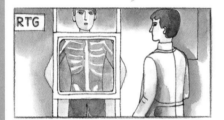

– Na polikliniku prichádzajú pacienti, ktorí nemusia ležať. Sú tam rôzne ambulancie. Vpravo je röntgen. Tu röntgenujú ľudí a lekár potom vidí, čo je vnútri v tele. Vidí, či má pacient zlomeninu, či má nejaký vred, žlčový alebo obličkový kameň. S röntgenovou snímkou idú potom pacienti k odbornému lekárovi – chirurgovi, internistovi, zubnému...

– Oproti röntgenu je zubné oddelenie.
– Aha! Poďme preč! To už poznám! Tu sme boli s celou triedou na kontrole a potom som musel chodiť k zubnému lekárovi častejšie.
– Už sa pamätám. Vtedy ti trhal šestku vľavo dole, pravda?
– Áno. Okrem toho mi vŕtal dvojku vľavo dole a plomboval mi akýsi zub hore. Viem, že ma vtedy boleli všetky zuby hore aj dole.

– Tam vzadu je očné oddelenie. Raz som tam bola s mamou, keď potrebovala nové okuliare. Očná lekárka jej potom predpísala nové okuliare na čítanie.
– A nepamätáš sa, raz sme tu boli so Zuzkou. Niečo jej padlo do oka a doktorka jej to vyberala. Pamätám sa dobre, ako kričala a nechcela brať kvapky.

– Tu v nemocnici si ešte nebol, však? Tu je chirurgia. Za tými veľkými oknami je operačná sála. Aj tam som už bola na praxi. Bolo to veľmi zaujímavé. Náš najlepší chirurg vtedy vyoperoval jednej žene obličku. On robí aj transplantácie. To musí byť veľmi zaujímavé, ale takú operáciu som ešte nevidela.

– Pozri, Eva, prečo sú tam zakázané návštevy?
– To je infekčné oddelenie. Ležia tam pacienti s nákazlivými chorobami a nikto ich nesmie navštíviť. Preto je infekčné oddelenie v osobitnom pavilóne, a nie v hlavnej budove. Ani tam som ešte nebola.

– A tu je ženské oddelenie, gynekológia. Hneď vedľa je pôrodnica – tam si sa narodil aj ty, aj Zuzka. Vedel si to? Tam chodím najradšej na prax. Je tam plno malých detí, niektoré kričia, keď sú hladné, ale väčšina detí spí. Sú veľmi zlaté. Teším sa, že som sa rozhodla byť detskou lekárkou. Ale detská nemocnica nie je tu, je ďaleko – za mestským parkom.
– A čo je tam hore?
– Tam je ešte nervové, ušné, krčné a nosné oddelenie, potom je tam ešte oddelenie pre srdcové choroby, urológia a rôzne laboratóriá.

🐘 POČÚVAJTE, ČO HOVORÍME!

– Včera ma začal bolieť zub. Celú noc som nespal. Bral som tabletky, ale zuby boleli a boleli.
– Neber toľko tabletiek! Musíš ísť k zubnému lekárovi. Na zubnom oddelení pracujú dnes od siedmej do jednej.

– Nevedel som, že starý pán Macek mal choré srdce.
– Ani ja som to nevedel. Bol som prekvapený, že zomrel na srdcový infarkt.

– Eva vždy mala rada malé deti. Preto študuje detské lekárstvo. Teší sa, že bude pracovať v detskej nemocnici. Myslím, že bude dobrou detskou lekárkou.

POZRITE SA, AKO VZNIKAJÚ NOVÉ SLOVÁ! Tvorenie slov / prípony -ný/-ový/-ský (sufixy)

Bolí ma zub. Bolia ma zuby.	Kde je zub**ný** lekár?
Keď veľa čítam, bolia ma oči.	Kde je oč**né** oddelenie?
Bolí ma ucho. Bolia ma uši.	Kde je uš**ný** lekár?
Pacient má ťažkú chorobu srdca.	Pôjde na srdc**ovú** operáciu.
Mal som chorú pravú obličku.	Mal som obličk**ové** kamene.
Jeho žena mala nejaké problémy.	Leží na žen**skom** oddelení.
Eva bude lekárkou. Študuje medicínu	...na lekár**skej** fakulte. atď.

Prípony (sufixy)	-ný	-ový	-ský
	-ná	-ová	-ská
	-né	-ové	-ské
používame najčastejšie!			

Príklady

(..., ktoré môžeme použiť vo vetách.)

televízia	– televízny	pošta	– poštový	študent	– študentský
trieda	– triedny	film	– filmový	mesto	– mestský
osoba	– osobný	poschodie	– poschodový	škola	– školský
obchod	– obchodný	noviny	– novinový	deti	– detský
ráno	– ranný	autobus	– autobusový	muž	– mužský

 ## POČÚVAJTE TIETO ROZHOVORY!

– Kam cestuje Miro? Domov?
– Áno, cestuje k rodičom. Jeho rodičia bývajú na dedine.

– Čo ste kúpili na Vianoce?
– Sestrám som kúpil knihy a kazety, ale pre rodičov ešte nemám nič.

– Načo potrebuješ toľko kvetín?
– Zabudol si? Moji kamaráti a moje kamarátky vyhrali v tenise!
  Musím gratulovať mojim kamarátom a kamarátkam k úspechu!

 VŠIMNITE SI! **Podstatné mená** (Mž/Mn/F/N) **/ 3. pád – množné číslo**
(substantíva) / (datív) – (plurál)

KU KOMU / K ČOMU idete?

Ideme ku kamarátom/k domom	~ **-om**	(Mž/Mn)
k sestrám/k oknám	– **-ám**	(F/N)
k riekam/k okienkam	´ **-am**	
ku skriniam/k moriam	ˇ **-iam**	

 Cvičenie

23

S. – Vedia študenti, kedy bude skúška?
R. – Nie, študentom som ešte nepovedal, kedy
      bude skúška.

– Vedia kolegovia, kedy bude schôdza?
– Nie, kolegom som ešte nepovedal, kedy bu-
  de schôdza.

– Vedia ženy, kedy bude lekárska
  prehliadka?
– Nie, ženám som ešte nepovedal, kedy bude
  lekárska prehliadka.

– Vedia kolegyne, kedy pôjdeme na výlet?
– Nie, kolegyniam som ešte nepovedal,
  kedy pôjdeme na výlet.

– Vedia chlapci, kedy budeme hrať futbal?
– Nie, chlapcom som ešte nepovedal, kedy
  budeme hrať futbal.

– Vedia hostia, aký bude program?
– Nie, hosťom som ešte nepovedal, aký
  bude program.

– Vedia žiačky, čo máme na úlohu?
– Nie, žiačkam som ešte nepovedal, čo máme na úlohu.

– Vedia súrodenci, že sa budeš ženiť?
– Nie, súrodencom som ešte nepovedal, že sa budem ženiť.

– Vedia rodičia, koľko stálo tvoje auto?
– Nie, rodičom som ešte nepovedal, koľko stálo moje auto.

– Vedia profesori a profesorky, prečo si nebol v škole?
– Nie, profesorom a profesorkám som ešte nepovedal, prečo som nebol v škole.

VŠIMNITE SI!

Prídavné mená (Mž/Mn/F/N) **/ 3. pád – množné číslo**
(adjektíva) / (datív) – (plurál)

tí/tie	Ideme k **tým**		
dvaja/dva/dve traja/tri štyria/štyri	dvom trom štyrom		
mladí/mladé krásni/krásne cudzí/cudzie	mladým krásnym cudzím	mužom domom	– **-ým**
moji/moje tvoji/tvoje naši/naše vaši /vaše	mojim tvojim našim vašim	budovám mestám	´ **-ym**
otcovi/otcove matkini/matkine	otcovým matkiným		ˇ **-im**
piati/päť šiesti/šesť atď.	piatim šiestim atď.		(Mž/Mn/F/N)
Telefonujem IM Chodím k NIM			

Príklady

– Keď sa vlak približoval k Vysokým Tatrám, bolo už asi dvanásť hodín.

– Napísal si písomnú prácu bez chýb?
– Nie celkom, ale napriek niektorým malým chybám som dostal jednotku.

– Kam idete?
– Na stanicu. Idem našim starým rodičom oproti. Dnes pricestujú z Prahy. Majú ťažké kufre a musím im pomôcť.

– Horákovci dnes zase telefonovali. Pýtali sa, kedy prídeme k nim.
– Tento týždeň musíme ísť k našim susedom, už sme im to sľúbili. Na budúci týždeň môžeme isť k Horákovcom, dobre? Povieš im to?

– Komu nesieš kvety?
– Mojim sestrám. Chcem im blahoželať ku Dňu matiek. Dnes doobeda sme blahoželali našim kolegyniam.
– Preboha, celkom som zabudol! Ja tiež musím blahoželať mojim starým matkám. Kvety už nedostanem, je neskoro. Kúpim im bonboniéry.

– Musíme sa poďakovať tým dvom chlapcom. Len vďaka nim sme nezmeškali vlak.

– Autobusy idú len k tým posledným domom. K jazerám musíme potom ísť peši.

Cvičenie
24

S. – Hľadáte mojich rodičov? Išli do mesta.
R. – To je škoda. Chcel som ísť k vašim rodičom. Povedzte im, že k nim prídem neskôr. Dobre?

– Hľadáte arabských študentov? Išli na prednášku.
– To je škoda. Chcel som ísť k arabským študentom. Povedzte im, že k nim prídem neskôr. Dobre?

– Hľadáte tie dve úradníčky? Išli na obed.
– To je škoda. Chcel som ísť k tým dvom úradníčkam. Povedzte im, že k nim prídem neskôr. Dobre?

– Hľadáte Jankových spolužiakov? Išli na exkurziu.
– To je škoda. Chcel som ísť k Jankovým spolužiakom. Povedzte im, že k nim prídem neskôr. Dobre?

– Hľadáte tie predavačky? Teraz majú voľno.
– To je škoda. Chcel som ísť k tým predavačkám. Povedzte im, že k nim prídem neskôr. Dobre?

– Hľadáte našich futbalistov? Teraz majú tréning.
– To je škoda. Chcel som ísť k našim futbalistom. Povedzte im, že k nim prídem neskôr. Dobre?

POROVNAJTE A ZAPAMÄTAJTE SI! 3. pád a 6. pád / množné číslo
(datív) (lokál) / (plurál)

Ideme k

~ -om

– -ým	– -ám

| ´- -ym | ´- -am |

| ˇ- -ím | ˇ- -iam |

3. pád (datív) **má vždy na konci** -m!

Hovoríme o

~ -och

– -ých	– -ách

| ´- -ych | ´- -ach |

| ˇ- -ích | ˇ- -iach |

6. pád (lokál) **má vždy na konci** -ch!

 Cvičenie
25

S. – Tatranské jazerá sú veľmi pekné.
R. – Stále len hovoríš o tatranských jazerách, ale prečo k tým tatranským jazerám niekedy nejdeme?

– Staré paláce v našom meste sú krásne.
– Stále len hovoríš o starých palácoch, ale prečo k tým starým palácom niekedy nejdeme?

– Nové továrne za mestom sú veľmi zaujímavé.
– Stále len hovoríš o nových továrňach, ale prečo k tým novým továrňam niekedy nejdeme?

– Nové nemocnice pri fakulte sú veľké.
– Stále len hovoríš o nových nemocniciach, ale prečo k tým novým nemocniciam niekedy nejdeme?

– Jeho priatelia sú veľmi príjemní.
– Stále len hovoríš o jeho priateľoch,
ale prečo k tým jeho priateľom niekedy
nejdeme?

– Vodopády v horách sú veľmi vysoké.
– Stále len hovoríš o vysokých vodopádoch,
ale prečo k tým vysokým vodopádom
niekedy nejdeme?

– Tie moderné sochy sú veľmi zaujímavé.
– Stále len hovoríš o tých moderných
sochách, ale prečo k tým moderným
sochám niekedy nejdeme?

– Filmové ateliéry sú veľmi veľké.
– Stále len hovoríš o filmových ateliéroch,
ale prečo k tým filmovým ateliérom
niekedy nejdeme?

ČO HOVORÍME / ČO POČUJEME
u lekára / v lekárni

I.
Lekár: – Čo vás bolí?
Pacient: – Bolí ma brucho. Aj v noci ma bolelo a myslím, že teraz mám aj horúčku.
Lekár: – Vyzlečte sa a ľahnite si! Musím vás vyšetriť. Keď budete cítiť bolesť, povedzte mi!
Pacient: – Teraz, pán doktor. Tu, na tomto mieste ma bolí.
Lekár: – Jedli ste ráno niečo?
Pacient: – Nemohol som nič jesť. Včera som večeral a potom som v noci vracal. Bolo mi veľmi zle.
Lekár: – Myslím, že to je zápal slepého čreva. Pôjdete teraz na chirurgiu. Oblečte sa!

II.
Lekár: – Aké máte ťažkosti? Bolí vás niečo?
Pacient: – Často ma bolí hlava. Keď večer dlho čítam, alebo keď pozerám televíziu, bolia ma oči.
Lekár: – Pozrite sa na tú tabuľku! Viete prečítať ten dolný riadok?
Pacient: – Nie, pán doktor. Môžem čítať len štvrtý riadok. Myslíte, že budem potrebovať okuliare?
Lekár: – Asi áno. Dám vám očné kvapky a očnú masť. Máte aj zápal spojiviek.

III.
Lekárka: – Tak čo robí Mirko? Už sa má lepšie? Má ešte horúčku?
Matka: – Nie, už nemá horúčku. Ešte trochu kašle, ale už mu chutí jesť. Nechce už ležať, celý deň behá a hrá sa.
Lekárka: – Nie je večer unavený?
Matka: – Nie. Najradšej by do polnoci pozeral televíziu. Myslím, že už je v poriadku, ale ráno hovoril, že ho strašne bolí hrdlo.
Lekárka: – Ukáž, pozrieme sa. Nie je tam nič. Mirko, čo máte zajtra v škole?
Mirko: – Slovenčinu, fyziku a chémiu. Môžem ešte zostať doma, pani doktorka?
Lekárka: – No dobre. Ale len jeden deň. Ležať a piť čaj!
Mirko: – Bŕŕ, to už radšej pôjdem do školy!

IV.
Pacient: – Dobrý deň! Máte, prosím, tieto kvapky?
Lekárnik: – Nie, ale dám vám podobné. Budete ich užívať trikrát denne – 10 kvapiek na kocku cukru.
Pacient: – Mám ešte niečo na recepte? A čo je na tom druhom?
Lekárnik: – Áno. Tu sú ešte tabletky a dražé. Tabletky musíte brať každých šesť hodín, ale presne, aj v noci! Dražé budete užívať len pri bolestiach. To je všetko.
Pacient: – Ďakujem. A ešte si prosím nejaký sirup proti kašľu pre trojročné dieťa a kvapky do nosa.

VŠIMNITE SI! Záväzný slovosled majú – I. BY – SOM – SA

		2	3	4	
(teraz)	Učím	SA			matematiku.
(včera)	Učil	SOM	SA		matematiku.
(podmienka)	Učil	BY	SOM	SA	matematiku, keby...

Príklady

– Bojíš sa tej skúšky?
– Áno, bojím sa jej. Keby som sa dosť učil, nebál by som sa jej.

– Prečo ste sa smiali?
– Keby ste počuli hovoriť toho komika, tiež by ste sa smiali.

– Už ste sa všetci podpísali?
– Myslím, že sme sa už všetci podpísali. Keby chýbal nejaký podpis, podpísali by sme sa po schôdzi.

VŠIMNITE SI! Záväzný slovosled majú – II. BY – SOM – SI

		2	3	4	
(teraz)	Čistím	SI			zuby.
(včera)	Čistil	SOM	SI		zuby.
(podmienka)	Čistil	BY	SOM	SI	zuby, keby...

Príklady

– Čo si si kúpil na raňajky?
– Mlieko a rožky. Vždy si kupujem mlieko a rožky.
– A keby nemali mlieko, kúpil by si si kakao alebo čaj?
– Asi by som si kúpil kakao. Čaj nemám rád.

– Mohol by som si sadnúť k vám? Máte tu ešte miesto?
– Samozrejme, len si sadnite!

– Oblečiete si tie nové šaty?
– Keby sme išli do divadla, obliekla by som si ich.

POZOR!

● Ostatné slová vo vete môžu meniť svoje miesto:				
Rád	by	som	sa	vás niečo opýtal.
Niečo	by	som	sa	vás rád opýtal.
Vás	by	som	sa	rád niečo opýtal.
Opýtal	by	som	sa	vás niečo, keby...
Mohol	by	som	sa	vás niečo opýtať?
Kedy	by	som	sa	vás mohol niečo opýtať?
a tak ďalej.				

PRÁZDNINY A DOVOLENKA

Text

...V PRÍRODE

Neďaleko mesta, pri krásnom veľkom jazere, je rekreačné stredisko. Každé leto sem prichádzajú tisícky ľudí, aby tu oddychovali po celoročnej práci. Rekreačné stredisko otvorili iba pred niekoľkými rokmi, ale už je známe a obľúbené.

Má krásnu polohu medzi jazerom a lesom a poskytuje rekreantom všetky možnosti oddychu: kúpanie, plávanie, turistiku, športy. Nádherná príroda, ticho, pekné ubytovanie a výborná strava vracajú ľuďom silu do ďalšej práce alebo štúdia.

Na druhom brehu jazera je kemping. Stanovanie je populárne najmä medzi mládežou. Na tomto brehu možno veslovať, plachtiť alebo surfovať, hrať tenis a volejbal. Večer vidno vatry a dlho do noci počuť gitary a veselé piesne mladých ľudí.

...V MESTE A NA DEDINE

Niektorí, najmä starší ľudia, trávia dovolenku v mestách, kde navštevujú rôzne kultúrne a historické pamiatky.
Slovensko je skutočne bohaté na takéto pamiatky: zaujímavé múzeá dávajú informácie o živote našich predkov, o technike, o vede.

Galérie a výstavné siene predstavujú kultúrne bohatstvo národa: obrazy, sochy, knižné ilustrácie, výrobky zo skla, z dreva, keramiky, ľudové kroje, zariadenie a nábytok dedinských domov, nástroje, to všetko je dôkazom bohatého kultúrneho života slovenského národa v minulosti i prítomnosti.

Na mnohých miestach obdivujú ľudia staré hrady a pevnosti, archeologické nálezy z rozličných dôb. Možno tu vidieť drevené dedinské domy i veľké kamenné paláce a kostoly. I niektoré moderné stavby priťahujú domácich a zahraničných turistov.

Všade môžeme stretnúť autá i autobusy, ktoré privážajú ľudí. Hotely, motely a chaty sú obsadené. Reštaurácie a bufety majú tiež čo robiť, aby nakŕmili hladných hostí.

...V CUDZINE

Veľké cestovné kancelárie už v januári ponúkajú vo svojich kalendároch nielen cesty po Slovensku, ale aj do zahraničia. Len čo sa v júli začnú prázdniny a dovolenky, dostávajú ľudia zvláštnu chorobu – cestovnú horúčku.

Len sa pozrime na stanice, na diaľnice, letiská a prístavy – všade je živo. Colníci majú plné ruky práce, aby ľudia na hraniciach nemuseli dlho čakať.

Mnohých ľudí priťahujú veľkomestá a ich kultúrne pamiatky – Paríž a Londýn, Sankt Peterburg a Atény, Berlín a Rím. Pod pyramídami v Egypte, v japonských záhradách, pod newyorskými mrakodrapmi možno počuť i slovenčinu.

Najzaujímavejšie však je pre ľudí to, čo doma nemajú: more. Najviac slovenských turistov nájdeme na plážach Čierneho, Jadranského a Stredozemného mora, kde trávia svoju zaslúženú dovolenku a prázdniny.

VŠIMNITE SI!

Iné použitie podmieňovacieho spôsobu – by + -l / -la / -lo // -li
(kondicionálu)
I. želanie a príkaz

– Som veľmi ospalý. SPAL BY som.   (= veľmi chcem spať)
– Už je skoro polnoc. MOHOL BY si/ MAL BY si stíšiť rádio.   (= daj rádio tichšie!)

 Cvičenia

11, 12, 13

> S. – Nie si smädný? Nechceš niečo piť?
> R. – Veru, pil by som niečo.

– Práve priviezli čerstvý chlieb. Nekúpiš si?
– Veru, kúpil by som si.

– Iste si hladný. Nechceš niečo jesť?
– Veru, jedol by som niečo.

– Nie si unavený? Nechceš si ľahnúť?
– Veru, ľahol by som si.

– Včera sme hovorili o tejto knihe. Nechceš si ju prečítať?
– Veru, prečítal by som si ju.

> S. – To je pekný oblek. Skúsite si ho, pán Mráz?
> R. – Ale áno, skúsil by som si ho.
>
> S. – To je pekný program. Pozriete si ho, chlapci?
> R. – Ale áno, pozreli by sme si ho.

– To je zaujímavá výstava. Navštívite ju, slečna Horná?
– Ale áno, navštívila by som ju.

– To je dlhá cesta. Nepôjdete taxíkom, páni?
– Ale áno, išli by sme taxíkom.

– Je tu delegácia z Francúzska. Nechcete sa s ňou stretnúť, kolegovia?
– Ale áno, chceli by sme sa s ňou stretnúť.

S. – Som zarastený, však? Musím sa oholiť?
R. – No, mal by si sa oholiť.

– Mám horúčku, však? Musím si ľahnúť?
– No, mal by si si ľahnúť.

– Jožko je špinavý, však? Musí sa umyť?
– No, mal by sa umyť.

– Mama má veľa práce, však? Musím jej pomôcť?
– No, mal by si jej pomôcť.

VŠIMNITE SI! **Iné použitie podmieňovacieho spôsobu – by + -l / -la / -lo // -li** (kondicionálu)
II. zdvorilá žiadosť a zdvorilá otázka

– Nerozumiem tej vete, VYSVETLILI BY ste mi ju ešte raz? (= prosím vás, vysvetlite mi tú vetu ešte raz!)
– Rádio hlásilo, že v noci bolo –27°C! VERILI BY ste tomu? (= veríte tomu? môžete tomu veriť? je to možné?)

 Cvičenie

14

S1. – Môžete mi preložiť tento text?
S2. – Bohužiaľ, nie. Poproste pani profesorku!
R. – Pani profesorka, preložili by ste mi ten text?

S1. – Môžeš ísť so mnou na štadión?
S2. – Bohužiaľ, nie. Popros Michala!
R. – Michal, išiel by si so mnou na štadión?

– Môžete mi povedať, koľko je hodín?
– Bohužiaľ, nie. Poproste toho pána!
– Pane, povedali by ste mi, koľko je hodín?

– Môžeš mi pomôcť odniesť batožinu?
– Bohužiaľ, nie. Popros Laca!
– Laco, pomohol by si mi odniesť batožinu?

– Môžete mi vyplniť ten formulár?
– Bohužiaľ, nie. Poproste pani sekretárku!
– Pani sekretárka, vyplnili by ste mi ten formulár?

– Môžeš mi požičať sto korún?
– Bohužiaľ, nie. Popros Janu!
– Jana, požičala by si mi sto korún?

POZOR!

● **V týchto vetách často používame slová** „dobrý, -á, -é/láskavý, -á, -é":
Bol by si taký dobrý a... (= mužovi, ktorému tykáme)
Bola by si taká dobrá a... (= žene, ktorej tykáme)
Boli by ste taký dobrý a... (= mužovi, ktorému vykáme)
Boli by ste taká dobrá a... (= žene, ktorej vykáme)
Boli by ste takí dobrí a... (= ľuďom, mužom)
Boli by ste také dobré a... (= len ženám a deťom)

Príklady

– Peter, bol by si taký dobrý a otvoril by si mi dvere?
– Pán Horák, boli by ste taký láskavý a otvorili by ste mi tú konzervu?

– Kolegovia, boli by ste takí dobrí a požičali by ste mi cestovný poriadok?
– Eva, počul som, že ideš do mesta. Bola by si taká dobrá a kúpila mi dnešné noviny?

● ● ● **TO UŽ VIEME!** ● ● ● ● ● ● ● ● ● ● ● ● ● ●

– Rekreačné stredisko otvorili pred niekoľkými rokmi.
– Aj pod newyorskými mrakodrapmi počuť slovenčinu.
– Na nábreží pri rieke sú rodičia s malými deťmi.

VŠIMNITE SI!   **Podstatné mená** (Mž/Mn/F/N) **/ 7. pád** – **množné číslo**
(substantíva)   / (inštrumentál) – (plurál)

To sú žiaci

Učiteľ ide so žiakmi   (Mž/Mn)
pred stolmi
medzi bratmi
s papiermi

~ **-mi**

domy

Hory sú za domami   (Mž/Mn)
pod kobercami
s chlapcami
s turistami

-a
= =   **-ami**
-m

To sú triedy

Laboratórium je medzi triedami   (F/N)
pred izbami
ceruzkami
s dcérami

~ **-ami**

okná

Radiátory sú pod oknami
nad poľami
medzi autami
perami

To je 2. poscho-
die a 3. poscho-
die

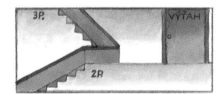

Výťah stojí medzi poschodiami   (N)
s vysvedčeniami
nad námestiami

-ie → -iami

Príklady

– Píšte, prosím, písomné práce perami, nie
  ceruzkami!
– Bol som doma. Stretol som sa s rodičmi, brat-
  mi, so sestrami a s priateľmi.
– Metro premáva v tuneloch hlboko pod domami,
  ulicami a námestiami.
– Zaoberali sme sa úlohami, ktoré máme
  na pondelok.
– Medzi skúškami nechodím do kina.

– Dnes doobeda sú úradné hodiny, preto stojí
  toľko ľudí pred kanceláriami.
– Prezident sa stretol so zástupcami rôznych
  organizácií.
– Kde je tá pohľadnica? Už som ju hľadal medzi
  listami, medzi papiermi, medzi knihami a zošit-
  mi, medzi fotografiami. Nevidel si ju?
– Možno je medzi slovníkmi alebo učebnicami.
  Pozri sa tam!

VŠIMNITE SI! **Prídavné mená** (Mž/Mn/F/N) **/ 7. pád** – **množné číslo**
(adjektíva) / (inštrumentál) – (plurál)

tí/tie	Stojím pred **tými**		(Mž/Mn/F/N)
dvaja/dva/dve	dvoma/dvomi		
traja/tri	troma/tromi		
štyria/štyri	štyrmi		
mladí/mladé	mladými	mužmi	– **-ými**
krásni/krásne	krásnymi	knihami	
cudzí/cudzie	cudzími	oknami	́ **-ymi**
moji/moje	mojimi		̋ **-ími**
tvoji/tvoje	tvojimi		
naši/naše	našimi		
vaši/vaše	vašimi		
otcovi/otcove	otcovými		
matkini/matkine	matkinými		
piati/päť	piatimi		
šiesti/šesť	šiestimi		
atď.	atď.		
Stojíme pred NIMI			
Píšeme NIMI			

POZOR!

● **Všimnite si, že číslovka** „2" **má dve formy** „dvoma" **i** „dvomi"!

● **Číslovka** „3" **môže mať tiež dve formy:** „troma" **i** „tromi"!

 Cvičenia

15, 16, 17, 18

S. – Peter už odišiel? Aj všetci jeho kolegovia?
R. – Áno. Peter odišiel so všetkými svojimi
kolegami.

– Miro už urobil skúšku? Aj jeho dvaja
kamaráti?
– Áno. Miro urobil skúšku so svojimi dvoma
(dvomi) kamarátmi.

– Pán Kostka už odcestoval? Aj jeho synovia
a dcéry?
– Áno. Pán Kostka odcestoval so svojimi
synmi a dcérami.

– Riaditeľ už diskutoval? Aj všetci jeho
spolupracovníci?
– Áno. Riaditeľ diskutoval so všetkými
svojimi spolupracovníkmi.

– Sprievodca už nastúpil? Aj zahraniční
turisti?
– Áno. Sprievodca už nastúpil so
zahraničnými turistami.

S. – Ivan sa odsťahoval a vzal si všetky knihy.
R. – Naozaj sa odsťahoval so všetkými knihami?

– Mária odcestovala a vzala si všetky kufre.
– Naozaj odcestovala so všetkými kuframi?

– Miro odišiel a vzal si tvoje dve kazety.
– Naozaj odišiel s mojimi dvomi kazetami?

– Zlodej utiekol a vzal všetky peniaze z pokladnice.
– Naozaj utiekol so všetkými peniazmi z pokladnice?

– Dievčatko išlo na ihrisko a vzalo si svoje dve mačky.
– Naozaj išlo na ihrisko so svojimi dvoma mačkami?

S. – Chodník opravujú len pred naším domom?
R. – Nie, aj pred tými ostatnými domami.

S. – Ihrisko stavajú len za vašou školou?
R. – Nie, aj za tými ostatnými školami.

– Chodbu budeme umývať len pred našou triedou?
– Nie, aj pred tými ostatnými triedami.

– Bude plot len medzi našou a vašou záhradou?
– Nie, aj medzi tými ostatnými záhradami.

– Riaditeľ chce hovoriť len s jedným študentom?
– Nie, aj s tými ostatnými študentmi.

– Koberec bude len pod týmto stolom?
– Nie, aj pod tými ostatnými stolmi.

– V laboratóriu pracujete len s týmto prístrojom?
– Nie, aj s tými ostatnými prístrojmi.

S. – Tie ceruzky sú veľmi tvrdé. Nerád nimi píšem.
R. – Ja tiež nerád píšem takými tvrdými ceruzkami.

– Tie vlaky sú veľmi špinavé. Nerád nimi cestujem.
– Ja tiež nerád cestujem takými špinavými vlakmi.

– Tie lietadlá sú už veľmi staré. Nerád nimi lietam.
– Ja tiež nerád lietam takými starými lietadlami.

– Tie problémy sú veľmi komplikované. Nerád sa nimi zaoberám.
– Ja sa tiež nerád zaoberám takými komplikovanými problémami.

– Tie žiletky sú veľmi tupé. Nerád sa nimi holím.
– Ja sa tiež nerád holím takými tupými žiletkami.

– Tie fotoaparáty sú veľmi ťažké. Nerád nimi fotografujem.
– Ja tiež nerád fotografujem takými ťažkými fotoaparátmi.

POKAZENÝ VÝLET

– Ach, už by mohlo byť chladnejšie, – hovoria ľudia, ktorí musia pracovať.
– Ach, ešte by mohlo zostať teplo, – hovoria študenti a dovolenkári. Naozaj, už dva týždne je krásne a horúco. Naši priatelia, Eva, Peter, Katka a Karol, rozmýšľajú, kde strávia tento víkend. Chcú ísť k nejakej rieke, kde je vraj krásne – ale je to trochu ďaleko. Najprv treba ísť vlakom, potom autobusom a potom podľa mapy peši.

Konečne sa dohodli. Pôjdu ráno, vezmú si stany a zostanú tam dva dni.

– Vy by ste mohli pripraviť jedlo, dievčatá, – hovorí Peter, – a my s Karolom pripravíme stany, fotoaparát a ostatné.

– Už by sme mohli byť tam, – vzdychá Eva.

Vtom rádio hlási predpoveď počasia: „Zajtra bude na celom území pekne a veľmi teplo, okolo obeda...“

– Hurá, – kričia všetci, – to bude krásny víkend!

– My pôjdeme na kúpalisko, – hovorí Janko.

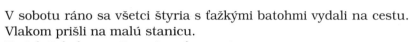

V sobotu ráno sa všetci štyria s ťažkými batohmi vydali na cestu. Vlakom prišli na malú stanicu.

Tu ich čakalo nepríjemné prekvapenie:

– Autobus v sobotu a v nedeľu nechodí, – hovorí Karol. – Čo teraz? Aha, pozrite sa na tabuľku, je to ešte 5 kilometrov.

– To nič, veď je krásne, poďme pešo! Aj tak celý týždeň máme málo pohybu, sedíme, učíme sa, pracujeme...

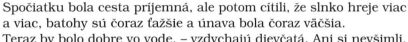

Spočiatku bola cesta príjemná, ale potom cítili, že slnko hreje viac a viac, batohy sú čoraz ťažšie a únava bola čoraz väčšia.

– Teraz by bolo dobre vo vode, – vzdychajú dievčatá. Ani si nevšimli, že sa za nimi rýchlo zamračilo. O chvíľu už fúkal chladný vietor, zablyslo sa a zahrmelo. Rozpršalo sa. Kým pribehli k veľkému stromu pri ceste, boli mokrí. Stáli pod stromom a veľké kvapky dažďa padali na nich. Našťastie Peter stopol malé nákladné auto, ktoré ich odviezlo domov.

Doma si vyzliekli mokré košele a nohavice a dobre sa najedli. Potom hrali karty.

– Pozrite sa, – povedal zrazu Karol. – Už prestalo pršať, nebo je zasa modré a tam vzadu... Aha, aká krásna dúha!

Otvorili okno. Vzduch bol čistý, čerstvý a príjemný. Búrka odišla tak rýchlo, ako prišla. O krátky čas bolo znovu teplo.

– No, mohli sme veru chvíľu počkať. Teraz by sme už boli pri rieke, – povedala Katka. – Kto to mohol vedieť?

Otvorili sa dvere a vošla stará mama.

– Čo robíte doma? Prečo nie ste niekde vonku pri vode? Pozrite sa, ako je krásne! Ja by som veru nesedela doma!

– Veď sme boli vonku, ale vrátili sme sa, keď začala búrka. Kto mohol vedieť, že sa počasie tak rýchlo zmení? – hnevala sa Eva.

– Ale veď rádio hlásilo, že búrky budú len krátke. Aha, aj tu v novinách píšu, že naďalej zostane horúco.

– Keď my sme nepočúvali celú predpoveď. Tak, a teraz si rýchlo vezmime plavky a poďme na kúpalisko, – povedal Peter.

– To je práve to, čo sme nechceli! A tam bude Janko s Ivanom. No, tí sa nám budú smiať...!

Všimnite si použitie „by" v rôznych vetách!

– Už by mohlo byť chladnejšie, – hovoria ľudia.
(= – Nech je chladnejšie!)
(= – Chceme/Želáme si, aby bolo chladnejšie!)

– Ešte by mohlo zostať teplo, – hovoria študenti.
(= – Nech zostane teplo!)
(= – Chceme/Želáme si, aby zostalo teplo!)

– Vy by ste mohli pripraviť jedlo, – hovorí Peter.
(= – Pripravte jedlo, dievčatá!)

– Už by sme mohli byť tam, – vzdychá Eva.
(= – Už chceme byť tam!)

– Kto by v tej horúčave išiel tak ďaleko, – hovorí Janko.
(= – Kto chce v tej horúčave ísť tak ďaleko?)

– Teraz by bolo dobre vo vode, – vzdychajú dievčatá.
(= – Bolo by dobré byť vo vode.)
(= – Teraz by bolo dobre, keby sme boli vo vode.)

– Ja by som, veru, nesedela doma, – hovorí stará mama.
(= – Ja by som tu nesedela, keby som bola mladá.)
(= – Ja nechcem sedieť doma.)

VŠIMNITE SI!

Iné použitie podmieňovacieho spôsobu – by + -l/ -la / -lo // -li
(kondicionálu)
III. nedôvera a prekvapenie

– Už je neskoro, Miro už asi nepríde.
– Prečo by neprišiel? Uvidíte, že príde. (prečo by = čoby)
(= neverím, že nepríde)

– Jana hovorí, že už musí ísť.
– Prečo by musela ísť? Ešte má dosť času. (prečo by = čoby)
(= neverím, že už musí ísť)

– Obávam sa, že Peter neurobí tú skúšku.
– Prečo by ju neurobil? Je dobre pripravený. (prečo by = čoby)
(= som prekvapený/budem prekvapený, ak ju neurobí)

 ## Cvičenia

19, 20

> S. – Ja nepôjdem. Mám málo času.
> R. – Prečo by si nešiel? Máš dosť času.

> S. – Pôjdeme peši alebo počkáme na autobus?
> R. – Čoby sme išli peši, počkáme na autobus.

– My to nekúpime. Máme málo peňazí.
– Prečo by ste to nekúpili? Máte dosť peňazí.

– Jožko to nezodvihne. Má málo síl.
– Prečo by to nezodvihol? Má dosť síl.

– Ja to nezabalím. Mám málo papiera.
– Prečo by si to nezabalil? Máš dosť papiera.

– Mama nedokončí ten sveter. Má málo vlny.
– Prečo by ho nedokončila? Má dosť vlny.

– Nevymaľujeme celú izbu. Máme málo farby.
– Prečo by sme ju nevymaľovali? Máme dosť farby.

– Odnesieme tie kufre alebo zavoláme taxík?
– Čoby sme odniesli tie kufre, zavoláme taxík.

– Budeme čakať na Evu alebo začneme jesť?
– Čoby sme čakali na Evu, začneme jesť.

– Pošleme telegram alebo zatelefonujeme?
– Čoby sme poslali telegram, zatelefonujeme.

– Zavoláš opravára alebo opravíš to rádio sám?
– Čoby som zavolal opravára, opravím to rádio sám.

– Opýtame sa niekoho na cestu alebo pôjdeme podľa mapy?
– Čoby sme sa niekoho opýtali, pôjdeme podľa mapy.

Kde budeš prázdninovať? Kam idete na dovolenku? / **13. LEKCIA**

237

VŠIMNITE SI! Použitie AKOBY – AKO KEBY – porovnanie

– Pozri sa, koľko je hodín! Prečo je taká tma?
– Fakt! Ešte je len 6 hodín, ALE JE TMA, AKOBY BOLA NOC! (= ako keby)
(= je tma ako v noci, ale nie je noc)

– Dnes je vonku veľmi chladno!
– Naozaj! Ešte je len september, ale je chladno, akoby bol november! (= ako keby)
(= je chladno ako v novembri, ale nie je november, je september)

– Pozri sa, ako uteká!
– Naozaj! Uteká, akoby za ním horelo. (= ako keby)
(= uteká rýchlo, ako keby za ním horelo/bol oheň, ale nehorí/nie je)

Príklady

Čítajte vety a rozmýšľajte, či je to naozaj tak!

– Pozri sa, ako sedí! Nemá prácu?
– Naozaj! Sedí, ako keby nemal prácu.

– Prečo sa tak mračí? Hnevá sa?
– Myslím, že nie. On vždy tak vyzerá, akoby sa hneval.

– Povedzte mu, aby nekričal! Nie sme hluchí!
– Hovor ticho! Kričíš, akoby sme boli hluchí.

– Prečo sa tak prekvapene pozerá? Vidí to prvýkrát?
– Naozaj! Pozerá sa, ako keby to videl prvýkrát.

– Paľko, nejedz tak rýchlo, to nie je zdravé! Ješ, akoby si už týždeň nič nejedol.

– Rozpráva, ako keby bol najmúdrejší.

– Prečo nám to rozpráva? Veď to už vieme!
– Naozaj! Rozpráva nám to, akoby sme to nevedeli.

– Môj spolubývajúci je veľmi neporiadny a nedisciplinovaný.
– Viem. Každý hovorí, že sa správa, akoby bol v internáte sám.

– Všade sú jej veci: v skrini, na posteli, na stoličke, na zemi...
– Vidím, všade má veci, akoby celá izba patrila len jej.

– Bez pomoci svojich kamarátov neurobil nič.
– Máš pravdu, ale rozpráva, akoby všetko urobil sám.

– Doktor povedal, že Zdeno je už zdravý, že už môže chodiť do školy.
– Tak prečo leží, akoby bol ťažko chorý?

• • • • TO UŽ VIEME! • • • • • • • • •

– Už by mohlo byť chladnejšie!
– Už dva týždne je krásne a horúco.
Slnko hreje viac a viac.
Všade je živo.

VŠIMNITE SI!

Príslovky z prídavných mien
(adverbiá z adjektív)

To je
VYSOKÝ dom

To je
VYSOKÁ veža

To je
VYSOKÉ okno

Balón letí
VYSOKO

AKÝ je dom?   AKÁ je veža?   AKÉ je okno?   AKO letí balón?

Prídavné meno + podstatné meno
(adjektívum) + (substantívum)

Príslovka + sloveso
(adverbium) + (verbum)

Príklady

Kvet je pekný./Váza je pekná./Kino je pekné.
Most je dlhý./Cesta je dlhá./Pero je dlhé.
Ten pes je zlý./Lampa je zlá./Dieťa je zlé.

Chlapec píše pekne.
Už dlho vás čakáme.
Babka zle vidí.

Cvičenie

21

> S. – Je to dobrý spevák?
> R. – Myslím, že je. Počul som, že spieva dobre.
>
> S. – Je to rýchla pisárka?
> R. – Myslím, že je. Počul som, že píše rýchlo.

– Je to usilovná študentka?
– Myslím, že je. Počul som, že študuje
usilovne.

– Je to rýchle lietadlo?
– Myslím, že je. Počul som, že letí rýchlo.

– Je to presná pracovníčka?
– Myslím, že je. Počul som, že pracuje presne.

– Je to výborný plavec?
– Myslím, že je. Počul som, že pláva výborne.

– Je to dobrý opravár?
– Myslím, že je. Počul som, že opravuje dobre.

POZOR!

● **Všimnite si rozdiel:** **prídavné mená** (adjektíva)	**príslovky** (adverbiá)
dobrý – dobrá – dobré	dobre
pekný – pekná – pekné	pekne
presný – presná – presné	presne
dlhý – dlhá – dlhé	dlho
ťažký – ťažká – ťažké	ťažko
častý – častá – časté	často
majú obyčajne dlhé koncovky -ý/-á/-é	**majú vždy krátke koncovky** -e **alebo** -o

- **Niektoré príslovky** (adverbiá) **môžu mať dve formy:**

Napríklad: rýchlo   alebo   rýchle
            smutno   alebo   smutne
            hlasno   alebo   hlasne

● **Ak má prídavné meno príponu**
    (adjektívum) (sufix)
	má príslovka príponu
	    (adverbium) (sufix)

-ský/-ská/-ské
-cký/-cká/-cké
Napríklad: slovenský študent
            slovenská kniha
            slovenské mesto
 	
            chemický výrobok
            chemická inžinierka
            chemické laboratórium
	-sky
	-cky
	Hovoriť po slovensky.
	
	Tento oblek čistíme chemicky.

- **Niekoľko málo prísloviek** (adverbií) **má tiež koncovku** -y:

Napríklad: pomaly

Príklady

– Prečo **sedí** Hanka tak **smutno** (= smutne)?
– **Hanka** je **smutná,** pretože neurobila skúšku.

– Po 22. hodine **musí byť** v hoteli **ticho.**
Je zakázané **hlasno počúvať** rádio alebo mag-
netofón.

– Ján študoval biológiu, ale nevyučuje ju.
Pracuje vedecky.

– **Priateľsky sme sa rozlúčili.**

– **Rozprávala** veľmi **zaujímavo.**

– Sám **sa naučil po anglicky, po nemecky** a **po
francúzsky.**

– **Hovorte pomaly** a **zrozumiteľne!** Nikto vám
nerozumie.

 VŠIMNITE SI!   **Stupňovanie prísloviek**
                                         (komparácia adverbií)

Ivan uteká RÝCHLO.	Miro uteká RÝCHLEJŠIE.	Zdeno uteká NAJRÝCHLEJŠIE.
Moje hodinky idú PRESNE.	Tvoje hodinky idú PRESNEJŠIE.	Jeho hodinky idú NAJPRESNEJŠIE.
Ivan sa učí DOBRE.	Miro sa učí LEPŠIE.	Zdeno sa učí NAJLEPŠIE.
Môj otec vidí ZLE.	Starý otec vidí HORŠIE.	Stará mama vidí NAJHORŠIE.

POZOR!

- **Druhý a tretí stupeň** (komparatív a superlatív) **majú rovnaké formy ako stredný rod prídav-
ných mien** (neutrum adjektív)!

Cvičenia

22, 23

> S. – Včera bolo teplo. Ako je dnes?
> R. – Včera bolo veľmi teplo, ale dnes je teplejšie.
>
> S. – Milan hrá tenis dobre. Ako hrá jeho brat?
> R. – Milan hrá tenis veľmi dobre, ale jeho brat hrá lepšie.

> S. – Píše Marta tak rýchlo na stroji ako Viera?
> R. – Myslím, že píše rýchlejšie. Hovorí sa, že píše najrýchlejšie v triede.

– Eva spieva pekne. Ako spieva Katka?
– Eva spieva veľmi pekne, ale Katka spieva krajšie.

– Pán Nový sa včera cítil zle. Ako sa cíti dnes?
– Pán Nový sa včera cítil veľmi zle, ale dnes sa cíti horšie.

– Tento pacient čaká dlho. Ako dlho čaká tá pani?
– Tento pacient čaká veľmi dlho, ale tá pani čaká dlhšie.

– Jozef pracuje pomaly. Ako pracuje jeho kolega?
– Jozef pracuje veľmi pomaly, ale jeho kolega pracuje pomalšie.

– Skáče Milan tak vysoko ako Pavol?
– Myslím, že skáče vyššie. Hovorí sa, že skáče najvyššie v triede.

– Učí sa Michal tak usilovne ako Peter?
– Myslím, že sa učí usilovnejšie. Hovorí sa, že sa učí najusilovnejšie v triede.

– Chýba Milan tak často ako Ferko?
– Myslím, že chýba častejšie. Hovorí sa, že chýba najčastejšie v triede.

■ NEZABÚDAJTE, ŽE...! Niektoré osobitosti skloňovania – I.
(deklinácia)

...koncovka -k sa mení na -c- len v (Mž)!			
...táto koncovka -c- je len v 1. páde množného čísla (nom. pl.)!			
To je	roľní**k**	To sú	roľní**c**i
od	roľní**k**a	od	roľní**k**ov
k	roľní**k**ovi	k	roľní**k**om
pre	roľní**k**a	pre	roľní**k**ov
o	roľní**k**ovi	o	roľní**k**och
s	roľní**k**om	s	roľní**k**mi

Príklady

– Môj brat je vojak. Nedávno som ho videl s inými vojakmi v meste. Niektorí vojaci šli do kina, ale môj brat a niekoľko iných vojakov sa muselo vrátiť do kasárne.

– Pán Nový a pán Kováč sú úradníci. Pracujú s mnohými inými úradníkmi na veľkom poštovom úrade. Pracovný čas pre úradníkov sa začína o siedmej hodine.

– Zavolaj hlavného čašníka, chcem platiť!
– Tam sú niekoľkí čašníci, pri vedľajšom stole vidím jedného čašníka, ale neviem, ktorý je hlavný čašník.

■ NEZABÚDAJTE, ŽE...! Niektoré osobitosti skloňovania – II.
(deklinácie)

> **...niektoré podstatné mená** (substantíva) **(Mn) majú dlhú sa-mohlásku** (vokál) **v základe slova len v 1. a 4. páde jednotného čísla** (nom. a akuz. sg.!)

To je	stôl		To sú	stoly
zo	stola		zo	stolov
k	stolu		k	stolom
vidím	stôl		vidím	stoly
pri	stole		pri	stoloch
pod	stolom		pod	stolmi

Príklady

(= ô =/= á =/= ie =):

nôž – Na stole je nôž. Vezmem si nôž. Krájam mäso nožom. Vedľa noža je vidlička.

dážď – Padal hustý dážď. Stáli sme v daždi. Vezmite si plášť do dažďa. Skryli sme sa pred dažďom.

chlieb – Mám rád čerstvý chlieb. Kúpil som si dva celé chleby. Jem polievku s chlebom.

vietor – Išli sme proti vetru. Vietor bol taký silný, že mi zhodil klobúk. Nerád sa prechádzam vo vetre.

■ NEZABÚDAJTE, ŽE...! Niektoré osobitosti skloňovania – III.
(deklinácie)

> **...niektoré podstatné mená** (substantíva) **(Mž/Mn a /F) strácajú v koncovkách** (sufixoch) **samo-hlásky** (vokály) = e = **a** = o = **a dvojhlásku** (diftong) = ie =.
>
> ...**(Mž) majú** = ec **len v 1. páde jednotného čísla** (nom. sg.): **chlapec, vedec, herec...**
>
> ...**(Mn) majú** = e =, = ie =, = o = **v 1. a 4. páde jednotného čísla** (nom. a akuz. sg.):

= -ec	: koberec, štvorec...
= -iec	: hrniec, veniec...
= -ek	: balíček...
= -eň	: vozeň, rezeň...
= -er	: meter, sveter...
= -ok	: stánok, lístok, Ružomberok...

...(F) **majú** = e = **v 1. a 4. páde jednotného čísla** (nom. a akuz. sg.):

= -eň	: báseň, pieseň...
= -áreň	: továreň, kaviareň...

POZOR!

● **Tieto zmeny sú veľmi časté, ale nie je to všeobecné pravidlo!**

● **Tieto zmeny vidíme aj pri niektorých iných slovách, napríklad:**

minister – Hovoril som s ministrom. Poznáš ministra?
lakeť – Otváral som dvere lakťom. Udrel som si lakeť.

Príklady

(Mž)	CUDZINEC	– Do Tatier prichádza veľa cudzincov.
	STAREC	– Lekár sa opýtal starca, čo mu je.
	VEDEC	– Mnohí vedci sa zaoberajú týmto problémom.
(Mn)	SENEC	– V lete prichádzajú turisti do Senca. V Senci je veľké rekreačné stredisko.
	KONIEC	– Odišiel pred koncom filmu. Na konci ulice je...
	BALÍČEK	– Prosím si dva balíčky čaju. Čo je v balíčku?
	VOZEŇ	– Vo vozni prvej triedy nebolo mnoho ľudí.

(Mn)	ORCHESTER	– Pred orchestrom stál dirigent. V orchestri hrá tiež niekoľko žien.
	FILTER	– Sú to cigarety s filtrom alebo bez filtra?
	ČLÁNOK	– V niektorých článkoch písali, že...
	ZAČIATOK	– Moja izba je na začiatku chodby.
(F)	ČITÁREŇ	– Ešte som nebol v čitárni. Čo je za čitárňou?
	BÁSEŇ	– Poznám veľa básní od toho mladého básnika.
	PIESEŇ	– V ľudových piesňach spievajú o láske, o prírode a o práci.

LETNÝ VEČER

Je krásny, horúci letný večer. Kováčovci a Horákovci sedia na balkóne a rozprávajú sa o dovolenke a o prázdninách. Je to aktuálna téma: je začiatok júla, začínajú sa prázdniny a dovolenky.

– Ja pôjdem s mojimi tromi kolegami na motorkách po Slovensku, – hovorí Peter. – Tak sme minulý rok precestovali aj Moravu a Čechy. Nechcem ani vidieť kravatu a sako! Chceme spať pod stanmi, kúpať sa a plávať. Najprv chceme ísť cez južné Slovensko na východ a potom príde najkrajšia časť – Tatry. Chceme sa pozrieť na vodopády, chceme ísť do jaskýň. To bude krása!

V Tatrách nechceme bývať pod stanom, ale v chate. Počasie sa rýchlo mení, aj v lete často prší a je chladno.

– Ja sa ti čudujem, – hovorí Eva. – To je dovolenka? Cestovať na motorke, sám si variť, spať v kempingu, nosiť batoh!
Nie. Keď skončím školu a budem pracovať, budem mať pohodlnú dovolenku. Pôjdem do Trenčianskych Teplíc, do Bardejova alebo do Piešťan, budem bývať v elegantnom hoteli, budem jesť v reštaurácii a večer pôjdem niekam tancovať. Ráno budem dlho spať a raňajkovať budem v posteli!
Raz, keď budem mať peniaze, budem tráviť dovolenku v zahraničí pri mori. A cestovať budem len lietadlom!

– To je nič! My s Ivanom pôjdeme na oceán, – povedal Janko. – Preplávame člnom na nejaký neobývaný ostrov. Každý deň si nachytáme ryby a uvaríme si ich. Možno, že chytíme nejakého tigra alebo iné divé zviera. To bude život: ako Robinson a Piatok, však?
– Ty máš ale fantáziu! – smeje sa pán Kováč. – Ty chceš chytiť tigra a bojíš sa psa! Eva nebude cestovať, ale bude variť pre deti a manžela. Peter má reumu a bude radšej cestovať autom a bývať v hoteli.
My pôjdeme so ženou asi k švagrovi. Keby bolo pekne, chodili by sme do hôr, boli by sme pri vode. Keby bolo chladnejšie, prezreli by sme si nejaké hrady a múzeá.

– U nás je v lete v záhrade toľko práce, že nemáme čas niekam cestovať, – hovorí pán Horák. – Ak bude pekne, pôjdeme cez víkend chytať ryby. Manželka ide na liečenie a ak sa bude dobre cítiť, strávi niekoľko dní u svojej sestry v Prahe.
My obyčajne dovolenkujeme v zime. Všetci máme radi zimné športy. Ak bude všetko v poriadku, pôjdeme cez Vianoce alebo cez zimné prázdniny zasa do hôr lyžovať sa a sánkovať sa.

– My nemáme s dovolenkou nijaké problémy, stará mama, však? – povedal starý otec, ktorý doteraz len počúval.
– Pre nás je najlepší oddych, keď ideme do parku tu oproti alebo k Dunaju. Tam sedíme, stará mama pletie a ja čítam. Niekedy prichádzajú známi a potom sa rozprávame s nimi.
Ale často spomíname na naše dovolenky pred mnohými rokmi. Vtedy sme často cestovali. Teraz si prezeráme už len fotografie z našich ciest po republike a po svete.

Červené slnko už medzitým zapadlo za hory. Na uliciach a v oknách už svietili lampy. Ale všade sa ešte prechádzali ľudia. Ešte stále bolo horúco. Zajtra iste zasa bude krásne počasie.

ČO CHCE ROBIŤ PETER?   **Slovesá – opakovanie**
(verbá)

– Peter chce spať pod stanom.

– Peter chce s tromi kolegami ísť na motorkách po Slovensku.

– Peter sa chce ísť pozrieť na vodopády.

– Peter chce ísť do jaskýň.

ČO BUDE ROBIŤ EVA?

– Eva bude bývať v elegantnom hoteli a bude jesť v reštaurácii.

– Eva bude raňajkovať v posteli.

– Eva bude tráviť dovolenku v zahraničí pri mori.

– Eva bude cestovať len lietadlom.

ČO UROBÍ JANKO S IVANOM?

– Janko s Ivanom pôjdu na oceán. Preplávajú člnom na neobývaný ostrov.

– Každý deň si nachytajú ryby.

– Každý deň si uvaria ryby.

– Možno, že chytia tigra alebo iné divé zviera.

ČO BY ROBILI KOVÁČOVCI, KEBY...?

– Keby bolo pekne, chodili by Kováčovci do hôr.

– Keby bolo pekne, boli by Kováčovci pri vode.

– Keby bolo chladnejšie, prezreli by si nejaké hrady.

– Keby bolo chladnejšie, prezreli by si nejaké múzeá.

ČO UROBIA/ČO BUDÚ ROBIŤ HORÁKOVCI, AK...?

– Ak bude pekne, pôjde pán Horák cez víkend chytať ryby.

– Ak sa bude pani Horáková dobre cítiť, strávi niekoľko dní u svojej sestry v Prahe.

– Ak bude všetko v poriadku, pôjdu sa Horákovci v zime do hôr lyžovať.

– Ak bude všetko v poriadku, pôjdu sa Horákovci v zime do hôr sánkovať.

ČO ROBIA STARÍ RODIČIA?

– Starí rodičia chodia do parku oproti domu alebo k Dunaju.

– Starí rodičia sedia v parku. Starý otec číta a stará mama pletie.

– Starí rodičia sa rozprávajú so svojimi známymi.

– Starí rodičia si prezerajú fotografie zo svojich ciest po republike a po svete.

ČO BOLO VEČER?

– Slnko zapadlo za hory.

– Na uliciach a v oknách svietili lampy. Všade sa prechádzali ľudia. Bolo horúco.

VŠIMNITE SI! **Nepravidelné množné číslo – ČLOVEK / ĽUDIA – (Mž) – I.**
(nepravidelný plurál)

– Bolo tam veľa ľudí?
– Nie. Vždy je tam dosť ľudí, ale včera tam nebol ani jeden človek.

nom.	Všetci ľudia vystúpili z vlaku.		ĽUDIA
gen.	Opýtal som sa ľudí, čo sa stalo.	od	ĽUDÍ
dat.	Musíme pomáhať starším ľuďom.	k	ĽUĎOM
akuz.	Nevidel som tam nijakých ľudí.	pre	ĽUDÍ
lok.	Hovorili sme o známych ľuďoch.	o	ĽUĎOCH
inštr.	Išli sme spolu s ostatnými ľuďmi.	s	ĽUĎMI

VŠIMNITE SI!

Nepravidelné množné číslo – DIEŤA / DETI – (N) – II.
(nepravidelný plurál)

– Môj brat má jedno dieťa, sestra má dve deti.
– V našej rodine je viac detí.

nom.	Na ulici sa hrali nejaké deti.		DETI
gen.	Okolo detí behal pes.	od	DETÍ
dat.	Rodičia zanechali všetko svojim deťom.	k	DEŤOM
akuz.	Videli ste jeho deti?	pre	DETI
lok.	Hovorili o svojich deťoch.	o	DEŤOCH
inštr.	Choďte s deťmi na prechádzku!	s	DEŤMI

VŠIMNITE SI!

Nepravidelné množné číslo – DIEVČA / DIEVČATÁ – III.
(nepravidelný plurál) a iné (N) ~ a

– To je pekné dievča!
– To je moja spolužiačka. V našej triede je veľa pekných dievčat.

nom.	Prišli nejaké dve dievčatá.		DIEVČATÁ
gen.	Spýtame sa dievčat, či chcú tancovať.	od	DIEVČAT
dat.	Eva a Katka majú meniny. Dáme dievčatám kvety?	k	DIEVČATÁM
akuz.	Tieto dievčatá som tu ešte nevidel.	pre	DIEVČATÁ
lok.	Juro vždy sedí pri dievčatách.	o	DIEVČATÁCH
inštr.	Ideme do kina s dievčatami.	s	DIEVČATAMI

Takisto: V zoologickej záhrade sme videli zaujímavé zvieratá. Je tam veľa zvierat. V zoo je nápis: Nepribližujte sa k zvieratám! Nekŕmte zvieratá!

alebo:
vtáča – vtáčatá (= malý vták),
teľa – teľatá (= mláďa kravy a býka),
mláďa – mláďatá (= mladé zviera),
vnúča – vnúčatá (= vnuk, vnučka, malý vnuk,...)

VŠIMNITE SI!

Nepravidelné množné číslo – PANI / PANIE – (F) – IV.
(nepravidelný plurál)

– Ako sa volajú tie dve panie, ktoré sme stretli?
– Jedna je pani Kováčová, druhá je pani Horáková.

nom.	Tie dve panie bývajú v našom dome.		PANIE
gen.	Opýtaj sa tých paní, kde je pošta!	od	PANÍ
dat.	Poď! Pomôžeme tým starým paniam.	k	PANIAM
akuz.	Poznáš tie panie?	pre	PANIE
lok.	Pri tých starých paniach sedí dedko.	o	PANIACH
inštr.	Musím hovoriť s tými paniami.	s	PANIAMI

VŠIMNITE SI!

Nepravidelné množné číslo – (F), ktoré majú ~ ̆/ ~ = – V.
(nepravidelný plurál)

– Vieš, čo je chemická zmes?
– Už sme sa učili, čo sú zmesi a ešte sa budeme o zmesiach učiť.

– V mojej izbe je jedna posteľ. V izbe mojich rodičov sú dve postele.

POZOR!

- **Podstatné mená** (substantíva) (F) **s ~ ̆ / ~ = majú nom. a akuz. pl. ~ e alebo ~ i!**

- **Gen., dat., lok. a inštr. pl. majú rovnaké zakončenie ako**
  „miestnosť" – z miestností, k miestnostiam, o miestnostiach, s miestnosťami!

Príklady | ̆ -e |

– V železiarňach sme videli vysoké pece. Práca pri vysokých peciach nie je ľahká.

– Včera bol pekný program, počuli sme nové piesne a básne. O týchto piesňach a básňach sme už čítali, ale nepoznali sme ich.

– V tejto izbe sú štyri postele. Dve postele sú teraz voľné, na ostatných dvoch posteliach ležia pacienti.

– V Afrike, Ázii a Amerike sú veľké púšte. Myslím, že najväčšia púšť je Sahara. O iných púšťach som málo počul.

– Bol to známy cestovateľ. Na svojich cestách navštívil veľa rôznych zemí. Niektoré zeme videl viackrát. O týchto zemiach napísal niekoľko kníh.

Príklady | ̆ -i |

– V zime sú noci veľmi dlhé, v lete sú noci krátke.

– Máš všetky veci? Tie veci na skrini nie sú tvoje?

– Dve noci mal veľké bolesti, ale napriek bolestiam nešiel k lekárovi.

TABUĽKA SKLOŇOVANIA (plurál)

PÁD (číslo) (názov)	OTÁZKA	MASKULÍNUM (životné) Adjektívum	MASKULÍNUM (životné) Substantívum	MASKULÍNUM (neživotné) Adjektívum	MASKULÍNUM (neživotné) Substantívum	FEMINÍNUM Adjektívum	FEMINÍNUM Substantívum	NEUTRUM Adjektívum	NEUTRUM Substantívum
Formy Nom. sing. ▲		-ý / -y / ≃í	≃ / -o / -a	-ý / -y / ≃í	≃ / ≃	-á / -a / ≃ia	=a / ≃a / ≃ia	-é / -e / ≃ie	-o / (-e / -á) / -um / -ie
1. NOMINATÍV	KTO? ČO?	-í / -í (-istí)	1 -i (-istí) 2 -ovia / -ia (-teľa) 3	-é / -e / ≃ie ONI	1 -y 2 ≃e	-é / -a / ≃ia	1 =a / ≃a / ≃ia 2 ≃e 3 -áreň / ≃ 4 ≃í / ≃ < -i / -ø	-é / -e / ≃ie	1 -á 2 ≃ia 3 -á 4 ≃ia
2. GENITÍV	KOHO? ČOHO?	-ých / -ych / ≃ích NICH/ICH	-ov	-ých / -ych / ≃ích	-ov	-á (-=ie=) (-=o=)	1 -ø 2 ≃e 3 4 -í		1 -ø (-=ie=) (-=o=) 2 ≃ia 3 4 -í
3. DATÍV	KOMU? ČOMU?	-ým / -ým / ≃ím NIM/IM	-om		-om	-ám / ´-am / ≃iam / ´-=am			-ám / ´-am / ≃iam / ´-=am
4. AKUZATÍV	KOHO? ČO?	= Gen.	= Genitív	= Nom. NE/ICH	= Nominatív	= Nom.	= Nominatív	= Nom.	= Nominatív
6. LOKÁL	(o) KOM? (o) ČOM?	-ých / -ych / ≃ích NICH	-och		-och	-ách / ´-ach / ≃iach / ´-=ach			-ách / ´-ach / ≃iach / ´-=ach
7. INŠTRUMENTÁL	KÝM? ČÍM?	-ými / ´-ymi / ≃ími NIMI	(-mi / -mi)(≃≃)-ami)		(-mi / -mi)(≃≃)-ami)	-ami	-ami		1 -ami 2 -ami 3 4 -iami

ROČNÉ OBDOBIA

Text

Slovensko – tak ako celá stredná Európa – leží v tzv. (= takzvanom) miernom pásme. Pre toto obdobie je charakteristické, že sa tu striedajú štyri ročné obdobia: jar, leto, jeseň a zima.

Pre každé ročné obdobie je typické iné počasie: letá sú obyčajne suché a horúce, zimy studené. Počasie na jar a na jeseň je premenlivé, často prší, je vietor a hmla. Rána a večery bývajú chladné, ale cez deň je niekedy teplo. Striedajú sa slnečné a zamračené dni, teplo a chlad.

Je veľa ľudí, ktorí sa zaujímajú o počasie: piloti, šoféri, železničiari, roľníci, námorníci – a rekreanti. Počasie je častá téma rozhovorov. Skoro denne počujeme otázku: „Aké bude dnes počasie?" Rozhlas, televízia a všetky noviny prinášajú každý deň predpoveď počasia, ktorú vypracovali meteorológovia.

Podľa kalendára sa jar začína 21. marca. V jarných mesiacoch – marci, apríli a máji – sa v prírode začína nový život. Na stromoch sú nové zelené listy, všade vidíme pestré kvety a deti sa tešia, že po dlhej zime zasa môžu byť dlhšie vonku. Dni sa predlžujú a noci sa skracujú až do konca júna, keď sú dni najdlhšie.

Najviac práce je v záhradách a na poliach. Roľníci sejú a sadia. Koncom jari už dozrieva prvé ovocie: čerešne a jahody.

Od 21. júna, keď sa začína leto, sa dni zasa pomaly skracujú, ale počasie sa ustaľuje. Je teplo a sucho, iba niekedy prichádza letná búrka – silná, ale krátka.

Leto je obdobie dovoleniek a prázdnin. Väčšina ľudí trávi voľné dni pri vode alebo v lese, mnohí cestujú a oddychujú.

Roľníci majú v lete najviac práce. Ovocie, zelenina a obilie dozrieva, všetko treba oberať a zberať, aby bol po celý rok dostatok jedla.

V septembri sa žiaci zase vracajú do škôl a ostatní ľudia do práce. 21. septembra, keď sa začína jeseň, je jesenná rovnodennosť: deň a noc sú rovnako dlhé.

Počasie sa zhoršuje, prichádzajú dažde, hmly a vietor. Roľníci musia rýchlo obrať posledné plody prírody: jablká, hrozno, zemiaky. To sú už posledné práce v prírode.

Na horách je už v októbri prvý sneh, lesy majú krásne žltočervené sfarbenie a lístie postupne opadáva. Sťahovaví vtáci odlietajú na juh, aby tam prežili studené zimné dni.

Zima sa začína 21. decembra. Teploty klesajú hlboko pod bod mrazu, nezriedka bývajú teploty aj –15, –20 alebo –25°C (stupňov celzia). Často sneží a ľad pokrýva jazerá a rieky.

Dni sú veľmi krátke, ale deti, mládež a športovci využívajú aj tých niekoľko hodín na zimné športy: lyžovanie, sánkovanie a korčuľovanie. Deti stavajú snehuliakov, ale potom sa rýchlo vracajú do teplých bytov ku knihe, k rádiu alebo k televízii.

Príroda spí, ale ľudia pripravujú stroje a všetko na novú jar. Život na niektorých pracoviskách sa ani v zime nemôže zastaviť...

 NEOTVÁRAJTE SLOVNÍK!   Prečítajte si, čo znamenajú tieto slová z textu!

tzv. (= takzvaný, -á, -é)
„v tzv. miernom pásme" = v takzvanom miernom pásme, tak voláme toto pásmo;

mierny, -a, -e
nie veľmi horúci alebo studený, stredný;

podnebie, -ia (N) (= klíma)
priemerné počasie v nejakej oblasti za celý rok;

premenlivý, -á, -é
ktorý sa často mení;

bývať (-am, -ajú) (Nd)
– žiť niekde, na nejakom mieste (napr. bývať v meste, v internáte),
– často byť (rána bývajú chladné = rána sú často chladné);

zamračený, -á, -é
– na nebi sú mračná, mraky, nevidíme slnko, nebo je zamračené,
– zamračený človek, zamračená tvár (tvár človeka, ktorý sa hnevá, ktorý má starosti a problémy);

téma, -y (F)
myšlienka, to, o čom hovoríme, píšeme a čítame, predmet rozhovoru;

predpoveď, -e (F) (= prognóza)
keď hovoríme o tom, čo bude; povedať vopred, čo bude;

meteorológ, -ovia (Mž) / **meteorológia, -ie** (F)
človek, ktorý študuje atmosféru (obal našej Zeme), počasie; veda o počasí, o atmosférických javoch;

predlžovať (sa) (Nd) / **skracovať (sa)** (Nd)
predĺžiť (sa) (D) / skrátiť (sa) (D)
stávať sa dlhším / stávať sa kratším; robiť dlhším / robiť kratším;

siať (sejem, sejú) (Nd)
ručne alebo strojom dávať zrno do zeme;

sadiť (-ím, -ia) (Nd)
stromy, kríky, rastliny dávať do zeme, aby tam rástli;

ustaľovať sa (Nd) / **ustáliť sa** (D)
stávať sa stálym, nie premenlivým, stávať sa konštantným;

dostatok, -tky (Mn) / + gen.
dostatok jedla = dosť, dostatočné množstvo jedla;

sfarbenie, -ia (N) (= farba);

sťahovať sa (Nd) / **sťahovavý, -á, -é**
odísť žiť alebo bývať na iné miesto; sťahovavý vták = vták, ktorý žije v lete na severe, v zime na juhu.

Predpoveď počasia na zajtra

Zrána hmlisto, cez deň jasno až zamračené. V niektorých oblastiach na severe a severovýchode slabý dážď.
Slabý južný vietor, ktorý k večeru zosilnie.
Ranné teploty 10–15°C, najvyššie denné teploty okolo 21°C. V noci klesnú teploty až na 5°C.
Počasie pozajtra: bez väčších zmien.

• • • •**TO UŽ VIEME!**• • • • • • • • • • • • • •

– Vľavo sú dvere.
– Peter má nové nohavice.
– Vysoké Tatry sú najvyššie pohorie na Slovensku.

• •

VŠIMNITE SI!

Pomnožné podstatné mená
(pluráliá tantum)
Substantíva, ktoré vždy alebo najčastejšie používame v pl.

Na stole ležia (ležali)
Najčastejšie koncovky: = y / ̈ e

hodinky   nožnice   okuliare

= **-y**

̈ **-e**

Označujú

<table>
<tr><td colspan="2">a) všeobecné slová:</td></tr>
<tr>
<td>šaty (F) – v šatách
plavky (F) – v plavkách
noviny (F) – v novinách
činky (F) – s činkami</td>
<td>nožnice (F) – nožnicami
nohavice (F) – v nohaviciach
husle (F) – na husliach
okuliare (Mn) – na okuliaroch</td>
</tr>
<tr><td colspan="2">b) zemepisné (geografické) názvy:</td></tr>
<tr>
<td>Tatry (F) – v Tatrách
Karpaty (Mn) – v Karpatoch
Piešťany (Mn) – v Piešťanoch
Atény (F) – v Aténach
Čechy (F) – v Čechách</td>
<td>Košice (F) – v Košiciach
Teplice (F) – v Tepliciach
Jaslovské Bohunice (F) –
– v Jaslovských Bohuniciach</td>
</tr>
<tr><td colspan="2">c) sviatky:</td></tr>
<tr>
<td>narodeniny (F) – o narodeninách
meniny (F) – k meninám
prázdniny (F) – o prázdninách</td>
<td>Vianoce (F) – pred Vianocami
po Vianociach</td>
</tr>
</table>

<u>Príklady</u>

– Boli ste už v Čechách?
– Nie, ešte sme tam neboli, ale v lete pôjdeme do Čiech.

– Včera hlásilo rádio, že v Tatrách a v Beskydách snežilo.
– V Malých a Bielych Karpatoch už nie je sneh.

– Po prázdninách sme sa vrátili do školy.

– Viete hrať na klavíri?
– Neviem, ale viem hrať na husliach.

– Uvádzačka nám povedala, že v texaskách nemôžeme ísť do divadla.
– Dobre, tak pôjdeme v iných nohaviciach.

 VŠIMNITE SI! **Pomenovanie zvierat / skloňovanie**
(deklinácia)

<table>
<tr>
<td>Po dvore behal KOHÚT.
Jedli sme mäso z KOHÚTA.

Nasyp zrno KOHÚTOVI!
Susedia majú tiež KOHÚTA.
Hovorili sme o KOHÚTOVI.
Chlapec bežal za KOHÚTOM.</td>
<td>Na dvore sú dva KOHÚTY.
Jedli sme mäso z dvoch KOHÚTOV.
Nasyp zrno KOHÚTOM!
Susedia majú tiež KOHÚTY.
Hovorili sme o KOHÚTOCH.
Chlapec bežal za KOHÚTMI.</td>
</tr>
<tr>
<td>singulár ako (Mž)!</td>
<td>plurál ako (Mn)!</td>
</tr>
</table>

POZOR!

● **Pomenovania zvierat** (maskulína) **majú jednotné číslo** (singulár) **ako** (Mž), **množné číslo** (plurál) **ako** (Mn)!

● **Tieto pomenovania sú výnimky:**

(ako Mn)		(ako Mž)
vták – vtáky	alebo	vtáci
vlk – vlky	alebo	vlci
pes – psy	alebo	psi
býk – býky	alebo	býci

Tvary ako (Mž) používame najčastejšie v hovorovom jazyku!

● **Pomenovania zvierat** (feminína) **majú pravidelné formy:**
Napríklad: sliepka – o sliepke, zo sliepky, veľa sliepok atď.

● **Mená mladých zvierat majú často koncovku** ~ a/~ ä
a sú neutrá. Majú formy ako slovo „zviera"!
Napríklad: kurča – z kurčaťa, pri kurčati, päť kurčiat...
holúbä – z holúbäťa, pri holúbäti, dve holúbätá..

Príklady

– V zoologickej záhrade sme videli ľadové medvede, slony, žirafy, ťavy, niekoľko tigrov a opíc.

– Na námestiach miest často vidíme holuby a iné malé vtáky (alebo: iných malých vtákov).

– Teraz už ani na dedinách nevidíme toľko kráv, oviec, kôz ako predtým.

– Deti sa hrali s mačaťom a so psíčaťom.

– Vedci študujú spôsob orientácie poštových holubov a sťahovavých vtákov na ich ďalekých cestách.

– V našej krajine žije niekoľko hadov, ale tieto hady, okrem zmije, nie sú jedovaté.

– V zbierkach múzea boli aj krásne motýle.

VŠIMNITE SI! | **Ukazovacie zámená** (demonstratíva)

tento		tamten
táto	a	tamtá
toto		tamto

Ten stôl je voľný.

Tá váza je pekná.

To rádio je dobré.

– Ktorý stôl je voľný?
TENTO alebo TAMTEN?

– Budeme sedieť pri tomto stole alebo pri tamtom stole?

– Ktorá váza je krajšia?
TÁTO alebo TAMTÁ?

– Kúpime si túto vázu alebo tamtú vázu?

– Ktoré rádio je lepšie?
TOTO alebo TAMTO?

– Neviem. Toto rádio poznám, ale tamto rádio nepoznám.

TENTO TAM**TEN**	**TÁ**TO TAM**TÁ**	**TO**TO TAM**TO**
G.　**toh**to 　　tam**toho**	**tej**to tam**tej**	**toh**to tam**toho**
D.　**tomu**to 　　tam**tomu**	**tej**to tam**tej**	**tomu**to tam**tomu**
atď.	atď.	atď.

Príklady

– V tejto miestnosti je teplejšie ako v tamtej miestnosti.

– V týchto obchodoch sme už boli. Poďme do tamtých!
– V tamtých sme už tiež boli, nepamätáš sa?

– S ktorými študentmi ste hovorili? S týmito?
– Neviem presne, ale myslím, že som hovoril s tamtými.

– Touto električkou chcete cestovať na stanicu? To nie je možné! Musíte cestovať tamtou električkou, ktorá stojí vzadu.

– Od ktorého čašníka ste pýtali jedálny lístok? Od tohto alebo od tamtoho?

– Nechcem túto ceruzku. Touto ceruzkou nerád píšem. Radšej si vezmem tamtú.

Cvičenia

11, 12, 13

S. – Tohto muža sme tu vlani tiež stretli.
R. – Tohto? Ale kdeže, vlani sme stretli tamto-ho muža.

S. – V tejto izbe sme minulý rok tiež bývali.
R. – V tejto? Ale kdeže, minulý rok sme bývali v tamtej izbe.

S. – Týmto perom som písal včera.
R. – Týmto? Ale kdeže, včera si písal tamtým perom.

– Týmto vlakom sme cestovali aj minulý mesiac.
– Týmto? Ale kdeže, minulý mesiac sme cestovali tamtým vlakom.

– S touto úradníčkou si hovoril aj včera.
– S touto? Ale kdeže, včera som hovoril s tamtou úradníčkou.

– S týmto dievčaťom som v sobotu tancoval.
– S týmto? Ale kdeže, v sobotu si tancoval s tamtým dievčaťom.

– Na tejto pláži sme sa v lete kúpali.
– Na tejto? Ale kdeže, v lete sme sa kúpali na tamtej pláži.

S. – Chcete si kúpiť tamten kabát?
R. – Ešte neviem, ale myslím, že si kúpim tento kabát.

– Chcete si prečítať tamtú knihu?
– Ešte neviem, ale myslím, že si prečítam túto knihu.

– Chcete si vypočuť tamtú platňu?
– Ešte neviem, ale myslím, že si vypočujem túto platňu.

– Chcete si požičať tamten dáždnik?
– Ešte neviem, ale myslím, že si požičiam tento dáždnik.

– Chcete si skúsiť tamten oblek?
– Ešte neviem, ale myslím, že si skúsim tento oblek.

S. – Tu sú dve zastávky. Na ktorej vystúpime?
R. – Môžeme vystúpiť na tejto alebo na tamtej.

– Tu sú dvaja muži. Ktorého sa opýtame?
– Môžeme sa opýtať tohto alebo tamtoho.

– Tu sú dva autobusy. Ktorým pôjdeme?
– Môžeme ísť týmto alebo tamtým.

– Tu sú dve zaujímavé múzeá.
  Ktoré si prezrieme?
– Môžeme si prezrieť toto alebo tamto.

– Tu sú dve pohľadnice. Ktorú pošleme?
– Môžeme poslať túto alebo tamtú.

– Tu sú dve voľné lavičky. Na ktorej
  budeme sedieť?
– Môžeme sedieť na tejto alebo na tamtej.

KALENDÁR

Kalendár je veľmi dôležitá a potrebná vec. Potrebujeme ho skoro tak často ako hodinky. Kalendár môžeme zavesiť na stenu, postaviť na stôl, alebo ho môžeme nosiť vo vrecku. Potom ho máme vždy poruke.

Kalendár pomáha najmä zábudlivým ľuďom. Ak nevedia, čo majú robiť, kam ísť, čo kúpiť, čo vybaviť, môžu si to zapísať do kalendára. Je to istejšie ako uzol na vreckovke. Ten nám iba povie, že máme niečo urobiť, ale nepovie nám, čo to je.

Na stole leží

diár a vreckový kalendár.

Na stole stojí

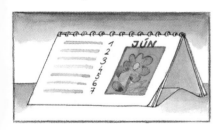

stolový kalendár.

Na stene visia

nástenné kalendáre.

Pozrite sa na môj vreckový kalendár!

Na prvej strane je moje meno a všetky osobné údaje: miesto a dátum narodenia, moje bydlisko, adresa môjho zamestnávateľa, moje telefónne číslo v byte i v zamestnaní. Samozrejme, tieto údaje nie sú pre mňa, ale čo, ak stratím kalendár? Každý vie, komu patrí a môže mi ho vrátiť.

V kalendári sú aj všetky dni roka: čierne dátumy sú všedné dni, červené dátumy sú sviatky, ako napr. Vianoce, 1. máj, Veľká noc, Nový rok atď. Pri každom dátume je napísané meno, aby som nezabudol blahoželať kamarátovi Petrovi alebo sestre Zdene – veď majú meniny! Do kalendára si tiež môžem napísať dátum narodenia mojich priateľov a príbuzných.

Kalendár nás informuje tiež o tom, aké známky potrebujeme na list alebo pohľadnicu, koľko stojí telegram alebo telefonický rozhovor, aké miery a váhy používajú ľudia v iných krajinách.

Tu si môžeme prečítať, čo treba robiť, keď sa stane nejaké nešťastie, ako môžeme pomôcť človeku, ktorý sa topí, človeku, ktorý sa poranil alebo popálil atď. V kalendári mám tiež dôležité telefónne čísla: číslo lekárskej záchrannej služby, číslo požiarnikov a polície.

Naozaj, taký kalendár je výborná vec! Často ho používam a vždy mi pomohol. Nedávno som sa pripravoval na cestu do Prahy. Mal som tam veľa práce. Do kalendára som si zapisoval všetko, čo som mal v Prahe urobiť, ku komu som mal ísť, čo som mal kúpiť, s kým som sa mal stretnúť a kedy. Zapísal som si tiež, čo mám priniesť manželke, čo potrebuje kamarát atď. Kalendár bol plný poznámok a čísel.

Spokojne som odcestoval do Prahy. Nič sa nemôže stať, nič nemôžem zabudnúť – veď mám kalendár!

Keď som v hoteli otvoril svoju aktovku, bol som šokovaný: kalendár som si zabudol doma!

POZOR!

● **...ako môžeme pomôcť človeku** (= človekovi)...
Slovo človek **môže mať dat. a lok. sg.** človeku **alebo** človekovi!
Podobne aj slovo „pán":
Hovoril som pánu Horovi (= pánovi)...

● **...čierne dátumy sú všedné dni, červené dátumy sú sviatky...**
Slová „dátum" **a** „album" **nie sú** (N), **ale** (Mn)!

NEOTVÁRAJTE SLOVNÍK!   Prečítajte si, čo znamenajú tieto slová z textu:

mať niečo poruke
mať niečo blízko, pri ruke; keď to potrebujeme,
nemusíme dlho hľadať;

zábudlivý, -á, -é
človek, ktorý často zabúda;

vybaviť (D) / **vybavovať** (Nd) **niečo**
urobiť, zariadiť niečo, napr. vybaviť na úrade pas;

údaj, -e (Mn) / **dáta** (N) (len pl.)
– presné informácie o človeku (napr. kedy a kde
sa narodil, odkiaľ pochádza, aká je jeho adresa
atď.);
– presné informácie o stroji alebo o prístroji
(napr. akú má hmotnosť, aký má výkon, koľko
energie spotrebuje atď.);

bydlisko, -á (N)
miesto, kde niekto býva: mesto, ulica, číslo
domu;

zamestnávateľ, -ia (Mž) / **adresa zamestnáva-
teľa**
– človek, ktorý dáva prácu (zamestnanie)
niekomu,
– organizácia, v ktorej pracujeme (škola, úrad, to-
váreň atď.);

všedný, -á, -é
– všedný deň = pracovný deň,
– obyčajný, jednoduchý (všedný človek, dom,
všedné šaty atď.);

príbuzný, -á, -é
– člen tej istej rodiny (otec, matka, brat, sestra,
syn, dcéra, strýko, teta, bratanec, vnuk atď.);
– ktorý patrí do tej istej skupiny alebo má rovna-
ký pôvod (napr. príbuzné slová = podobné slová,
príbuzné národy atď.);

záchranná služba
služba (lekárska), ktorá pomáha zachraňovať
chorého alebo raneného človeka;

požiarnik, -ci (Mž)
muž, ktorý hasí oheň (požiar) v dome, továrni
atď.;

šokovaný, -á, -é
veľmi nepríjemne prekvapený, preľaknutý,
otrasený.

Viete vyplniť tento formulár?

Meno _____

Dátum narodenia _____   Miesto narodenia _____

Bydlisko _____ číslo telefónu _____
                (mesto, ulica, č. domu, PSČ)

Zamestnanie _____ číslo telefónu _____
                (názov)   (adresa)

■ **NEZABÚDAJTE, ŽE…!** **Číslovky / Základné číslovky – 1 –sg.– I.**
(numeráliá) (kardináliá)

		(Mž) (Mn)	(F)	(N)
nom.	–	jeden	jedna	jedno
gen.	od	jedného	jednej	jedného
dat.	k	jednému	jednej	jednému
akuz.	pre	jedného/jeden	jednu	jedno
lok.	o	jednom	jednej	jednom
inštr.	s	jedným	jednou	jedným

POZOR!

● **Číslovku** „jeden/jedna/jedno" **môžeme používať aj vo význame**
„nejaký/nejaká/nejaké" **alebo** „ten istý/tá istá/to isté"!

Napríklad: Opýtal som sa jednej úradníčky,… (= nejakej úradníčky)
Bývali sme v jednom starom hoteli. (= v nejakom hoteli)
Janko a Ivan chodia do jednej triedy. (= do tej istej triedy)

Príklady

– Ideš do obchodu? Môžeš mi priniesť jeden veľký zošit?
– Pricestoval s jedným malým kufríkom.
– Moja izba má len jedno okno, ale je veľké.

– Bývame na jednom poschodí s Kováčovcami (= na tom istom poschodí).
– Vieš, že sa Karol oženil? Počul som, že si vzal za ženu jednu svoju spolužiačku (= nejakú spolužiačku).

VŠIMNITE SI! **Číslovka –1– pl.**

		(Mž) (Mn/F/N)	
nom.	–	jedni/jedny	V skrini sú jedny nohavice.
gen.	od	jedných	Z jedných novín som sa dozvedel,…
dat.	k	jedným	Prišiel som k jedným dverám.
akuz.	pre	jedných/jedny	Prosím si jedny zápalky.
lok.	o	jedných	V jedných dverách chýbal kľúč.
inštr.	s	jednými	Zošit ležal pod jednými novinami.

POZOR!

● **Aj v pl. je viac významov:** nejakí, -é / niektorí, -é / tí istí, tie isté!

Príklady

– Potrebujem jedny okuliare na čítanie a jedny proti slnku.
– Jedni (= niektorí) študenti hrali šach, jedni (= niektorí) pozerali televíziu.

– Ako cestovali dievčatá do Prahy?
– Jedny (= niektoré) cestovali vlakom, jedny (= niektoré) autobusom.
– Nemôžeš ísť v jedných (= v tých istých) nohaviciach do divadla aj na štadión!

■ **NEZABÚDAJTE, ŽE...!**   **Základné číslovky – 2/3/4 – II.**
(kardináliá)

		(Mž) (MN) (F/N)	(Mž) (Mn/F/N)	(Mž) (Mn/F/N)
nom.	–	dvaja/dva/dve	traja/tri	štyria/štyri
gen.	od	dvoch	troch	štyroch
dat.	k	dvom	trom	štyrom
akuz.	pre	dvoch/dva/dve	troch/tri	štyroch/štyri
lok.	o	dvoch	troch	štyroch
inštr.	s	dvomi	tromi	štyrmi

Príklady

– Kedy skončil inžinier Sova vysokú školu? Pred dvomi rokmi?
– Nie, to bolo už pred tromi alebo štyrmi rokmi.

– To je nová škola. V dvoch budovách budú triedy, v troch budovách budú internáty, jedálne a klubovne.

VŠIMNITE SI!   **Číslovka – OBIDVAJA / OBIDVA / OBIDVE**
– OBAJA / OBA / OBE

To je Miro...

...a to je Paľo.

Obidvaja (= Obaja) sú moji kamaráti.
obidvaja (Mž)
obaja

To je náš dom...

...a to je váš dom.

Obidva (= Oba) domy sú nové.
obidva (Mn)
oba

To je Eva...

...a to je Jana.

Obidve (= Obe) študujú medicínu.
obidve (F)
obe

To je moje okno...

...a to je tvoje okno.

Obidve (= Obe) okná sú špinavé.
obidve (N)
obe

POZOR!

● **Tieto číslovky majú rovnaké formy ako** dvaja/dva/dve!

Napríklad: Hovorili sme o obidvoch (= oboch) filmoch.
Rozprával som sa s obidvomi (= obomi) chlapcami.

VŠIMNITE SI! **Základné číslovky – 5/6/7... (Mž) – III.**
(kardináliá)

nom.	To sú	moj**i**	piat**i**	bratia.
gen.	Sedím vedľa	moj**ich**	piat**ich**	bratov.
dat.	Píšem listy	moj**im**	piat**im**	bratom.
akuz.	Zavolal som	moj**ich**	piat**ich**	bratov.
lok.	Hovorím o	moj**ich**	piat**ich**	bratoch.
inštr.	Idem s	moj**imi**	piat**imi**	bratmi.

POZOR!

● **Číslovky** 5... 99 **majú rovnaké formy ako** moji/tvoji/naši/vaši!

● **Koncovka je krátka, pretože pred ňou je vždy dvojhláska** (diftong) **alebo dlhá samohláska** (vokál):
piat-/šiest-/siedm-/ôsm-/deviat-/desiat-/jedenást-/dvanást-/
trinást-/dvadsiat-/tridsiat-/štyridsiat-/atď.

● **V nom. a akuz. môžeme, samozrejme, používať aj tieto tvary:**
Napríklad: To je mojich päť bratov.
Vidím mojich päť bratov.

 Cvičenie
14

S. – V triede je dvanásť nových študentov.
Dajte im texty!
R. – Mám dať texty všetkým dvanástim novým
študentom?

– Pred hotelom čaká tridsaťdva
zahraničných turistov. Zavolajte ich
na večeru!
– Mám zavolať na večeru všetkých tridsiatich
dvoch zahraničných turistov?

– Tu je dvadsaťosem cestujúcich. Nastúpte
s nimi do vlaku!
– Mám nastúpiť do vlaku so všetkými
dvadsiatimi ôsmimi cestujúcimi?

– Dnes chýba šesť študentov. Zapíšte ich do
triednej knihy!
– Mám zapísať všetkých šiestich (= šesť)
študentov?

– Prišlo osemnásť nových hostí. Ukážte im
izby!
– Mám ukázať izby všetkým osemnástim
hosťom?

– Na chodbe čaká ešte štrnásť pacientov.
Vyšetrite ich!
– Mám vyšetriť všetkých štrnástich
(= štrnásť) pacientov?

VŠIMNITE SI!

Základné číslovky – 5/6/7... (Mn/F/N) – IV.
(kardináliá)

nom.		Tu je päť	(domov/žien/okien)
gen.	okrem	piat**ich**	(domov/žien/okien)
dat.	oproti	piat**im**	(domom/ženám/oknám)
akuz.		Vidím päť	(domov/žien/okien)
lok.	o	piat**ich**	(domoch/ženách/oknách)
inštr.	s	piat**imi**	(domami/ženami/oknami)

POZOR!

● **Pre** (Mn/F/N) **používame len jednu formu v nom. a akuz.!**
(Vieme, že (Mž) môžu mať dve formy!)

Príklady

– Boli sme na výlete s dvadsiatimi ôsmimi
študentkami.
– Museli sme čakať. Cez cestu prechádzal vlak
s päťdesiatimi štyrmi vagónmi.

– Z deväťdesiatich otázok som sa naučil vyše po-
lovicu. Ešte sa musím naučiť asi tridsaťsedem
otázok.

VŠIMNITE SI!

Základné číslovky 100 a 1 000 – V.
(kardináliá)

– Slávny fyzik sa narodil pred dvesto rokmi.

– Bratislava s vyše štyristotisíc a Košice s dvestopäťdesiattisíc obyvateľmi patria
k najväčším slovenským mestám.

POZOR!

● **Číslovky** sto/dvesto/tristo... **a** tisíc/dvetisíc/tritisíc... **nesklonňujeme!**
Sklonňujeme len prídavné mená (adjektíva) **a podstatné mená** (substantíva),
ktoré pri nich stoja!

Príklady

– Odišiel som do mesta s päťsto korunami a ne-
zostalo mi nič!

– Karol má šťastie! Vyhral dvadsaťpäťtisíc korún!

VŠIMNITE SI!

Základné číslovky milión a miliarda – VI.
(kardináliá)

– Čína je s JEDNOU MILIARDOU obyvateľov najľudnatejším štátom na svete.

– Na Slovensku žije asi PÄŤ MILIÓNOV obyvateľov.

▼ **POZOR!**

> ● **Číslovky** milión **a** miliarda **sú podstatné mená** (substantíva)
> **a tak ich tiež skloňujeme!**

AKO JE DNES? AKÉ BUDE POČASIE? (AKO BOLO, AKO BUDE?)

– Včera celý deň svietilo slnko.

– Aj dnes svieti slnko.

– Dúfam, že aj zajtra bude svietiť slnko.

– Ako je vonku?
– Je jasno. Obloha je modrá.

– Ako je vonku?
– Pekne. Trochu sa mračí, ale je pekne.

– Ako je vonku?
– Je zamračené.

– Celý minulý týždeň pršalo.

– Dnes už neprší, iba poprcha.

– Vezmem si dáždnik, asi bude zasa pršať.

– Je 36 stupňov.
  Je strašne horúco.

– Je 28 stupňov.
  Je veľmi teplo.

– Dnes je príjemne teplo.
  Je 22 stupňov.

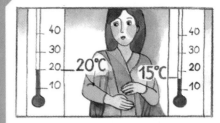

– Na obed bolo 20°C, teraz je len 15. Ochladilo sa.

– Včera bolo chladno. Dnes už je zima, je iba 5 stupňov.

– Je mínus 5 stupňov. Je mráz. Aj zajtra bude mrznúť.

– Včera padal sneh. Aj v noci snežilo.

– Dnes celý deň padá sneh. Sneží a sneží.

– Ak bude snežiť aj zajtra, neodcestujeme.

– Choďte pomaly! Je hustá hmla.

– Fúka silný vietor.

– Pozrite sa, aká je víchrica! Nechoďte von!

– V noci bola búrka. Blýskalo sa a hrmelo.

– Viem. Aj ja som videl blesky.

– Hoci som si držal uši, počul som hromy.

■ NEZABÚDAJTE, ŽE...! Spojka „aby" – I. želanie, prosba, žiadosť (konjunkcia)

...**spojku** (konjunkciu) „aby" **používame v nepriamej reči, ak v priamej reči bol rozkazovací spôsob** (imperatív). **Sloveso** (verbum) **po** „aby" **musí mať vždy** -l/-la/-lo//-li!

Príklady

Môj otec si vždy želal: „Študuj na vysokej škole!"
Môj otec si vždy želal, aby som študoval na vysokej škole.

Zákazník žiada predavača: „Zabaľte mi, prosím, ten chlieb!"
Zákazník žiada predavača, aby mu zabalil chlieb.

Peter ma prosil: „Nehovor to nikomu!"
Peter ma prosil, aby som to nikomu nehovoril.

Cvičenia

15, 16

S. – Prečo si zostal doma? Tvoja matka
to chcela?
R. – Áno, moja matka chcela, aby som zostal
doma.

S. – Prečo ste tam išli? Učiteľ vám to kázal?
R. – Áno, učiteľ nám kázal, aby sme tam išli.

S. – Prečo si mu to dal? Pavol ťa poprosil?
R. – Áno, Pavol ma poprosil, aby som mu
to dal.

S. – Prečo neužívaš tento liek? Lekár ti to
zakázal?
R. – Áno, lekár mi zakázal, aby som užíval
tento liek.

S. – Prečo to neurobili? Matka to chcela?
R. – Áno, matka chcela, aby to neurobili.

– Prečo ste si kúpili túto knihu? Profesor
vám to poradil?
– Áno, profesor nám poradil, aby sme si
kúpili túto knihu.

– Prečo ste odišli tak skoro? Manželka to
chcela?
– Áno, manželka chcela, aby sme odišli
tak skoro.

– Prečo ste zaparkovali tak ďaleko?
Strážnik vám to kázal?
– Áno, strážnik nám kázal, aby sme
zaparkovali tak ďaleko.

– Prečo ideš na operáciu? Lekár ti to
poradil?
– Áno, lekár mi poradil, aby som išiel
na operáciu.

– Prečo si to napísal sem? Úradník ťa
požiadal?
– Áno, úradník ma požiadal, aby som to
napísal sem.

– Prečo nerátate ten príklad ako včera?
Asistent vám to poradil?
– Áno, asistent nám poradil, aby sme ten
príklad nerátali ako včera.

– Prečo si nenavštívil kamaráta v nemocnici?
Lekár to zakázal?
– Áno, lekár zakázal, aby som navštívil
kamaráta v nemocnici.

– Prečo nefajčíte v kancelárii? Riaditeľ vám
to zakázal?
– Áno, riaditeľ nám zakázal, aby sme
fajčili v kancelárii.

 VŠIMNITE SI!   Spojka „aby" – II. účel

– PREČO/NAČO ideš na poštu?
– Idem na poštu, ABY SOM PODAL TELEGRAM.

– PREČO/NAČO mu dávaš peniaze?
– Dávam mu peniaze, ABY MI KÚPIL LÍSTOK DO KINA.

Cvičenie
17

> S. – Načo otvárate okná? Chcete vyvetrať triedu?
> R. – Áno, otvárame okná, aby sme vyvetrali triedu.
>
> S. – Prečo už odišiel? Nechce zmeškať vlak?
> R. – Áno, odišiel, aby nezmeškal vlak.

– Prečo ste tak ticho? Nechcete zobudiť dieťa?
– Áno, sme tak ticho, aby sme nezobudili dieťa.

– Prečo išiel Peter do banky? Chcel si vymeniť peniaze?
– Áno, Peter išiel do banky, aby si vymenil peniaze.

– Načo voláte čašníka? Chcete zaplatiť?
– Áno, volám čašníka, aby som zaplatil.

– Prečo ste prišli na Slovensko? Chcete študovať na vysokej škole?
– Áno, prišiel som na Slovensko, aby som študoval na vysokej škole.

POZOR!

● **V niektorých vetách môžeme použiť namiesto vety so spojkou** (konjunkciou) „aby" **neurčitok** (infinitív).

Napríklad: – Prečo/Načo si prišiel?
  – Prišiel som, **aby som ťa navštívil.** alebo – Prišiel som **ťa navštíviť.**

Príklady

– Ideš k jazeru, aby si si zaplával?
– Áno, idem si k jazeru zaplávať.

– Idete do jedálne, aby ste sa naobedovali?
– Áno, ideme sa do jedálne naobedovať.

– Bol si v divadle, aby si si ešte raz vypočul toho speváka?
– Áno, bol som si v divadle ešte raz vypočuť toho speváka.

VŠIMNITE SI!   Dvojitý zápor NIKTO – I.

Je tu niekto?	**Nie je** tu **nikto.**
Pýtal si sa niekoho?	**Nepýtal** som sa **nikoho.**
Dal si to niekomu?	**Nedal** som to **nikomu.**
Vidíš niekoho?	**Nevidím nikoho.**
Hovoríš o niekom?	**Nehovorím o nikom.**
Hovoríš s niekým?	**Nehovorím s nikým.**

 Cvičenie
18

> S. – Počúvajte, myslím, že niekto klope.
> R. – Ale nie. Nikto neklope.

– Pozrite sa! Myslím, že niekto prišiel.
– Ale nie. Nikto neprišiel.

– Janko dnes vie všetko. Myslím, že sa s niekým učil.
– Ale nie. Neučil sa s nikým.

– Peter to už vedel. Myslím, že mu to niekto
  povedal.
– Ale nie. Nepovedal mu to nikto.

– Miro vyrátal všetky príklady. Myslím,
  že mu niekto pomohol.
– Ale nie. Nikto mu nepomohol.

– Teraz vieš všetko! Myslím, že to niekomu
  povieš.
– Ale nie. Nepoviem to nikomu.

– Zuzka plače! Myslím, že sa niekoho bojí.
– Ale nie. Nebojí sa nikoho.

VŠIMNITE SI! Dvojitý zápor NIČ – II.

Leží tam niečo?	**Nič** tam **neleží**.
Bojíš sa niečoho?	**Nebojím sa ničoho.**
Rozumieš niečomu?	**Nerozumiem ničomu.**
Potrebuješ niečo?	**Nepotrebujem nič.**
Hovoril o niečom dôležitom?	**Nehovoril o ničom** dôležitom.
Cestovali ste niečím?	**Necestovali sme ničím**, išli sme peši.

 ## Cvičenie

19

S. – Budete niečo jesť?
R. – Nie, nebudeme jesť nič.

– Budete hovoriť o niečom?
– Nie, nebudeme hovoriť o ničom.

– Chcete sa pozerať na niečo?
– Nie, nechceme sa pozerať na nič.

– Môžete to opraviť niečím?
– Nie, nemôžeme to opraviť ničím.

– Musíte užívať niečo?
– Nie, nemusíme užívať nič.

– Odpoviete niečo?
– Nie, neodpovieme nič.

SLOVENSKO – KRAJINA V SRDCI EURÓPY

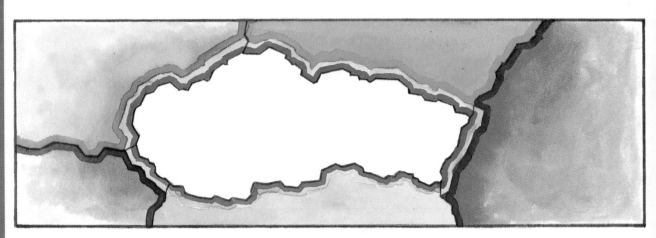

V roku 1918 sa skončila prvá svetová vojna. Z mapy Európy zmizol jeden z najväčších európskych štátov, Rakúsko-uhorská monarchia, aby urobila miesto novým štátom: Rakúsku, Maďarsku, Juhoslávii. Medzi novými štátmi, ktoré v tom čase vznikli, bola dňa 28. októbra 1918 aj Česko-slovenská republika.

Bol to štát dvoch slovanských národov: českého a slovenského. Cez druhú svetovú vojnu (1939–1945) bola republika rozdelená, ale po vojne 1945 vznikla znovu ako jednotný štát. Česko-Slovensko bolo od 1. januára 1969 federatívnym štátom, ktorý mal dve republiky – Českú republiku a Slovenskú republiku.

1. 1. 1993 sa Česko-Slovensko rozdelilo na dva štáty. Hlavným mestom Slovenskej republiky je Bratislava. Tu sídli prezident, vláda a Národná rada SR (parlament). V Bratislave sú tiež rôzne politické, kultúrne, hospodárske a štátne i medzinárodné organizácie a úrady.

Slovenská republika leží v strednej Európe a má rozlohu 49 000 km^2. Má vyše 5 miliónov obyvateľov. Okrem Slovákov tu žijú Česi, Maďari, Poliaci, Ukrajinci, Rusíni, Nemci a Rómovia. Úradným jazykom je slovenčina. Národnostné menšiny majú i svoje školy, knihy, časopisy, kultúrne organizácie a pod.

Slovenská republika hraničí s piatimi štátmi. Na západe s Českou republikou, na juhozápade s Rakúskom, na juhu s Maďarskom, na východe s Ukrajinou a na severe s Poľskom. Územie Slovenska je veľmi rôznorodé. Väčšinou sú tu hory, z nich najvyššie pohorie sú Vysoké Tatry, ktoré dosahujú výšku 2 655 m n. m. Ďalšie pohoria sú Malé a Biele Karpaty, Veľká a Malá Fatra, Slovenské rudohorie, Beskydy a Javorníky. Najväčšie rieky na Slovensku sú Dunaj, Váh a Hron. Dunaj spája Slovensko s Čiernym morom.

Okrem Bratislavy, ktorá má vyše 450 000 obyvateľov, sú ďalšie väčšie mestá Košice, Banská Bystrica, Žilina, Nitra, Zvolen, Martin, Trnava a Prešov.

Administratívne je Slovenská republika rozdelená na 8 krajov a každý kraj je rozdelený na okresy:

1. Bratislavský kraj	má 8 okresov	5. Žilinský kraj	má 11 okresov
2. Trnavský kraj	má 7 okresov	6. Banskobystrický kraj	má 13 okresov
3. Trenčiansky kraj	má 9 okresov	7. Košický kraj	má 11 okresov
4. Nitriansky kraj	má 7 okresov	8. Prešovský kraj	má 13 okresov

BRATISLAVA
– hlavné mesto SR

štátny znak SR

KOŠICE

NEOTVÁRAJTE SLOVNÍK!

Prečítajte si, čo znamenajú tieto slová z textu:

monarchia, -ie (F) / **monarcha,** -ovia (Mž)
forma štátu, na čele ktorého stojí jeden človek – monarcha (napr. kráľ, cisár a pod.);

Uhorsko (N) / **uhorský,** -á, -é
starý názov pre Maďarsko/maďarský, -á, -é;

slovanský, -á, -é / **Slovan,** -ia (Mž)
Slovania – skupina národov v strednej, vo východnej a v juhovýchodnej Európe. K slovanským národom patria: Rusi, Ukrajinci, Bielorusi, Česi, Slováci, Poliaci, Bulhari a národy južných Slovanov – Srbi, Chorváti, Slovinci, Macedónci atď.;

federatívny, -a, -e / **federálny,** -a, -e / **federácia,** -ie (F)
spolkový – štát, ktorý spája niekoľko rovnoprávnych krajín, štátov, republík; federácia – spolkový štát, zväz, únia;

sídlo, -a (N) / **sídliť** (Nd)
mesto alebo miesto, kde pôsobí niektorý dôležitý úrad alebo organizácia;
mesto alebo miesto, kde žije a pôsobí niektorý dôležitý politik (napr. prezident); sídliť v… = mať sídlo v…;

menšina, -y (F) / **väčšina,** -y (F) / **väčšinou** (adv.)
menšina – menšia časť niečoho (napr. obyvateľstva), minorita;
väčšina – väčšia časť, majorita;
väčšinou – najviac;

splavný, -á, -é (kanál, rieka)
rieka (alebo kanál), po ktorej môžu plávať lode

■ NEZABÚDAJTE, ŽE...! Opakujeme osobné zámená – ONI/ONY – (personálne pronominá)

...v gen., dat. a akuz. existujú krátke formy „ich/im" **a dlhé formy** „nich/nim"!

...dlhé formy používame len po predložkách (prepozíciách)!

...lok. a inštr. majú len jednu formu „nich/nimi"!

	(Mž)	(Mn/F/N)
nom.	oni	ony
gen.	nich/ich	
dat.	nim/im	
akuz.	nich/ich	ne/ich
lok.	nich	
inštr.	nimi	

Príklady

– bez predložky (prepozície)

– dôrazová forma (na začiatku vety)

– s predložkou (prepozíciou)

– Opýtal si sa kamarátov, či pôjdu?
– Áno, opýtal som sa ich.
– Dal si už lístky študentom?
– Im? Im som lístky nedal. Profesor povedal, aby som im ich nedal.
– Pôjdeš v lete k starým rodičom?
– Áno, pôjdem k nim. Vždy k nim chodievam.

Cvičenia

11, 12

> S. – Môžem sa opýtať tých ľudí, kam idú?
> R. – Myslím, že sa ich môžeš opýtať.

> S. – Už ste písali o vašich krajinách?
> R. – Ešte nie. Asi zajtra o nich budeme písať.

– Môžem napísať rodičom, čo sa stalo?
– Myslím, že im môžeš napísať.

– Už ste cestovali s vašimi študentmi do mesta?
– Ešte nie. Asi zajtra s nimi budeme cestovať do mesta.

– Môžem si odfotografovať tvoje sestry?
– Myslím, že si ich môžeš odfotografovať.

– Už ste priniesli kvety pre vaše profesorky?
– Ešte nie. Asi zajtra pre ne prinesieme kvety.

– Môžeme sa odviezť vašimi autobusmi?
– Myslím, že sa nimi môžete odviezť.

– Môžem už gratulovať tvojim kamarátom ku skúške?
– Myslím, že im už môžeš gratulovať.

– Už ste kúpili slovníky pre študentov?
– Ešte nie. Asi zajtra pre nich kúpime slovníky.

– Môžem si požičať tie noviny?
– Myslím, že si ich môžeš požičať.

– Už ste boli pri tých vodopádoch?
– Ešte nie. Asi zajtra budeme pri nich.

– Už ste dali veci do tých nových stolíkov?
– Ešte nie. Asi zajtra do nich dáme veci.

 ## POČÚVAJTE, ČO HOVORÍME!

– Koľko poschodí má váš dom?   Koľko?
– Náš dom má 12 (dvanásť) poschodí.   12 (dvanásť)

– Na ktorom poschodí bývate?   Na ktorom?
– Bývame na 12. (dvanástom) poschodí. Na 12. (dvanástom)

 VŠIMNITE SI!   **Radové číslovky**
(ordináliá)

1. – prvý, -á, -é	11. – jedenásty, -a, -e
2. – druhý, -á, -é	12. – dvanásty, -a, -e
3. – tretí, -ia, -ie	13. – trinásty, -a, -e
4. – štvrtý, -á, -é	14. – štrnásty, -a, -e
5. – piaty, -a, -e	15. – pätnásty, -a, -e
6. – šiesty, -a, -e	20. – dvadsiaty, -a, -e,
7. – siedmy, -a, -e	30. – tridsiaty, -a, -e
8. – ôsmy, -a, -e	42. – štyridsiaty, -a, -e druhý, -á, -é
9. – deviaty, -a, -e	58. – päťdesiaty, -a, -e ôsmy, -a, -e
10. – desiaty, -a, -e	72. – sedemdesiaty, -a, -e druhý, -á, -é

POZOR!

● **Keď píšeme radové číslice, dávame za nimi bodku.**
  Všimnite si rozdiel!
  10 = desať/10. = desiaty, -a, -e

● **Základ slova je rovnaký ako pri základných číslovkách**
  od 5 **vyššie!**
  Napríklad: siedmi ľudia (koľkí?)/siedmy dom (ktorý?)

● **Radové číslovky od** 5 **vyššie majú koncovky** (sufixy)
  ako tvrdé krátke prídavné mená (adjektíva).
  Napríklad: krásny/krásneho/krásnemu/pri krásnych...
             šiesty/šiesteho/šiestemu/pri šiestych...

● **Jedine číslovka** 3. „tretí/tretia/tretie" **je mäkká**
  a má formy ako „cuzí/cudzia/cudzie".

 Cvičenie

13

S. – Doktor pracuje do desiatej hodiny.
R. – Do desiatej? Ja som myslel, že do
     jedenástej.

S. – Prázdniny trvajú do ôsmeho februára.
R. – Do ôsmeho? Ja som myslel, že do
     deviateho.

– Mrázovci bývajú na štvrtom poschodí.
– Na štvrtom? Ja som myslel, že na piatom.

– Jana je v treťom ročníku.
– V treťom? Ja som myslel, že vo štvrtom.

– To je jeho štvrtá dcéra.
– Štvrtá? Ja som myslel, že piata.

– Budeme sedieť v jedenástom rade.
– V jedenástom? Ja som myslel,
  že v dvanástom.

– Čakal som ťa pred tretím vchodom.
– Pred tretím? Ja som myslel,
  že pred štvrtým.

 POČÚVAJTE, ČO HOVORÍME!

– Čo robia vaše deti?
– Starší syn chodí do školy. Študuje na gymnáziu.
– Už je taký veľký? Už je študent? A čo dcérka?
– Tá je menšia. Ešte nechodí do školy, ale od septembra už aj ona bude žiačka.

– Kam sa ponáhľaš? Ideš do školy?
– Nie, dnes mám voľno. Idem na stanicu kúpiť otcovi lístok do Prahy.

VŠIMNITE SI! Indeterminované a determinované slovesá (verbá)

Indeterminované slovesá (obyčajne, často, všeobecne)	Determinované slovesá (práve teraz, s presným cieľom)
chodiť (-ím, -ia) lietať (-am, -ajú) behať (-ám, -ajú) nosiť (-ím, -ia) voziť (-ím, -ia) vodiť (-ím, ia)	ísť (idem/išiel/pôjdem) letieť (letím, -ia/letel) bežať (bežím, -ia) niesť (nesiem, -ú/niesol) viezť (veziem, -ú/viezol) viesť (vediem, -ú/viedol)
Ich význam nie je presne určený, je všeobecný.	Ich význam je presne určený, hovoria o čase, mieste, spôsobe...!

POZOR!

- **Obe slovesá** (verbá) **sú nedokonavé:** budem nosiť/budem niesť

- **Všetky tvoria budúci čas** (futúrum) **pomocou** „budem", **len sloveso** (verbum) „ísť" **má tvar** „pôjdem"!

- **Z týchto slovies tvoríme veľa** (Nd) **aj** (D)-foriem.
  - **Indeterminované s predponou** (prefixom) **tvoria** (Nd) **tvary:** (pritom menia svoju základnú formu)!
 chodiť – prichádzať, odchádzať, prechádzať, vchádzať...
 nosiť – prinášať, odnášať, prenášať, vynášať...

  - **Determinované s predponou** (prefixom) **tvoria** (D) **tvary:** (niektoré tiež menia svoju formu)!
 ísť – prísť, odísť, vojsť, prejsť, zísť...
 bežať – pribehnúť, odbehnúť, zbehnúť sa... atď.

Príklady

– Obyčajne chodím električkou, ale zajtra pôjdem taxíkom.

– V stredu chodíme do laboratória, ale túto stredu nejdeme do laboratória, ideme na exkurziu.

– Vždy nosíš veľkú aktovku, prečo dnes nesieš malú?

– Máme len dve hodiny, nepotrebujem veľa kníh.

– Toto auto obyčajne vozí chlieb a pečivo. Prečo dnes vezie mlieko, maslo a syry?

NAŠI SUSEDIA

Slovenská republika hraničí s piatimi štátmi: s Českom, Poľskom, Ukrajinou, Maďarskom a Rakúskom. Slovensko udržuje dobré priateľské vzťahy so všetkými svojimi susedmi.

ČESKO je naším najbližším susedom. Jeho rozloha je 79 000 km². Medzi Slovenskom a Českom existujú hlboké kultúrne, jazykové i rodinné väzby. S touto krajinou sme žili 74 rokov v spoločnom štáte. Má vyše 10 miliónov obyvateľov. Hlavné mesto je Praha, ktorá je skutočným skvostom európskej architektúry. Medzi oboma štátmi aj po rozdelení zostalo veľa hospodárskych, kultúrnych a turistických kontaktov.

POĽSKÁ REPUBLIKA je náš najväčší severný sused. Jej rozloha je 313 000 km² a má asi 35 miliónov obyvateľov. Vďaka veľkému prírodnému bohatstvu (uhlie, železo, meď, drevo) je rozvinutý priemysel najmä v okolí veľkých miest. Hlavné mesto je Varšava (1,5 milióna obyvateľov). Poľsko má pri Baltskom mori veľké prístavy, v ktorých kotvia aj slovenské obchodné lode.

UKRAJINA je náš sused na východnej hranici. Je to veľká krajina, s ktorou má Slovensko už tradične dobré a mnohostranné styky. Jej rozloha je 603 000 km² a má vyše 50 miliónov obyvateľov. Hlavné mesto je Kyjev.

MAĎARSKÁ REPUBLIKA je južný sused SR. Oba štáty spájajú dlhoročné spoločné dejiny. Maďarsko je vyspelý poľnohospodársky štát, ale má aj moderný priemysel. Jeho rozloha je 93 000 km² a má vyše 10 miliónov obyvateľov. Hlavné mesto Budapešť je moderné dvojmiliónové veľkomesto. Medzi oboma štátmi je veľa hospodárskych, kultúrnych a turistických kontaktov.

RAKÚSKO je spolková republika. Je to vyspelý priemyselný štát. Veľký význam pre Rakúsko má turistický ruch. Najmä v zime prichádzajú tisícky turistov do Álp, kde sú moderné strediská zimných športov. S 83 000 km² patrí Rakúsko medzi menšie štáty. Má niečo vyše 7 miliónov obyvateľov, z ktorých žije poldruha milióna v hlavnom meste – vo Viedni. Toto mesto je jedným z najvýznamnejších kultúrnych centier sveta.

POČÚVAJTE, ČO HOVORÍME!

– Na zastávke **čakalo mnoho** ľudí. (= veľké množstvo)
– Čakali všetci na autobus?
– Nie. **Mnohí čakali** na električku. (= mnohí z nich, niektorí, nie všetci)

– V tejto továrni **pracuje mnoho** žien.
– To sú len robotníčky?
– Nie. **Mnohé** (z nich) **sú** úradníčky.

– Na sídlisku **je mnoho** vysokých domov.
– Sú všetky nové?
– Nie. **Mnohé** (z nich) **sú** už staršie.

VŠIMNITE SI! Ako používame slová MNOHO a MNOHÍ/-É

(Mž)			
nom.	Tu bolo/je/bude	mnoho	ľudí. Tu boli/sú/budú mnohí ľudia.
gen.	od		mnohých ľudí
dat.	k		mnohým ľuďom
akuz.	Vidím	mnoho	ľudí. Vidím mnohých ľudí.
lok.	o		mnohých ľuďoch
inštr.	s		mnohými ľuďmi

(Mn/F/N)		
nom.	Tu bolo/je/bude	mnoho domov/žien/okien. Tu boli/sú/budú mnohé domy/ženy/okná.
gen.	od	mnohých (domov/žien/okien)
dat.	k	mnohým (domom/ženám/oknám)
akuz.	Vidím	mnoho (domov/žien/okien). Vidím mnohé domy/ženy/okná.
lok.	o	mnohých (domoch/ženách/oknách)
inštr.	s	mnohými (domami/ženami/oknami)

POZOR!

- **Slovo** „mnoho" **môžeme použiť len v nom. a akuz.!**

- **Pri slove** „mnoho" **je sloveso** (verbum) **v sg.,
  v minulom čase má tvar neutra** (bolo, čakalo, sedelo…)!

- **Pre** (Mž) **používame tvar** „mnohí", **pre** (Mn/F/N) **tvar** „mnohé",
  teda ako prídavné mená (adjektíva)!

- **Pri slove** „mnohí/mnohé" **v nom. a akuz. je sloveso** (verbum)
  v pl. (boli, čakali, sedeli…)!

- **gen., dat., lok. a inštr. majú rovnaké tvary
  ako tvrdé dlhé prídavné mená** (adjektíva).

Príklady

Hovoríme o mnohých dobrých filmoch.
Od mnohých zahraničných turistov som počul, že…
Stretol som sa s mnohými zaujímavými ľuďmi.

POČÚVAJTE, ČO HOVORÍME!

– Koľko divákov bolo včera na štadióne?
– Mnoho. Noviny písali, že tam bolo asi
70 000 divákov.
– Toľko? Nemyslel som, že tam bude toľko
divákov.

– Koľko študentov bolo včera na skúške?
– Včera bolo dosť študentov. Asi osemnásť.
– Toľko? A urobili všetci študenti skúšku?
– Mnohí ju urobili, ale niekoľkí ju budú
opakovať.
– Vieš presne, koľkí študenti budú opakovať?

VŠIMNITE SI!

Ako používame slová KOĽKO / KOĽKÍ, -É
TOĽKO / TOĽKÍ, -É
NIEKOĽKO / NIEKOĽKÍ, -É

Tieto slová používame rovnako ako mnoho/mnohí, -é!		
– Koľko študentov prišlo?	– Mnoho študentov prišlo. Asi 27.	– Toľko študentov prišlo?
– Koľkí študenti urobili skúšku?	– Mnohí študenti urobili skúšku. Asi dvadsiati.	– Toľkí študenti urobili skúšku?

– Prvú skúšku urobili všetci študenti?
– Nie. Niekoľko študentov neurobilo ani prvú skúšku.
(– Nie. Niekoľkí študenti neurobili ani prvú skúšku.)

POZOR!

● „koľko" **je otázka a znamená** – ako mnoho?
„toľko" **je otázka a znamená** – tak mnoho?

● **Slovo „toľko" používame aj v iných vetách.**
Napríklad: – Nemám toľko (= tak mnoho) peňazí,
aby som kupoval nepotrebné veci.

● „niekoľko" = nie mnoho,
„niekoľkí" (Mž) = nie mnohí (muži, ľudia, chlapci...),
„niekoľké" (Mn/F/N) = nie mnohé (domy, triedy, okná...).

● **gen., dat., lok. a inštr. majú rovnaké tvary**
ako tvrdé dlhé prídavné mená (adjektíva)!
Napríklad: – S koľkými kuframi pricestovala?
– Asi s piatimi. Nerozumiem, načo pricestovala
s toľkými veľkými kuframi!

Príklady

– Koľkým ľuďom ste poslali pozvánky
na schôdzu?
– Asi pätnástim. Ešte som neposlal všetkým,
niekoľkým pošlem pozvánky až zajtra.

– Ešte nikdy som nevidel toľkých známych
športovcov ako včera!

– Z koľkých kostí sa skladá kostra človeka?
– Asi z dvesto kostí.
– Z toľkých? To by som neveril, že z toľkých kostí!

⊙▣⊙ Cvičenia

14, 15, 16

S. – Koľko ľudí prišlo do amfiteátra? Pavol
hovoril, že niekoľko tisíc. Je to možné?
R. – Áno, naozaj tam prišlo toľko ľudí.

S. – Koľko kníh je v knižnici? Pavol hovoril,
že viac ako milión. Je to možné?
R. – Áno, naozaj je tam toľko kníh.

S. – Koľko robotníkov bude pracovať
v novej továrni? Pavol hovoril,
že sedemtisíc. Je to možné?
R. – Áno, naozaj tam bude pracovať toľko
robotníkov.

– Koľko áut vyrába nová továreň? Pavol
hovoril, že stopäťdesiattisíc ročne.
Je to možné?
– Áno, naozaj vyrába toľko áut.

– Koľko gólov dali včera naši futbalisti? Pavol
hovoril, že desať. Je to možné?
– Áno, naozaj dali včera toľko gólov.

– Koľko izieb mal hotel, kde ste bývali?
Pavol hovoril, že osemsto. Je to možné?
– Áno, naozaj mal toľko izieb.

– Koľko kilometrov je ešte do Prahy?
Pavol hovoril, že asi dvesto kilometrov.
Je to možné?
– Áno, naozaj je ešte toľko kilometrov
do Prahy.

– Koľko vysokoškolákov študovalo vlani
na Slovensku? Pavol hovoril,
že štyridsaťpäťtisíc. Je to možné?
– Áno, naozaj študovalo na Slovensku
toľko vysokoškolákov.

S. – Prečítal si už všetky knihy?
R. – Niekoľko kníh som už prečítal, niekoľko
ešte musím prečítať.

S. – Pozval si už všetkých priateľov?
R. – Niekoľkých priateľov som už pozval,
niekoľkých ešte musím pozvať.

– Vyrátal si už všetky príklady?
– Niekoľko príkladov som už vyrátal,
niekoľko ešte musím vyrátať.

– Zavolal si už všetkých študentov?
– Niekoľkých študentov som už zavolal,
niekoľkých ešte musím zavolať.

– Opravil si už všetky úlohy?
– Niekoľko úloh som už opravil, niekoľko
ešte musím opraviť.

– Odniesol si už všetky prázdne fľaše?
– Niekoľko prázdnych fliaš som už odniesol,
niekoľko ešte musím odniesť.

– Navštívil si už všetkých príbuzných?
– Niekoľkých príbuzných som už navštívil,
niekoľkých ešte musím navštíviť.

– Nakreslil si už všetky mapy?
– Niekoľko máp som už nakreslil, niekoľko
ešte musím nakresliť.

S. – Koľkým členom ste poslali pozvánku?
Všetkým?
R. – Nie všetkým, len niekoľkým.

S. – S koľkými ľuďmi ste o tom hovorili?
So všetkými?
R. – Nie so všetkými, len s niekoľkými.

– Pre koľkých študentov máte lístky?
Pre všetkých?
– Nie pre všetkých, len pre niekoľkých.

– V koľkých múzeách ste už boli?
Vo všetkých?
– Nie vo všetkých, len v niekoľkých.

– Koľkých známych ste tam videli?
Všetkých?
– Nie všetkých, len niekoľkých.

– Od koľkých žiakov ste vybrali peniaze?
Od všetkých?
– Nie od všetkých, len od niekoľkých.

– Po koľkých mostoch ste prešli?
Po všetkých?
– Nie po všetkých, len po niekoľkých.

ZAUJÍMAVOSTI ZO SLOVENSKA

Najvyššia hora v SR je Gerlach (Gerlachovský štít) vo Vysokých Tatrách. Dosahuje výšku 2 655 m.
Najdlhšia rieka je Váh (433 km).
Najviac vody má rieka Dunaj – jej prietok je 2 307 km^3/s, to znamená, že za jednu sekundu pretečie jej korytom 2 307 kubických metrov vody.
Vo Vysokých Tatrách je najviac jazier – 165. Tieto vysokohorské jazerá voláme plesá.
Najväčší studený gejzír v Európe je v Herľanoch (pri Košiciach), z ktorého strieka voda až do výšky 40 metrov. Gejzír strieka v intervaloch asi raz za 32 až 36 hodín. Teplota vody je 12–14°C.
SR má veľa prameňov minerálnej vody, ktorá sa využíva na liečenie. Mnohé z týchto prameňov majú teplú (termálnu) vodu. Najteplejší prameň na Slovensku je v Piešťanoch (60,7°C).
Slovensko má mnoho jaskýň, ale len 12 je prístupných, z toho 9 kvapľových, 2 ľadové a 1 aragonitová.
Najväčšia slovenská jaskyňa je Demänovská jaskyňa slobody (podzemná dĺžka 6 450 m), ktorú ročne navštívi asi štvrť milióna návštevníkov.

 ## POČÚVAJTE, ČO HOVORÍME!

– Nemôžem prísť, mám veľa (= mnoho) práce.

– Bolo tam veľa (= mnoho) ľudí?
– Áno, bolo, ale minulý týždeň tam bolo viac ľudí.
  A najviac ľudí tam bolo pred Vianocami.

– Ponáhľajte sa! Máme málo času!
– Neboj sa, máme ešte dosť času!

– Chcete niečo jesť?
– Áno, ale nie veľa. Prosím si len trocha polievky, kúsok mäsa a trocha ryže alebo niekoľko zemiakov.

 ## VŠIMNITE SI! Ako používame slová VEĽA / MÁLO / DOSŤ / TROCHA

V knižnici bolo / je / bude veľa (mnoho) / málo / dosť kníh.

Máme veľa (mnoho) / málo / dosť času.

Prosím si trocha mlieka (cukru, kávy, čaju...).

POZOR!

- **Slová** veľa / málo / dosť / trocha **majú len jednu formu!**

- **Tieto slová môžeme používať len v nom. a akuz.!**

- **Sloveso** (verbum) **je pri nich vždy v sg.; minulý čas má vždy neutrum!**

- **Slová** „veľa (= mnoho)" **a** „málo" **môžeme stupňovať:**
  veľa (= mnoho) – viac – najviac
  málo – menej – najmenej

- **Slovo** „trocha (= trochu)" **má podobný význam ako** „niekoľko",
  ale používame ho len pre nepočítateľné predmety (také, ktoré nepoužívame v pl.)! **Hovoríme napríklad:**
  niekoľko (mužov, detí, kníh, pohárov, obálok...),
  ale trocha (vody, mlieka, cukru, čaju, soli, lepu...).

Príklady

– Nedávajte do polievky veľa soli, len trocha!

– Neužívajte veľa tabletiek! Vezmite si len niekoľko!

– Nevypočítal som všetky príklady. Nemal som dosť času.

– Pôjdeme do inej miestnosti, tam je viac miesta!
– Načo? Tu je dosť miesta.

– V tomto autobuse cestuje vždy najviac ľudí.

ZEM – MODRÁ PLANÉTA

Naša Zem je jednou z deviatich planét slnečného systému. Zem sa otáča okolo svojej osi raz za jeden deň a obieha okolo Slnka raz za 365 dní. Jednu časť našej planéty pokrýva suchá zem, ale väčšia časť je pokrytá vodou – morami a oceánmi.

Suchá zem na našej planéte tvorí svetadiely (kontinenty). Najväčší kontinent je Ázia, na druhom mieste je Afrika, potom nasleduje Severná Amerika, Južná Amerika, Európa a Austrália. Posledný svetadiel je pri južnom póle a volá sa Antarktída.

Keď sa pozrieme na mapu alebo na glóbus, vpravo je východ (V), vľavo je západ (Z), hore je sever (S) a dole je juh (J). SV je skratka pre severovýchod, JZ pre juhozápad atď.

Počet obyvateľov rastie a približuje sa už k 6 miliardám. Obyvateľstvo žije v rôznych štátnych útvaroch: republikách, kráľovstvách, cisárstvach, emirátoch atď.

Podľa podnebia (klímy) rozdeľujeme Zem na tieto pásma (zóny): tropické – pri rovníku, subtropické, mierne a polárne. Počasie je v jednotlivých pásmach veľmi rozdielne. Vplyv na počasie má atmosféra, Slnko a rôzne prírodné javy.

Hoci je väčšina Zeme pokrytá vodou, voda je jedným z najväčších problémov ľudstva. Bez vody nie je možný život, ale voda, ktorá je v moriach a oceánoch, je slaná. Vedci na celom svete hľadajú spôsob, ako získať čistú pitnú vodu. Ďalším veľkým problémom posledných rokov je znečistenie vody a vzduchu, čo spôsobuje odumieranie lesov. Tieto problémy študuje ekológia.

Niektoré NAJ- na našej Zemi:
Najväčší oceán sa volá Tichý (alebo Pacifický) oceán.
Najvyšší vrch je v Himalájach, volá sa Mount Everest, dosahuje výšku 8 847 m.

Najnižšie miesto na našej Zemi je Mŕtve more – jeho hladina je 394 m pod hladinou mora.
Najväčší ostrov je Grónsko, najväčšia púšť je Sahara a najdlhšia rieka sa volá Níl.
Najväčšie jazero sa volá Kaspické more a najhlbšie jazero na svete je jazero Bajkal. Má hĺbku 1 742 m.

 ## POČÚVAJTE, ČO HOVORÍME!

– Je tu hlavný čašník? Chcem zaplatiť.
– Moment. Hneď zavolám hlavného.

– Včera som stretla jednu moju známu, ktorú som už tri roky nevidela.

– Vieš, kde musíš vystúpiť?
– Neviem presne, ale opýtam sa spolucestujúcich.

VŠIMNITE SI!   **Prídavné mená, ktoré používame ako podstatné mená**
(adjektíva)   (substantíva)

(Mž)	OSOBY	(F)
známy/neznámy		známa/neznáma
ranený		ranená
nezvestný		nezvestná
gramotný		gramotná
študujúci		študujúca
spolubývajúci		spolubývajúca
okoloidúci		okoloidúca
vedúci		vedúca

sem patria aj mená, ktoré majú formu prídavného mena (adjektíva):

Komenský	(Čítali sme článok o Komenskom.)
Vajanský	(Nepoznám ani jeden román od Vajanského.)
Čierny	(Stretol som sa s pánom Čiernym.)

(len N)	VECI A ZVIERATÁ
vreckové (peniaze)	drobné (peniaze, len pl.!)
sprepitné (peniaze)	
nájomné (peniaze za byt)	
školné (poplatok za štúdium)	
šampanské (víno)	
mladé (zviera)	

Príklady

– Išiel som so svojím spolubývajúcim do kina.
– Môj brat je vedúci (riaditeľ, šéf) veľkého obchodu.
– Zemetrasenie si vyžiadalo niekoľko sto mŕtvych a nezvestných. Bolo aj veľa ranených.
– V novinách bol článok o spisovateľovi Vajanskom.

– Koľko vreckového ti dáva otec?
– Bolí ma hlava. Včera som pil veľa šampanského.
– Idem na poštu, musím zaplatiť nájomné za byt.
– Môžete mi rozmeniť dvadsaťkorunáčku? Nemám dosť drobných na telefón.

DODATOK

1. V dodatku uvádzame slovesá (verbá) zoradené podľa pádov, s ktorými sa viažu, a to v abecednom poradí.
2. Neuvádzame slovesá, ktoré majú predložkovú väzbu (ako napr. pozerať sa na + akuz., starať sa o + akuz. atď.).
3. Pri výbere slovies sme sa pridržiavali ich frekvencie (podľa diela Mistrík, J.: Frekvencia slov v slovenčine. Bratislava SAV 1969).
4. Synonymá uvádzame spoločne, teda i mimo abecedného poradia (napr. naľakať sa i zľaknúť sa, čudovať sa i diviť sa).
5. Po každom páde uvádzame ako ukážku niekoľko praktických príkladov, v prípade potreby aj takých slovies, ktoré sa viažu s dvoma pádmi (napr. dať + dat./ + akuz., menovať / nazývať + akuz. / + inštr.).

SLOVESÁ (verbá) s 2. pádom (genitívom)

Nedokonavé

báť sa (bojím sa)
dotýkať sa (dotýkam sa)
držať sa (držím sa)
/= pridržiavať sa (-am sa)
chrániť sa (chránim sa)
chytať sa (chytám sa)
ľakať sa (ľakám sa)

–
–
obávať sa (obávam sa)
pýtať sa (pýtam sa)

týkať sa (týka sa – len 3. os.!)
všímať si (všímam si)

Dokonavé

–
dotknúť sa (dotknem sa)
–
pridržať sa (pridržím sa)
–
chytiť sa (chytím sa)
naľakať sa (naľakám sa)
  /= zľaknúť sa (zľaknem sa)
najesť sa (najem sa)
napiť sa (napijem sa)
–
opýtať sa (opýtam sa)
  /= spýtať sa (spýtam sa)
–
všimnúť si (všimnem si)

Príklady

– Nedotýkajte sa ničoho!
– Druhý termín skúšok sa týka len študentov, ktorí prišli neskoro.

– Najedol sa ovocia a napil sa vody, a teraz ho bolí brucho!

SLOVESÁ (verbá) s 3. pádom (datívom)

blahopriať (blahoprajem)
  /= blahoželať (blahoželám)
  /= gratulovať (gratulujem)
čudovať sa (čudujem sa)
  /= diviť sa (divím sa)
ďakovať (ďakujem)
dôverovať (dôverujem)
ospravedlňovať sa (-ujem sa)
páčiť sa (páčim sa)
patriť (patrím)
platiť (platím)
dariť sa (darí sa – len 3. os.!)
podobať sa (podobám sa)
pomáhať (pomáham)
radiť (radím – aj akuz.)

–
  /= zablahoželať (zablahoželám)
  /= zagratulovať (zagratulujem)
začudovať sa (začudujem sa)
  /= zadiviť sa (zadivím sa)
poďakovať sa (poďakujem sa)
–
ospravedlniť sa (ospravedlním sa)
zapáčiť sa (zapáčim sa)

zaplatiť (zaplatím)
podariť sa (podarí sa – len 3. os.!)
–
pomôcť (pomôžem/pomohol som)
poradiť (poradím – aj akuz.)

predstavovať sa (-ujem sa)   predstaviť sa (predstavím sa)
rozumieť (rozumiem)   porozumieť (porozumiem)
slúžiť (slúžim)   poslúžiť (poslúžim)
smiať sa (smejem sa)   zasmiať sa (zasmejem sa)
stačiť (stačím)   postačiť (postačí – len 3. os.!)
tešiť sa (teším sa)   potešiť sa (poteším sa)
venovať sa (venujem sa)   –
veriť (verím – aj akuz. – niečo)   uveriť (uverím – aj akuz. – niečo)
vyhýbať sa (vyhýbam sa)   vyhnúť sa (vyhnem sa)

Príklady

– Nečudujem sa (nedivím sa) Petrovi, že sa na-hneval.
– Zajtra sa ospravedlním riaditeľovi, že som ne-prišiel.

– Kamarát mi poradil tú novú učebnicu (+ dat. /+ akuz.).
– Lekár povedal, že dve tabletky mu budú stačiť.

SLOVESÁ (verbá) so 4. pádom (akuzatívom)

baliť (balím)   zabaliť (zabalím)
biť (bijem)   vybiť (vybijem)
    /= zbiť (zbijem)
brániť (bránim)   ubrániť (ubránim)
brať (beriem)   zobrať (zoberiem)
    /= vziať (vezmem/vzal)
budiť (budím)   zobudiť (zobudím)
budovať (budujem)   vybudovať (vybudujem)
cítiť (cítim)   pocítiť (pocítim)
    /= zacítiť (zacítim)
čakať (čakám)   počkať (počkám)
čítať (čítam)   prečítať (prečítam)
dávať (dávam)   dať (dám)
dostávať (dostávam)   dostať (dostanem)
dráždiť (dráždim)   podráždiť (podráždim)
držať (držím)   podržať (podržím)
farbiť (farbím)   zafarbiť (zafarbím)
fotografovať (fotografujem)   odfotografovať (odfotografujem)
    /= vyfotografovať (vyfotografujem)
hľadať (hľadám)   vyhľadať (vyhľadám)
hrať (hrám)   zahrať si (zahrám si)
chápať (chápem)   pochopiť (pochopím)
chcieť (chcem)   –
chystať (chystám)   prichystať (prichystám)
/= pripravovať (pripravujem)   /= pripraviť (pripravím)
chytať (chytám)   chytiť (chytím)
jesť (jem–jedia/jedol)   zjesť (zjem–zjedia/zjedol)
klásť (kladiem–kladú/kládol)   položiť (položím)
končiť (končím)   dokončiť (dokončím)
    /= skončiť (skončím)
krájať (krájam)   nakrájať (nakrájam)
kupovať (kupujem)   kúpiť (kúpim)
liať (lejem)   naliať (nalejem)
liečiť (liečim)   vyliečiť (vyliečim)
mať (mám)   –

menovať (menujem)
  /= nazývať (nazývam – aj inštr.)
merať (meriam)
milovať (milujem)
  /= ľúbiť (ľúbim)
nachádzať (nachádzam)
navštevovať (navštevujem)
ničiť (ničím)
niesť (nesiem/niesol)
  /= nosiť (nosím)
objednávať (objednávam)
odstraňovať (odstraňujem)
opakovať (opakujem)
písať (píšem)
piť (pijem)
počítať (počítam)
  /= rátať (rátam)
počuť (počujem)
počúvať (počúvam)
podpisovať (podpisujem)
potrebovať (potrebujem)
poznávať (poznávam)
pozývať (pozývam)
predlžovať (predlžujem)
prekladať (prekladám)
prezerať si (prezerám si)
priať (si) (prajem)

prijímať (prijímam)
prosiť (prosím)
rezať (režem)
riadiť (riadim)
skrývať (skrývam)
sypať (sypem)
študovať (študujem)
ťahať (ťahám)
tlačiť (tlačím)
trhať (trhám)
trieť (triem)
tvoriť (tvorím)

tvrdiť (tvrdím)
umývať (umývam)
určovať (určujem)
uskutočňovať (uskutočňujem)
utierať (utieram)
variť (varím)
vážiť (vážim)
vedieť (viem–vedia/vedel)
viazať (viažem)
vidieť (vidím)
viesť (vediem–vedú/viedol)
viezť (veziem/viezol)

volať (volám)
voliť (volím)
vracať (vraciam – aj dat.)
vyberať (vyberám)
vyrábať (vyrábam)

pomenovať (pomenujem)
  /= nazvať (nazvem – aj inštr.)
odmerať (odmeriam)
–

nájsť (nájdem/našiel)
navštíviť (navštívim)
zničiť (zničím)
–

objednať (objednám)
odstrániť (odstránim)
zopakovať (zopakujem)
napísať (napíšem)
vypiť (vypijem)
vypočítať (vypočítam)
  /= vyrátať (vyrátam)
vypočuť si (vypočujem si)

podpísať (podpíšem)
–
poznať (poznám)
pozvať (pozvem)
predĺžiť (predĺžim)
preložiť (preložím)
prezrieť si (prezriem si)
zapriať (zaprajem)
  /= popriať (poprajem)
prijať (prijmem)
poprosiť (poprosím)
narezať (narežem)
–
skryť (skryjem)
nasypať (nasypem)
–
–
stlačiť (stlačím)
–
–
vytvoriť (vytvorím)
  /= utvoriť (utvorím)
potvrdiť (potvrdím)
umyť (umyjem)
určiť (určím)
uskutočniť (uskutočním)
utrieť (utriem)
uvariť (uvarím)
odvážiť (odvážim)
–
uviazať (uviažem)
uvidieť (uvidím)
zaviesť (zavediem–zavedú/zaviedol)
odviezť (odveziem/odviezol)
  /= zaviezť (zaveziem/zaviezol)
zavolať (zavolám)
zvoliť (zvolím)
vrátiť (vrátim – aj dat.)
vybrať (vyberiem)
vyrobiť (vyrobím)

začínať (začínam)   začať (začnem)
získavať (získavam)   získať (získam)
žiadať (žiadam)   vyžiadať (vyžiadam)

Príklady

– Dávajte pozor! Táto látka dráždi kožu!

– Tento zákon nazývame Archimedovým zákonom (+ akuz./+ inštr.).

– Kedy vrátiš profesorovi tú knihu? (+ dat./+ akuz.).

SLOVESÁ (verbá) **so 7. pádom** (inštrumentálom)

hádzať (hádžem)   hodiť (hodím)
hýbať (hýbem)   hnúť (hnem)
  /= pohybovať (pohybujem)   /= pohnúť (pohnem)
letieť (letím)   –
  /= lietať (lietam)
riadiť sa (riadim sa)   –
stávať sa (stávam sa)   stať sa (stanem sa)
triasť (trasiem/triasol)   potriasť (potrasiem/potriasol)
zaoberať sa (zaoberám sa)   –

Príklady

- Mám veľké bolesti. Nemôžem hýbať rukou.

- Všetci sa musia riadiť platnými zákonmi a predpismi.

- Nenašiel som peňaženku, – povedal a potriasol hlavou.

- Čím sa zaoberáte? Literatúrou alebo hudbou?

OBSAH

TOMÁŠ DRATVA–VIKTORIA BUZNOVÁ

Zodpovedná redaktorka Mgr. Daniela Smitková
Technická redaktorka Eva Onderčinová
Obálku vyhotovila Marta Pavlíková

Vyšlo v MEDIA TRADE, spol. s r. o. –
Slovenské pedagogické nakladateľstvo,
Sasinkova 5, 815 60 Bratislava

Vytlačila Slovenská Grafia, a. s., Bratislava

ISBN 80-08-03362-2

grafobal

Výrobný program:

– výroba obalov z hladkej lepenky

– výroba obalov z vlnitej lepenky typu B, E, F

– polygrafická výroba

– kalendáre

– etikety

Grafobal, a. s., Mazúrova 2, 909 87 Skalica, Slovenská republika
Tel.: ++421 34 664 5870-9, Fax: ++421 34 664 5883
E-mail: grafobal@grafobal.sk

Grafobal GROUP a. s. – complex service in the printing industry

Printing on various papers – from 40 g/m² LWC to 400 g/m² corrugated board

Printing of products in various technical specifications – form, technical specification, die-cutting, folding and binding

Offer of progressive supplementary technologies for production of special printed products – partial varnishing, die-cutting forms, high quality paper, embossing, using of supplementary colours

Guarantee of high quality, low prices and short delivery terms

Production of any circulation

Selection of suitable technology depending on paper, circulation, format and colouring – rotogravure, web offset, sheet-fed offset

Using of own creative and DTP studios for prepress services

Grafobal GROUP a. s. – komplexer Service im Druck

Bedrucken verschiedener Papierarten – von 40 g/m² LWC bis 400 g/m² Wellpappe

Druck von Produkten in verschiedenen technischen Spezifikationen – Form, technische Bearbeitung, Aussstanzen, Falzung und Bindung

Angebot moderner Technologien für Druck exklusiver Druckprodukte – partiale Lackierung, beliebige Stanzformen, Bedrucken von exklusiven Papieren, Reliefprägung, Nutzung von Zusatzfarben

Garantie hoher Qualität, kurzer Lieferzeiten und günstiger Preise

Herstellung beliebiger Auflagenhöhen

Auswahl und Einsatz optimaler Technologie in Abhängigkeit von Papier, Auflagenhöhe und Farbigkeit – Tiefdruck, Rollenoffset, Bogenoffset

Nutzung eigener kreativer und DTP Studios in der Druckvorstufe